示范性高等职业院校重点建设专业校企合作教材

Gonglu Gongcheng Luji Shigong

公路工程路基施工

冯　春　主　编
敬麒麟　副主编
冯　芳［广西高速公路投资有限公司］　主　审

人民交通出版社

内 容 提 要

本书是根据高职高专土建类专业的教学要求，按照国家和交通运输部颁发的最新技术标准、规范和试验规程编写而成的，全书分为：路基施工准备工作、地基处理、一般路基施工、路基排水工程施工、路基防护与加固工程施工、路基整修与交工验收六个学习情境。本书概念清楚，层次分明，图文并茂，工程范例、任务实施及综合案例分析都具有示范性和典型性，能很好地引导学生学习。

本书是高职高专院校道路桥梁工程技术专业教学用书，也可作为相关专业工程技术人员的参考用书，或作为有关专业继续教育及职业培训教材。

图书在版编目（CIP）数据

公路工程路基施工/冯春主编. —北京：人民交通出版社，2012.11

示范性高等职业院校重点建设专业校企合作教材

ISBN 978-7-114-10173-1

Ⅰ.①公… Ⅱ.①冯… Ⅲ.①公路路基－工程施工－高等职业教育－教材 Ⅳ.①U416.104

中国版本图书馆 CIP 数据核字(2012)第 258955 号

书　　名： 示范性高等职业院校重点建设专业校企合作教材
公路工程路基施工
著 作 者： 冯　春
责任编辑： 丁润铎
出版发行： 人民交通出版社股份有限公司
地　　址： (100011) 北京市朝阳区安定门外外馆斜街 3 号
网　　址： http://www.ccpress.com.cn
销售电话： (010) 59757973
总 经 销： 人民交通出版社股份有限公司发行部
经　　销： 各地新华书店
印　　刷： 北京市密东印刷有限公司
开　　本： 787×1092　1/16
印　　张： 13.75
字　　数： 310 千
版　　次： 2012 年 11 月　第 1 版
印　　次： 2015 年 12 月　第 3 次印刷
书　　号： ISBN 978-7-114-10173-1
定　　价： 40.00 元

序

在几易其稿之后，我院自治区示范性高等职业院校建设成果之一——工学结合系列教材终于付梓了。自我院作为自治区示范性高职院校建设单位以来，以强化内涵建设为重点，以专业建设为龙头，以核心课程和教材建设为载体，与行业企业技术、管理专家共同组建专业团队，在课程改革的基础上，共同编著了10余种教材，涵盖了我院的汽车运用技术、道路桥梁工程技术、物流管理、工程机械运用与维护四个专业的专业核心课程。

本系列教材是学院与行业企业共同开发的，适应区域、行业经济和社会发展的需要，体现行业新规范、新标准，反映行业企业的新技术、新工艺、新材料。教材内容紧密结合生产实际，融“教、学、做”为一体，力求体现能力本位的现代教育思想和理念，突出职业教育实践技能训练和动手能力培养的特色，在保证知识体系完整性的同时，体现基于工作过程的基本思想，注重实践性、先进性、通用性和典型性，是适合高职院校使用的理论和实践一体化教材。

本系列教材由我院自治区示范性重点建设专业的专业带头人、骨干教师与校企合作单位的技术骨干、管理专家合作共同制订编写大纲，由理论功底深厚的专业教师担任主编，聘请行业企业专家作为主审。这些教师长期工作在高职教育教学一线，熟悉教学方法和手段，理论方面有深厚功底；而行业企业专家具有丰富的实践经验，能够把握教材的广度和深度，设定基于工作过程的教学任务，两者结合、优势互补，体现“校企合作、工学结合”的精髓。该系列教材的广泛应用，相信能够在新疆维吾尔自治区职业教育中起到引领和推动作用。

新疆交通职业技术学院

教材编审委员会

2012年9月

前　言

《公路工程路基施工》是高等职业院校道路桥梁工程技术专业的核心课程。通过本课程的学习，学生能够在认识路基工程的基础上，掌握公路工程路基施工的技能和相关理论知识，熟悉路基施工工艺流程，能够进行路基施工质量控制、检测及评价，具备路基施工和组织的能力以及运用国家现行施工规范、规程、标准的能力，能够解决路基施工中的实际问题。

本教材以国家和交通运输部颁发的最新技术标准、规范和试验规程为依据，以企业调研为基础，以职业岗位工作目标为切入点，紧密围绕路基工程施工过程编写而成，注重理论联系实际，强化实用性和可操作性，重点突出行业岗位对从业人员知识结构和职业能力的要求，充分体现高等职业教育的特点。

本教材的设计，以培养路基施工能力为主线，将基于路基施工过程的系统化设计原则贯穿始终，以路基施工项目为导向，将路基施工项目分解为：路基施工准备工作、地基处理、一般路基施工、路基排水工程施工、路基防护与加固工程施工、路基整修与交工验收六个学习情境。

本教材与传统教材相比有以下特点：

1. 本教材打破传统教材按章节划分理论知识的方法，将理论知识按照路基工程施工进行重构，通过任务的完成使学生学有所用，学以致用，与传统的理论灌输有本质的区别。

2. 教材的内容不再依据相关学科的理论知识体系，而来源于相应岗位的工作内容；教学内容的选取依据完成岗位工作任务对知识和技能的要求，建立在行业专家对相应岗位工作任务分析结果和专业教师深入行业进行岗位调研结果的基础上。

3. 教材不再停留在对课程内容的直接描述，而十分注重对教学过程的设计，注重学生对教学过程的参与。在教材的各个项目之前，一般都提出了该项目应该完成的工作任务，该任务可能是学习型的工作任务，也可能是真实的工作任务。

4. 教材图文并茂，提高学生的学习兴趣，加深学生对路基工程实用技术的认识和理解。教材内容表达精炼、准确、科学。

5. 教材内容充分体现新知识、新技术、新工艺、新方法，突出工艺要领和操作技能的培养，具有超前性和先进性，更贴近本专业的发展和实际需要。

本书由新疆交通职业技术学院冯春制订编写大纲并担任主编，编写了本书的引言、学习情境一、学习情境三、学习情境四、学习情境五、附录的内容；新疆交通职业技术学院敬麒麟担任副主编，编写了学习情境二、综合案例分析题，并负责全书的统稿工作；新疆交通职业技术学院高秀梅编写了学习情境六，并负责全书的校对工作；李绪梅、谢守鹏、李杰、蒙志军等老师，李国华、高峰、杨永田、陈秋玲等企业专家为本书的编写提供了帮助和支持，在此表示感谢。本书由广西高速公路投资有限公司冯芳担任主审。

在本书编写过程中，参考和引用了大量有关文献资料，在此，对有关作者表示感谢。

由于时间仓促，水平有限，书中内容难免存在缺点和错误，敬请读者批评指正。

编者

2012 年 9 月

目　录

引　言

本课程的性质与研究对象

《公路工程路基施工》课程是高职高专道路桥梁工程技术专业的核心课程，通过本课程的学习，使学生掌握公路路基工程的基本原理、施工程序、施工方法及施工中的质量控制及检测；通过完成本课程安排的项目，使学生具有路基工程的施工、组织及质量评价的能力。

本课程的主要研究对象是路基工程的施工，根据路基工程的施工工作过程及工作内容，设计了路基施工准备工作、地基处理、一般路基施工、路基排水工程施工、路基防护工程施工、路基整修及交工验收等六个相对独立的学习情境。在每个学习情境中安排若干阶段项目，通过完成阶段项目来学习相关的知识，训练相应的技能，实现能力培养的目标。通过本课程的学习，要求学生具备以下几方面的能力：

1. 能掌握路基施工中各个阶段的主要施工工艺流程；
2. 能比较各种施工方法的主要特点并进行选择；
3. 能够掌握各个施工过程中的要点并进行控制；
4. 能根据施工技术规范初步对每道工序的成品质量进行控制检测；
5. 能进行常用的施工计算，确定施工过程中需要的各种数据；
6. 能进行路基工程的整修与交工验收。

认 识 公 路

随着我国经济的迅速发展，公路建设也进入快速发展时期。现代公路应以高速、安全和舒适为前提，提供良好的行驶条件和服务水平。路基、路面是道路的基本组成部分，它们共同承受行车荷载和自然因素的作用。路基、路面结构的稳定、坚固，路面表面的平整、抗滑，直接关系到道路的正常使用与服务质量。

一、公路的特点

现代交通运输由铁路、公路、水运、航空和管道五种运输方式组成。这五种运输方式互为补充，形成统一的综合运输体系。其中公路运输在交通运输体系中占有较大的比重，在国民经济中发挥着重要的作用。

与其他运输方式相比，公路运输具有以下特点：

1. 机动灵活，直达门户，为其他运输方式集散、接运货物。能够在需要的时间、规定的地点迅速地集散运送物资，能在货物集散点直接装卸而不经中转，具有“门到门”运输的特性，这是其他运输方式不具备的。

2. 适应性强。受固定性或特殊性交通设施限制较少。

3. 覆盖面广。服务对象可直达到工厂、企业、村镇以及个人住宅地。

4. 公路运输的技术特性简单,经济效益及社会效益显著。

相关链接

公路与道路是两个不同内涵的概念:联结城市、乡村和工矿基地之间,主要供汽车行驶并具备一定技术标准和设施的道路称公路;道路是供各种车辆(无轨)和行人通行的工程设施,按其使用特点分为城市道路、公路、厂矿道路、林区道路及乡村道路等。

二、公路的等级

我国的公路等级有行政等级和技术等级之分。

1. 行政等级

我国公路按行政等级分为国家干线公路(国道)、省级干线公路(省道)、县公路(县道)、乡公路(乡道)四个等级。

(1)国家干线公路(国道)

国道是在国家公路网中,具有全国性的政治、经济、国防意义,并经确定为国家级干线的公路。国道以字母"G"加三位数字编号,三位数字以"1"字打头的是首都放射线(如 G101 北京—沈阳、G105 北京—珠海),以"2"字打头的是南北方向线(如 G206 烟台—汕头、G210 包头—南宁),以"3"字打头的是东西方向线(如 G312 上海—西安—伊宁、G321 广东—成都)。标志如图 0-1 所示。

图 0-1 标志

(2)省级干线公路(省道)

省道是在省公路网中,具有全省性的政治、经济、国防意义,并经确定为省级干线的公路。省道以字母"S"加三位数字编号。

(3)县公路(县道)

县道是具有全县性政治、经济意义,并经确定为县级的公路。县道以字母"X"加三位数字编号。

(4)乡公路(乡道)

乡道是主要为乡、村居民生产、生活服务的公路。

2. 技术等级

公路根据功能、适应的交通量和服务水平分为高速公路、一级公路、二级公路、三级公路、四级公路等五个等级,见表 0-1。

高速公路为专供汽车分向、分车道行驶并应全部控制出入的多车道公路,见图 0-2 ~ 图0-4。

一级公路为供汽车分向、分车道行驶,并可根据需要控制出入的多车道公路。

二级公路为供汽车行驶的双车道公路,见图 0-5。

三级公路为主要供汽车行驶的双车道公路。

四级公路为主要供汽车行驶的双车道或单车道公路。

各等级公路应能适应的交通量见表 0-1。一般来说,公路等级愈高,适应的交通量和车辆荷载越大,允许汽车安全行驶的速度越高,公路的服务水平和技术要求越高。

各等级公路应能适应的交通量 表 0-1

技术等级		应能适应将各种汽车折合成小客车的年平均日交通量(辆)
高速公路	四车道	25 000 ~ 55 000
	六车道	45 000 ~ 80 000
	八车道	60 000 ~ 100 000
一级公路	四车道	15 000 ~ 30 000
	六车道	25 000 ~ 55 000
二级公路	双车道	5 000 ~ 15 000
三级公路	双车道	2 000 ~ 6 000
四级公路	双车道	2 000 以下
	单车道	400 辆以下

相关链接

“五纵七横”是我国规划建设的以高速公路为主的公路网主骨架,总里程约 3.5 万 km。“五纵”指同江—三亚、北京—珠海、重庆—北海、北京—福州、二连浩特—河口。“七横”指连云港—霍尔果斯、上海—成都、上海—瑞丽、衡阳—昆明、青岛—银川、丹东—拉萨、绥芬河—满洲里。

图 0-2 沈大高速公路(我国内地开工建设的第一条高速公路,沈阳至大连全长 348km,1990 年完工,2004 年拓宽改造完毕,为八车道高速公路,设计时速 120km)

图 0-3 沪嘉高速公路(我国内地建成的第一条高速公路,1988 年全线通车,上海至嘉定,全长15.9km,是一条全立交、全封闭、设施齐全的高等级公路)

三、公路的技术标准

公路的技术标准是指根据公路的性质、交通量及其所处地点的自然条件,公路应达到的各项技术指标和规定。不同技术等级的公路,为满足不同的交通量和设计速度,规定了不同的技术指标。各级公路主要技术指标汇总如表 0-2 所示。

图 0-4　高速公路（属于高等级公路，高速公路指能适应年平均昼夜小客车交通量为 25 000 辆以上、专供汽车分道高速行驶，并全部控制出入的公路）

图 0-5　二级公路（指设计速度在 60 ~ 80km/h，双向行驶且无中央分隔带的双车道公路。二级公路与一级公路最大的区别就是，一级路有中央分隔带，分道行驶；二级路基本没有中央分隔带）

各级公路主要技术指标汇总表

表 0-2

公路等级		高速公路							
设计速度(km/h)		120			100			80	
车道数		8	6	4	8	6	4	6	4
整体式路基宽(m)	一般值	42.00	34.50	28.00	41.00	33.50	26.00	32.00	24.50
	最小值	40.00	—	25.00	38.50	—	23.50	—	21.50
分离式路基宽(m)	一般值	22.00	17.00	13.75	21.75	16.75	13.00	16.00	12.25
	最小值	—	—	13.25	—	—	12.50	—	11.25
车道宽度(m)		3.75							
圆曲线最小半径(m)	一般值	1 000			700			400	
	极限值	650			400			250	
不设超高圆曲线最小半径(m)	路拱≤2%	5 500			4 000			2 500	
	路拱>2%	7 500			5 250			3 350	
平曲线最小长度(m)	一般值	600			500			400	
	最小值	200			170			140	
停车视距(m)		210			160			110	
竖曲线最小半径(m)	凸形 一般值	17 000			10 000			4 500	
	凸形 最小值	11 000			6 500			3 000	
	凹形 一般值	6 000			4 500			3 000	
	凹形 最小值	4 000			3 000			2 000	
竖曲线长度(m)	一般值	250			210			170	
	最小值	100			85			70	
最大纵坡(%)		3			4			5	
最小坡长(m)		300			250			200	
路基设计洪水频率		1/100							

续上表

公路等级		一级公路					二级公路		三级公路		四级公路	
设计速度(km/h)		100		80		60	80	60	40	30	20	
车道数		6	4	6	4	4	2	2	2	2	2 或 1	
整体式路基宽(m)	一般值	33.50	26.00	32.00	24.50	23.00	12.00	10.00	8.50	7.50	4.50(双车道)	4.50(单车道)
	最小值	—	23.50	—	21.50	20.00	10.00	8.50	—	—	—	
分离式路基宽(m)	一般值	16.75	13.00	16.00	12.25	11.25						
	最小值	—	12.50	—	11.25	10.25						
车道宽度(m)		3.75		3.75		3.50	3.75	3.50	3.50	3.25	3.00	
圆曲线最小半径(m)	一般值	700		400		200	400	200	100	65	30	
	极限值	400		250		125	250	125	60	30	15	
不设超高圆曲线最小半径(m)	路拱≤2%	4 000		2 500		1 500	2 500	1 500	600	350	150	
	路拱>2%	5 250		3 350		1 900	3 350	1 900	800	450	200	
平曲线最小长度(m)	一般值	500		400		300	400	300	200	150	100	
	最小值	170		140		100	140	100	70	50	40	
停车视距(m)		160		110		75	110	75	40	30	20	
竖曲线最小半径(m) 凸形	一般值	10 000		4 500		2 000	4 500	2 000	700	400	200	
凸形	最小值	6 500		3 000		1 400	3 000	1 400	450	250	100	
凹形	一般值	4 500		3 000		1 500	3 000	1 500	700	400	200	
凹形	最小值	3 000		2 000		1 000	2 000	1 000	450	250	100	
竖曲线长度(m)	一般值	210		170		120	170	120	90	60	50	
	最小值	85		70		50	70	50	35	25	20	
最大纵坡(%)		4		5		6	5	6	7	8	9	
最小坡长(m)		250		200		150	200	150	120	100	60	
路基设计洪水频率		1/100					1/50		1/25		按具体情况确定	

四、公路的组成

公路由路基、路面、桥涵、隧道等基本部分组成;此外,还有路线交叉、交通工程及沿线设施等,见图 0-6。

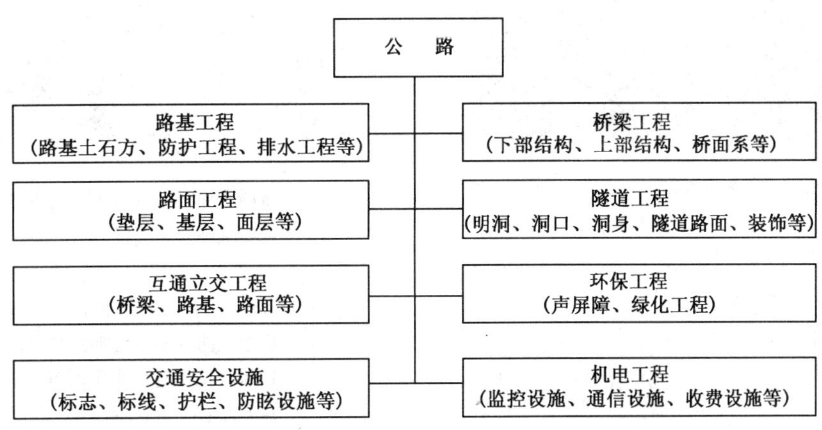

图 0-6 公路的组成

1. 路基

路基是按照路线位置和一定技术要求修筑的带状构造物，是路面的基础，承受由路面传递下来的行车荷载。路基必须保证有足够的强度和稳定性，在行车条件下不产生不容许的变形和破坏，并能抵抗水及其他自然灾害的侵蚀。

2. 路面

路面是用各种筑路材料（如沥青混合料、水泥混凝土等）铺筑在公路路基上供汽车行驶的构造物。路面要求具有平整度、足够的强度、稳定性及良好的抗滑性及使用性能，以利于汽车在其上安全、舒适地行驶。路面的质量直接影响到公路的使用性能和服务质量。

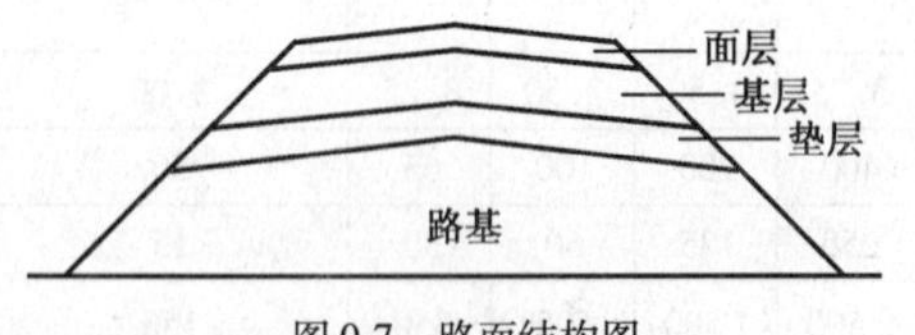

图 0-7　路面结构图

路面由面层、基层、垫层等组成，见图 0-7、图 0-8。

3. 桥梁、涵洞

桥梁是为公路、铁路、城市道路等跨越河流、山谷等天然或人工障碍物而建造的建筑物，见图 0-9、图 0-10。桥梁一般由上部结构、下部结构和附属构造物组成，上部结构是指主要承重结构和桥面系；下部结构包括桥台、桥墩和基础；附属构造物则指桥头搭板、锥形护坡、护岸、导流工程等。

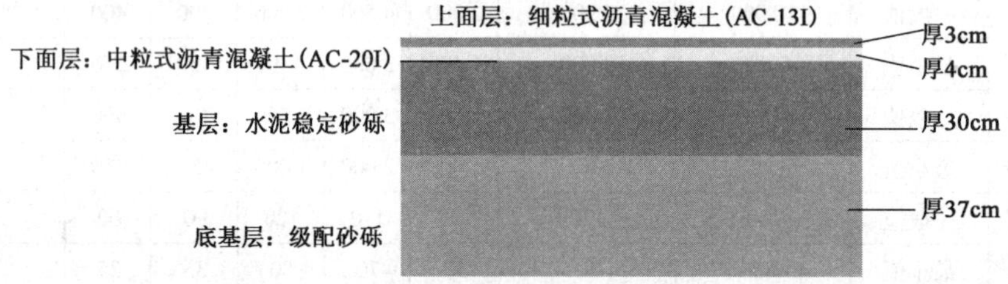

图 0-8　某路面结构层次示意图

图 0-9　赵州桥（又名安济桥，建于隋代，由著名工匠李春设计和建造，距今已有约 1 400 年的历史，是当今世界上现存最早、保存最完善的古代敞肩石拱桥）

图 0-10　杭州湾跨海大桥（是一座横跨我国杭州湾海域的跨海大桥，它北起浙江嘉兴海盐郑家埭，南至宁波慈溪水路湾，全长 36km，是目前世界上最长的跨海大桥；大桥按双向六车道高速公路设计，设计速度 100km/h，设计使用年限 100 年，总投资约 140 亿元）

涵洞是主要为宣泄地面水流而设置的横穿路堤的小型排水构造物，一般由基础、洞身、洞口组成，见图0-11、图0-12。

图0-11　圆管涵（由洞身及洞口两部分组成。洞身是过水孔道的主体，主要由管身、基础、接缝组成。洞口是洞身、路基和水流三者的连接部位，主要有八字墙和一字墙两种洞口形式）

图0-12　盖板涵（涵洞的一种形式，它受力明确，构造简单，施工方便。盖板涵主要由盖板、涵台及基础等部分组成。盖板涵与单跨简支板梁桥的结构形式基本相同，只是盖板涵的跨径较小）

按《公路工程技术标准》（JTG B01—2003）桥涵分类的规定：凡单孔跨径大于或等于5m、多孔跨径总长大于或等于8m，都称之为桥梁；当单孔跨径小于5m时称为涵洞（对于管涵及箱涵，不论其管径或跨径大小、孔数多少，均称为涵洞）。

隧道是为道路从地层内部或水底通过而修筑的建筑物，见图0-13、图0-14。修筑隧道的目的是为获得较高的路线线形标准，减少过大的土石方开挖工程量，一般用于路线翻越垭口或穿越山梁。隧道主要由洞身和洞门组成。隧道施工技术复杂，工程造价比一般路基高。其优点是能避免路线在平面上绕行，减缓纵坡，缩短路线里程，提高公路的技术等级，保证行车快速安全，降低运输成本。

图0-13　秦岭终南山公路隧道（是世界上最长的双洞单向公路隧道，全长18.02km，设计速度80km/h，驱车15min即可穿越秦岭这一我国南北分界线，西安到柞水由3h缩短为40min。隧道里专门设置了特殊灯光带，通过不同的灯光和幻灯图案变化呈现出“蓝天”、“白云”、“彩虹”等景象）

图0-14　挪威洛达尔隧道（该隧道在挪威布满山脉和峡湾地下延绵15mile，目前是世界上已经竣工的最长的单洞公路隧道，全长约24.5km。根据设计，洛达尔隧道每小时通车能力为400辆。但由于挪威人口较少，隧道每昼夜通过的轿车仅为1 000辆，仅为设计流量的1/10）

学习情境一　路基施工准备工作

教学目标

能力目标——能全面看懂施工图纸并复核工程量，能进行路基施工前的复测工作，能应用施工规范编制路基施工方案，能进行路基原材料的检测及评价，能完成试验路段并得到相应的技术参数。

知识目标——了解路基施工图的组成并掌握工程量的计算方法，掌握路基复测的方法；掌握施工组织设计的流程和具体内容。

教学内容

1. 路基施工准备的内容；
2. 路基工程常用原材料的检测项目、检测方法；
3. 技术交底的内容；
4. 路基工程开工前的主要测量工作内容及测设方法；
5. 编制路基实施性施工组织的内容和步骤；
6. 路基试验段选择的方法和实施步骤。

任务描述

利用某在建公路路基施工组织设计文件、多媒体教学资源，通过教师的讲解、引导，使学生掌握路基施工准备工作的内容，能够完成路基施工前放样及路基原材料选择的工作任务。

项 目 引 导

路基施工需要消耗大量的人工、物资、机械和时间等资源，是一项历时长、技术要求高的工作。路基施工前，必须根据工程的实际情况做好准备工作，使各项施工活动能正常进行。在施工过程中，所有的施工活动都必须严格按照有关施工规范进行，以确保工程质量，最后得到优良的路基实体。

从接到工程中标通知书之后，中标的施工单位即可着手进行施工准备工作。施工单位的施工准备工作千头万绪，涉及面广，必须有计划、按步骤、分阶段地进行，才能在较短的时间内为工程的开工创造必要的条件。准备工作的基本任务是了解施工的客观条件，根据工程的特点、进度要求，合理安排施工力量，从人力、物质、技术和施工组织等方面为工程施工创造一切必要的条件。

路基施工前的准备工作是保证路基施工顺利实施的基本前提。根据规定,如果施工前的准备工作经监理工程师审核而未达到合同规定的要求,则不予批准开工。

路基施工准备工作的内容主要包括组织准备、物质准备、技术准备和现场准备四个方面,见图1-1;此外,还应进行路基工程施工组织设计及试验段的选择与实施。

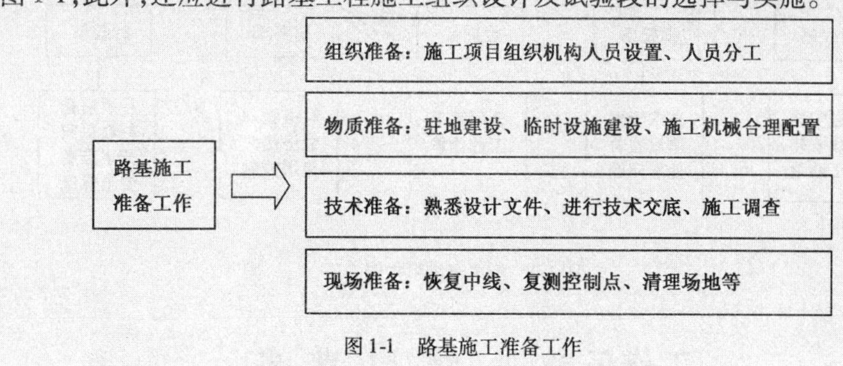

图1-1 路基施工准备工作

工作任务一 组 织 准 备

在整个工程项目施工之前,首先要建立一个能完成施工管理任务,使项目经理指挥灵便、运转自如的高效项目组织机构——项目经理部。一个好的组织机构,可以有效地完成施工项目管理目标。

一、项目经理部人员设置的原则

施工项目组织机构的人员设置,以能实现施工项目所要求的工作任务为原则,尽量简化机构,做到高效精干。

根据所承担的工程量的大小和工期要求,安排出总进度计划网络图,并进一步估算出全部工程用工工日数,平均日出工人数,施工高峰期日出工人数,以及技术工种、机械操作工种、普通工种等用工比例,组建能够适应其工程质量、工期进度要求的作业队伍。

考虑到所担负工程的具体情况,结合施工队伍施工特点、技术装备情况、技术熟练程度和施工能力,施工队伍应进行适当的培训,以满足工程施工的要求。

二、项目经理部组成及分工

我国施工组织已与国际施工惯例接轨,工程建设已全部按照FIDIC合同条件进行施工与监理,因此对一个施工单位来讲,主要是实行项目经理负责制,即项目经理全面负责的目标责任制,负责全面管理工作;项目总工程师负责工程的质量与技术管理工作;临时党支部负责安全生产、后勤服务等工作。项目经理部下设质检、工程技术、工程计划、机料、安全生产等管理部门。为便于组织施工及管理,在项目经理部的统一指挥下,按工程项目类别分别设路基土石方、排水及涵洞、防护工程等专业作业组(工区)。

项目经理部机构配置如图1-2所示。

项目经理部的人数视工程规模的大小、工程难易程度而定,路桥专业技术人员对于一般公路按平均每人管理3~5km,高速、一级公路按平均每人管理1km配置。

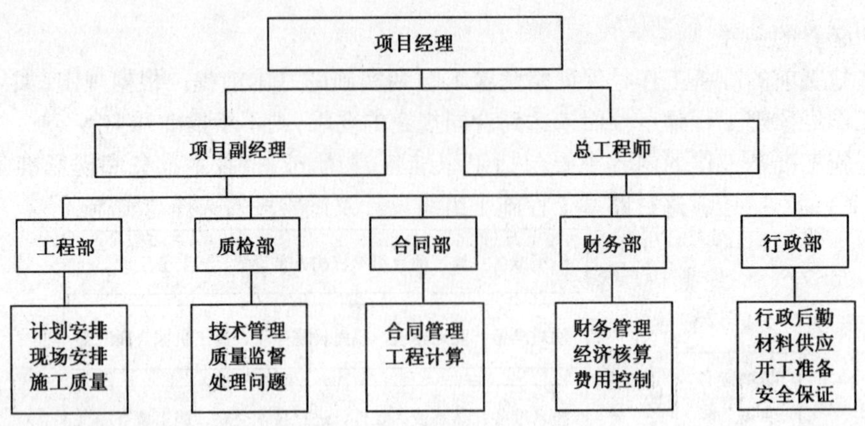

图1-2　施工组织机构图

工作任务二　物质准备

物质准备主要包括驻地建设、路基施工机械设备及试验设备准备，具体内容如图1-3所示。

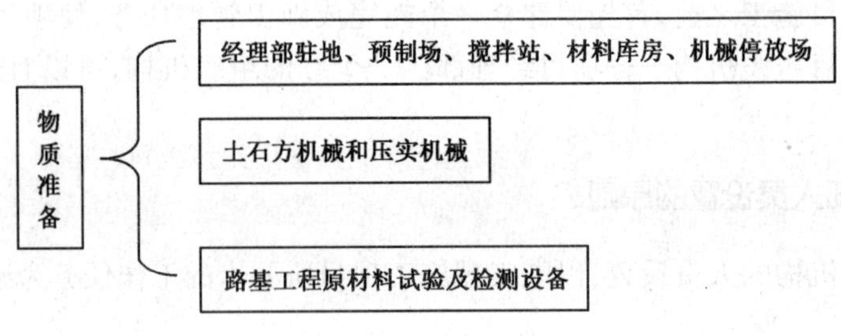

图1-3　物质准备内容

一、驻地建设

1. 驻地应设有职工宿舍、会议室、试验及测量用房、项目经理部各机构办公室、食堂等(图1-4)

2. 根据工程规模可设置一个或多个预制场、搅拌站(图1-5)、材料库房等。

图1-4　驻地建设

图1-5　拌和站

3. 驻地建设，应满足消防安全的要求，并做好消防培训工作。

二、施工机具设备的准备

根据工程需要、工程量大小及施工进度，配备足够数量且有效的施工机械、设备及工具。机械设备要配套选择，充分发挥机械设备的性能，要保证机械设备的正常操作使用。

路基施工机械（图1-6）可分为土石方施工机械和压实机械两大类。其中土石方机械主要包括：推土机、铲运机、挖掘机、装载机、平地机、自卸车、凿岩机和风动工具等；压实机械主要包括：静力碾压式、振动式及夯击式三类压实机具。

在路基土石方施工时，施工机械的合理配置是工程能否按时完成及实现经济效益的保障。路基土石方机械担负着开挖、铲装、运输、整平、压实的任务。石质路堑施工机械还包括各种型号的松土器、凿岩机等。路基土石方机械设备配套是根据土质、工程数量、工期和运距等因素来确定。

图1-6　路基施工机械

常用路基土方机械及其适用性见表1-1。

常用路基土方机械及其适用性　　表1-1

序　号	机械名称	适用性
1	挖掘机	挖软石以下硬度的各类土、石
2	装载机	挖普通土、装料
3	推土机	推软石以下硬度的各类土、石，100m距离的推、运土
4	平地机	平整土石方

三、试验设备

工地试验室为施工现场提供试验和检测服务，配合路基施工，检测工地所用的各种原材料、加工材料及结构性材料的物理力学性能，以及施工结构物的几何尺寸（图1-7）。

路基工程工地试验室进行的试验和检测项目，见表1-2、表1-3。

图1-7　工地试验室及试验设备

路基土石方工程主要材料试验项目表　　表 1-2

序　　号	试 验 项 目	序　　号	试 验 项 目
1	土的筛分试验	5	有机质含量试验
2	含水率试验	6	击实试验
3	液塑限试验	7	CBR 试验
4	易溶盐试验		

路基工程主要检测项目　　表 1-3

序　　号	检 测 项 目	序　　号	检 测 项 目
1	压实度	5	宽度
2	弯沉	6	平整度
3	纵断高程	7	横坡
4	中线偏位	8	边坡

工地试验室所购置的各种重要试验、检测设备，应通过计量部门标定、交通质量监督部门认证合格后才能投入使用。工地试验室认证工作应在接到中标通知书后立即开始申办，在工程开工前办理完毕各种证件。

四、材料准备

1. 编好材料预算，提出材料的需用量计划及加工计划。
2. 选择合适的路基填料，做好运输情况的调查。
3. 根据施工平面图安排和落实材料的堆放和临时仓库设施。
4. 组织材料分批进场。当场地狭小时，要考虑场地多次周转使用，按时间、地点使用场地。
5. 组织材料加工准备，尽可能集中加工，例如对水泥混凝土集中配料拌和等。

五、生产生活物资的保障

生产生活物资的保障包括试验仪器设备、安全防护和劳动防护用品、办公用品、生活物资等的保障。

工作任务三　技 术 准 备

技术准备工作的主要内容有熟悉设计文件、进行技术交底和实施施工调查。

一、熟悉设计文件及技术交底

设计文件是组织施工的主要依据，熟悉、审核施工图纸是领会设计意图、明确工程内容、掌握工程特点的重要环节。施工单位在接到施工设计文件后，应立即组织有关技术人员对施工设计文件进行审核，充分领会设计意图，注意设计文件中所采用的各项技术指标，考虑其技术经济的合理性和施工的可能性，并应进行现场核对。如发现有疑问、错误和与实际不符之处，应按照有关规定，及时向监理或设计代表等相关部门提出，及时确认，或进行相应的变更，如表 1-4所示。图纸会审着重解决以下几个问题：

(1)核对设计是否符合施工条件；

(2)设计中提出的工程材料、工艺要求，施工单位能否实现和解决；

(3)设计能否满足工程质量及安全要求，是否符合国家有关规范和标准；

(4)设计图纸及说明是否齐全；

(5)设计图纸上的尺寸、高程、工程数量的计算有无差、错、漏、碰现象。

某高速公路图纸审核及答复意见 表 1-4

某高速公路 T14 合同段设计图纸答复意见 设计单位：某交通规划勘察设计研究院			
序号	详 细 说 明	所在图册	答 复 意 见
1	现场清理合计数量与各段落计算总和不符	第 1 册	经核查，设计数量无误
2	无详细主动防护网设计图	第 2 册	本次施工图补充设计已作补充
3	路肩墙工程数量与 S3-2-30 中护肩墙工程数量表不符，且护肩墙参数不详	第 2 册	本次施工图补充设计已作修订
4	路肩墙顶防撞护栏每延米工程数量有误，每延米 C30 混凝土数量经计算为 0.63m^3，钢筋数量和计算混凝土数量与路基防护工程数量表不符，防撞墙宽度 50cm 与标准横断面所标注的 75cm 冲突	第 2 册	本次施工图补充设计已作修订

设计图纸是施工的依据。施工单位和全体施工人员必须按图施工，未经业主和监理工程师同意，施工单位和施工人员无权修改设计图纸，更不能在没有设计图纸的情况下就擅自施工。

技术交底通常包括施工图纸交底、施工技术交底以及安全技术交底等。这项交底工作分别由高一级技术负责人、单位工程负责人、施工队长、作业班组逐级组织进行。

二、现场调查

公路施工现场调查是开工前准备工作的重要内容，是编制实施性施工组织设计和施工计划、做好任务分工、组织大型机械设备进场的重要工作。做好调查对于保证工程的按期开工和顺利施工起着重要作用。

现场调查的主要内容(表 1-5)：

(1)搞好线路调查，查清地形、地貌以及各类构筑物的相对位置、沿线环境保护设施的地点等；

(2)做好取土场调查，做好土方调配；

(3)调查料场，做好当地资源调查；

(4)调查当地现有道路情况，以便更好地为施工生产服务；

(5)布置现场，选择驻地。

路基施工调查内容 表 1-5

序号	调 查 内 容	序号	调 查 内 容
1	施工现场的供水、供电、施工便道的调查	4	路基周边既有的排水设施调查
2	既有管线、建筑物的调查	5	工区划分、队伍部署、驻地选择
3	取土、弃土调查		

三、编制施工组织设计

施工组织设计是开工前必须提交的技术文件，它是准备、组织、指导施工和编制施工计划的基础。施工单位应根据设计图纸、合同文件、机械设备、施工条件确定施工工艺流程、施工方案，进行详细的施工组织设计。

施工组织设计的详细内容将在《公路工程管理》中叙述，这里仅就施工阶段路基工程施工组织设计应注意的问题作简单介绍。

1. 编制依据

(1)设计文件及与业主签订的合同招标文件、投标文件；

(2)施工合同规定的工期，开工日期及竣工日期；

(3)施工技术规范、规程及有关规定：

(4)主要设备和材料的采购合同及供应计划；

(5)施工现场调查资料；

(6)拟采用的新技术、新材料、新工艺、新设备等方案；

(7)已施工过的同类工程的施工进度及经济指标等。

2. 编制原则

施工单位在编制路基施工组织设计过程中，应结合路基施工特点，遵循以下原则。

(1)严格执行工程建设程序和施工程序。

施工组织设计属于施工前准备工作的一项重要内容，要严格遵守合同签订的施工期限，按照基建程序和施工程序的要求，保质保量按时完成施工任务。

(2)保证重点、统筹兼顾。

要对工程项目的所有内容分清轻重缓急，集中力量对那些在整个工程中起关键和控制作用的作业项目进行施工，避免拉长战线，分散资源，拖延工期；同时还要有全局观念，以保证工程全线按期完成，迅速发挥投资效益，为后续施工创造良好条件。

(3)遵循工程的客观规律，科学合理安排施工季节、程序和施工顺序。

按照路基工程施工的客观规律安排施工顺序，可将整个项目划分为几个阶段，如施工准备、土石方工程、排水工程、防护工程等。各施工阶段合理搭接，在保证质量的基础上，根据当地的气候季节特点，合理安排施工进度计划，充分利用施工时间并保持均衡施工，尽可能缩短工期，加快施工进度。所以，必须处理好以下关系：

①施工准备与正式施工的关系。施工准备之所以重要，是因为它是后续施工能按时开始的重要条件。

②全场性工程与单位工程的关系。在正式施工时，应首先进行全场性工程的施工，然后按照工程的排序，逐个进行单位工程的施工。

③地下与地上的关系。在处理地下工程与地上工程时，应遵循先地下后地上的原则。

④空间顺序与工种顺序的关系。在安排施工顺序时，既要考虑施工组织的空间顺序，又要考虑施工工艺的工种顺序。空间顺序要以工种顺序为基础，工种顺序尽可能为空间顺序提供有利的施工条件。

(4)应用科学的计划方法制订最合理的施工组织方案。

根据工程特点和工期要求，尽可能采用平行流水作业施工方法，组织连续、均衡且有节奏的施工，保证人力、物力充分发挥作用。对于复杂工程，应用网络计划技术找出最佳的施工组织方案。

（5）采用先进的施工技术和设备，加强科学管理。

在选择施工机械过程中，要进行技术经济比较，充分利用现有的机械设备，使大型机械与中、小型机械结合起来，使机械化与半机械化结合起来，尽量扩大机械化施工范围，提高机械化程度。

（6）确保工程质量和施工安全。

贯彻施工技术规范、操作规程，提出确保工程质量的技术措施和施工安全措施。

3. 原始资料的调查分析

编制实施性施工组织设计前，应全面收集原始资料，做好如表1-6所列的调查工作。

原始资料调查内容 表1-6

调 查 项 目	调 查 内 容
1. 自然条件的调查	合同段内的地形、地貌、地质、水文、气候等条件
2. 施工资源的调查	筑路材料、运输条件、当地劳动力、电力、供水等
3. 承包人能力的调查	员工数量、类别、素质，施工机械装备等
4. 社会调查	管线、文物古迹等

4. 编制内容

一般来说，施工组织设计分为施工组织总设计和分部、分项工程施工组织设计，其具体内容如下。

（1）施工组织总设计内容

施工组织总设计是以整个路基工程为对象，根据设计图纸和施工现场条件编制的，用以指导施工全过程各项施工活动的综合性文件。其主要内容见表1-7。

施工组织总设计内容 表1-7

序号	施工组织总设计内容	序号	施工组织总设计内容
1	工程概况	4	施工总进度计划
2	施工部署及主要构造物的施工方案	5	各项资源需要量计划
3	施工准备工作计划	6	施工总平面图

（2）分部、分项工程施工组织设计内容

这部分内容主要由项目总工程师负责编制。每个分部、分项工程的开工申请是呈送监理工程师报批的不可缺少的内容，其主要内容见表1-8。

分部、分项工程施工组织设计内容 表1-8

序号	分部、分项工程施工组织设计内容	序号	分部、分项工程施工组织设计内容
1	分部、分项工程概况	5	人工、材料、机械计划
2	施工方法及施工机械的选择	6	施工平面图
3	施工进度计划	7	质量保证、安全、环保、文明施工等措施
4	施工安全计划		

5. 施工进度计划的编制

施工进度计划是施工组织设计的主要内容。总进度计划应根据施工合同工期、施工组织、施工部署及施工顺序对所有的施工项目作出开工、竣工的时间安排。每项工程开工前应有充分的施工准备时间。其编制步骤如图1-8所示。

编制施工进度计划常用的方法有横道图法和网络图法。

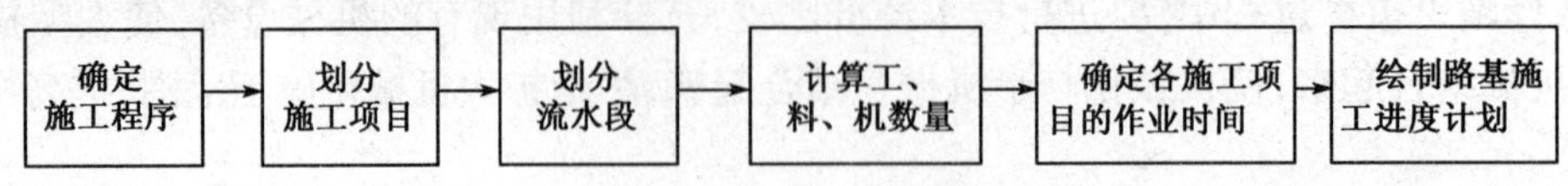

图1-8 施工进度计划编制步骤

四、技术交底

在施工人员熟悉设计文件和充分准备的基础上，参加由业主召集由设计、监理、施工单位参加的设计交底和图纸会审。设计人员应向施工单位讲清设计意图和对施工的主要要求。施工人员应对图纸和有关问题提出质询，由设计单位进行逐条答复，并对合理化建议按程序进行变更设计或补充设计。

技术交底通常包括施工图纸交底、施工技术交底以及安全技术交底等。技术交底应按不同层次、不同要求和不同方式进行，应使所有参与施工的人员掌握所从事工作的内容、操作方法和技术要求。其内容主要包括：

1. 说明有关工程的各项技术要求；

2. 指出图纸上必须注意的尺寸、轴线、高程，构造物的位置、规格和数量；

3. 使用材料的品种、规格等级、配合比和质量要求；

4. 施工方法，施工顺序，各班组及各工种之间交叉配合注意事项；

5. 工程质量要求和安全操作要求；

6. 设计变更情况说明等。

上述各项交底一般用口头方式进行，辅以图表，必要时可进行示范操作或建立质量样板，以便使上岗人员充分掌握要领。

五、做好开工前的试验

路基施工前，施工单位必须申办组建经当地政府交通质量监督部门认可的工地试验室。试验室所配备的人员需经过试验与检测培训并持有试验员证。

路基施工前，试验人员应对路基基底土进行相关试验。每公里至少取两个点，土质变化大时，视具体情况增加取样点数。对来样不同、性质不同的拟作为路堤填料的材料要进行复查和取样试验。

土的主要试验项目包括：

1. 天然含水率试验；

2. 液限、塑限试验；

3. 标准击实试验；

4. 土的强度试验(CBR试验)。

必要时还应做颗粒分析、相对密度、有机质含量、易溶盐含量、冻胀和膨胀量等试验。使用特殊材料时，应按相关标准做相应试验，必要时还应进行环境影响评估，经批准后方可使用。

工作任务四 现 场 准 备

路基施工的现场准备工作包括:恢复路线、用地划界、路基放样、清理场地及修建临时设施等,见图1-9、图1-10。

图1-9 平整场地前,地形高差起伏大

图1-10 推土机平整场地后

一、恢复路线

工程开工前,要对业主及设计单位提供的现场红线控制桩等进行现场复核,确认无误后才能使用。

1. 路线复测

施工前的路线复测工作主要包括:导线的复测与增设、中线的复测、水准点的复测与加密、横断面的检查与补测。

2. 复测步骤

复测步骤见图1-11。

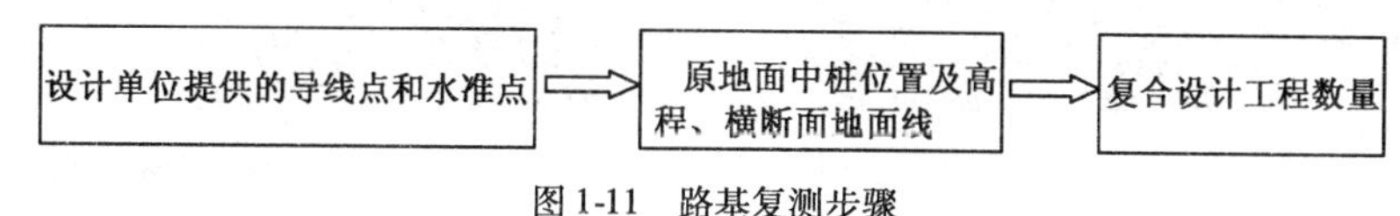

图1-11 路基复测步骤

3. 复测结果的处理

复测结果与设计文件相差超过允许误差时,应及时向业主和监理报告,提出相应的处理措施。测量精度应满足公路测量规范的要求,土石方数量相差10%以上时,应向业主提出变更要求。

有关导线点、水准点、路线中桩位置(坐标)及高程、横断面地面线的复测,路基施工技术人员应注意如表1-9所列的问题。

路基复测中应注意的问题 表1-9

导线复测	应采用全站仪或其他满足测量精度的仪器
	导线起讫点与设计单位测定结果相比较,测量精度应满足设计要求
	必须和相邻施工段的导线点闭合
	对防碍施工的导线点,应设护桩加以固定

续上表

水准点复测与加密	水准点复测结果与设计单位测定结果相比较,测量精度应满足设计要求
	必须和相邻施工段的水准点闭合
	在人工结构物附件(如桥涵、隧道等)、高填深挖地段宜增设临时水准点
	如发现个别水准点受施工影响时,应将其移出影响范围之外
中线复测	高等级公路应采用坐标恢复中桩
	应与独立施工的桥梁、隧道及相邻施工段的中线闭合
	如发现原设计中线长度丈量错误或需要局部改线时,应作断链处理

二、用地划界

此项工作一般由建设单位(业主)完成。个别地段尚未划定的,施工单位应立即报告监理工程师,并会同建设单位尽快解决。

公路用地范围为公路路堤两侧排水沟外边缘(无排水沟时为路堤或护坡道坡脚)以外,或坡顶截水沟外边缘(无截水沟为坡顶)以外不小于1m范围内的土地,见图1-12。在有条件的地段,高速公路、一级公路不小于3m,二级公路不小于2m范围内的土地为公路用地范围。施工前,根据实际情况确定用地范围,进行公路用地测量,并绘制用地平面图及用地划界表,送交有关单位办理拆迁及占用土地手续,见图1-13。

图1-12　公路用地范围

图1-13　清理公路用地范围

三、路基横断面施工放样

在公路中线施工控制桩恢复完成后,即可进行路基施工。路基施工前,应先在地面上把路基的轮廓标示出来,就是在原地面上标定出路基边缘、路堤坡脚及路堑顶、边沟、取土坑、护坡道、弃土堆等的具体位置,钉上边桩,同时还应把边坡的坡度表示出来,定出路基轮廓,为路堤填筑和路堑开挖提供施工依据。其主要工作内容见表1-10。

路基放样内容　　表1-10

序　号	工 作 内 容
1	在路中线各桩位处标定填挖高度
2	确定横断面方向
3	按设计图纸在地面上定出横断面上各主要点的位置,如路堤坡脚、路堑坡顶等

(一)路基路面设计的基本参数

在进行路基路面施工放样以前,应首先了解路基路面设计的基本参数,以便在进行放样测量时计算放样数据。路基路面的设计计算参数主要包括路基宽度、路面宽度、排水沟宽度(梯形排水沟的边坡坡度)、填挖高度、路堤、路堑的边坡坡度、路基的超高和加宽等基本参数。

1. 路基宽度

公路路基宽度是指行车道与路肩宽度之和,当设有中间带、变速车道、爬坡车道、应急停车带时还包括这些设施的宽度,如图1-14所示。

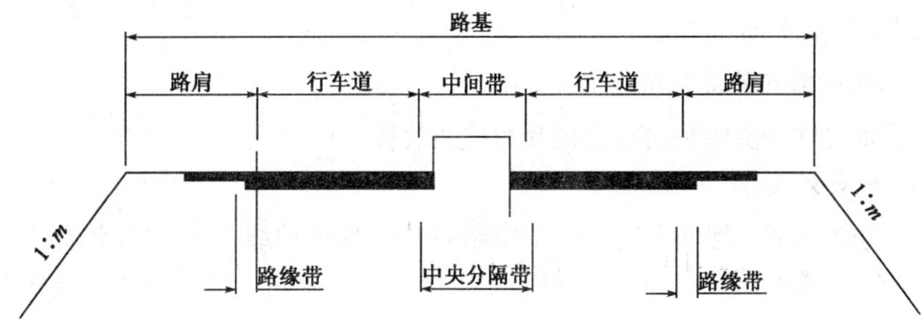

图1-14 公路路基宽度

2. 边坡坡度

路基边坡坡度通常以1∶m的形式表示,即$i = h/d = 1/m$,其中,m称为边坡坡度,h为边坡的高度,d为边坡的宽度。

3. 超高

根据路基路面的设计要求,在公路直线段路基边缘点处于同一高度,路面横断面由路中心向两侧略向下倾斜形成双向横坡。但是在曲线路段为保证汽车行驶安全,在公路曲线半径小于各级公路的不设超高最小半径时,均应设置超高。圆曲线段路面的设计超高值是常数,路面倾斜形成单向横坡;缓和曲线段路面的超高值随着缓和曲线上的长度的不同而变化,路面横坡倾斜由直线段的双向横坡向圆曲线的单向横坡逐步过渡。超高值可从设计文件中查取。

4. 加宽

当圆曲线半径小于或等于250m时,在圆曲线段应按规定设置加宽,同时在曲线两端设置加宽缓和段。曲线上的加宽值可从设计文件中查取。

若圆曲线的加宽值为B_j,加宽缓和段内任一中桩的加宽值,可按下式计算。

(1)当加宽缓和段为直线过渡时

$$B_{jx} = \frac{X}{L_c}B_j \tag{1-1}$$

(2)当加宽缓和段为高次抛物线过渡时

$$B_{jx} = 4\left(\frac{X}{L_c}\right)^3 - 3\left(\frac{X}{L_c}\right)^4 \tag{1-2}$$

式中:B_{jx}——加宽缓和段内任意中桩的加宽值;

X——对应于B_{jx}的中桩到加宽缓和段起点的长度;

L_c——加宽缓和段(或缓和曲线段)的长度。

(二)路基边桩放样的一般要求

公路路基的边桩包括路堤的填挖边界点和路堑的开挖边界点。除此之外,在路基土石方施工以前,还应把公路红线界桩和公路工程界桩也要标定在地面上。

路基边界点是指路堤(或路堑)边坡与自然地面的交点。

公路红线界桩是指为保证公路工程的正常使用和行车安全,根据公路勘测设计规范所确定的公路占用土地的分界用地界桩。公路用地在土地管理中属于公用地籍,界桩的设立将标明公路用地的边界范围,界桩之间连成的线称为红线。公路红线界桩确定了公路用地的范围、归属和用途,具有保护公路用地不受侵犯的法律效力。

公路工程界桩是根据公路设计的要求,表明路基、涵洞、挡土墙等边界点位实际位置的桩位,如公路的路基界桩、绿化带界桩等。公路工程界桩有时可能在公路用地的边界上,这种公路工程界桩兼有红线界桩的性质。

(三)路基横断面的放样方法

路基横断面的放样主要是路基边桩和边坡的放样。

1. 路基边桩放样

路基边桩放样就是在地面上将每一个横断面的路基边坡线与地面的交点,用木桩标定出来。边桩的位置由横断面方向、两侧边桩至中桩的距离来确定。常用的边桩放样方法如下。

(1)图解法

路基横断面图为路基施工的主要依据,可根据已"戴好帽子"的横断面图放样边桩。就是直接在横断面图上量取中桩至边桩的距离,然后在实地用皮尺沿横断面方向丈量边桩并标定出来(图 1-15)。每个横断面都放出边桩后,再分别将路中线两侧的路基坡脚桩或路堑坡顶桩用灰线连接起来,即为路基填挖边界。

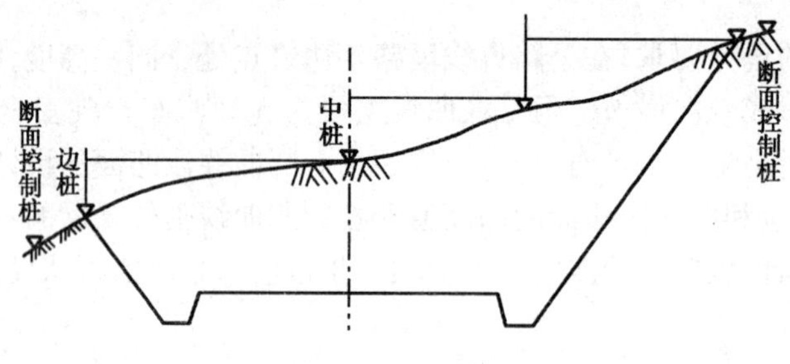

图 1-15　图解法边桩放样

如果水平距离较长,地面坡度大时可采用抬杆法分段丈量。为避免边桩在施工中毁坏、丢失,可在边桩外数米处的横断面方向线上加钉断面控制桩,并注明距边桩的距离。图解法的精度依赖于原横断面测量的准确程度,适用于平原、填挖量不大的较低等级的公路路基边桩放样。

(2)解析法

就是根据路基填挖高度、边坡率、路基宽度和横断面地形情况,先计算出路基中心桩至边桩的距离,然后在实地沿横断面方向按距离将边桩放出来。一般情况下,当施工现场没有横断面设计图,只有施工填挖高度时,可用解析法放样路基边桩。解析法放样路基边桩的精度比图解法高,主要用于一般公路平坦地形或地面横坡均匀一致地段的路基边桩放样。具体方法按下述两种情况进行。

①平坦地段的边桩放样:

图 1-16 为填方路堤,坡脚桩至中桩的距离为 D,按式(1-3)计算。

$$D = \frac{B}{2} + m \times H \tag{1-3}$$

图 1-17 为挖方路堑，坡顶桩至中桩的距离为 D，按式(1-4)计算。

$$D = \frac{B}{2} + S + m \times H \tag{1-4}$$

式中：B——路基宽度；

m——边坡坡度；

H——填挖高；

S——路堑边沟顶宽。

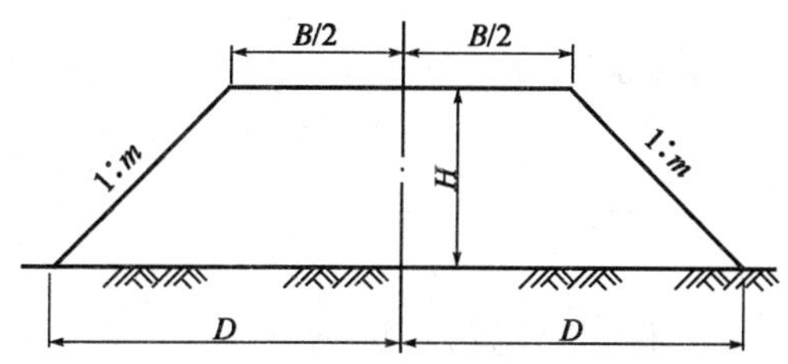

图 1-16　平坦地段路堤解析法边桩放样

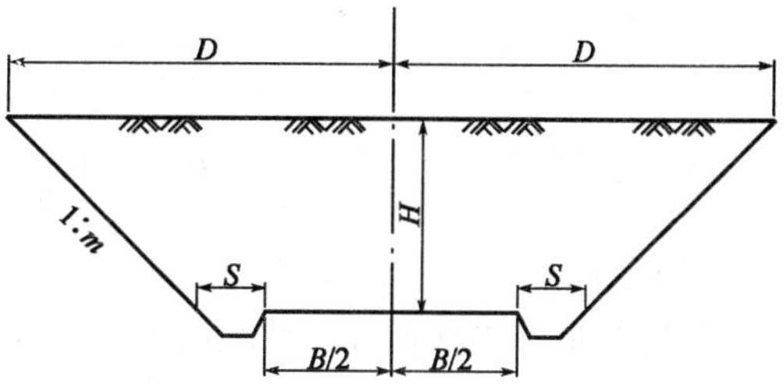

图 1-17　平坦地段路堑解析法边桩放样

以上是路基横断面位于直线段时求算 D 值的方法。若横断面位于弯道上有加宽时，按上述方法求出 D 值后，还应在加宽一侧的 D 值中加上加宽值。

②倾斜地段的边桩放样：在倾斜地段，计算时要考虑横坡的影响。如图 1-18 所示，路堤坡脚桩至中桩的距离 $D_{上}$、$D_{下}$ 分别为：

$$D_{上} = \frac{B}{2} + m(H - h_{上}) \tag{1-5}$$

$$D_{下} = \frac{B}{2} + m(H + h_{下}) \tag{1-6}$$

如图 1-19 所示，路堑坡顶桩至中桩的距离 $D_{上}$、$D_{下}$ 分别为：

$$D_{上} = \frac{B}{2} + S + m(H + h_{上}) \tag{1-7}$$

$$D_{下} = \frac{B}{2} + S + m(H - h_{下}) \tag{1-8}$$

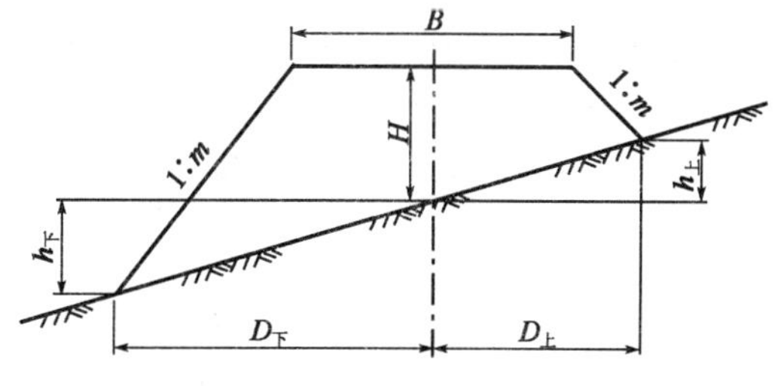

图 1-18　坡地上路堤解析法边桩放样

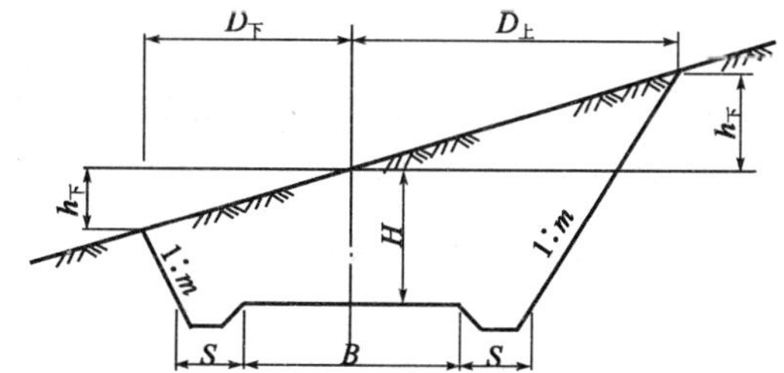

图 1-19　坡地上路堑解析法边桩放样

$h_{上}$、$h_{下}$ 分别为上、下两侧路基坡脚（或坡顶）至中桩的高差。其中，B、S 和 m 均为已知，$D_{上}$、$D_{下}$ 随 $h_{上}$、$h_{下}$ 变化而变化。由于边桩未定，所以 $h_{上}$、$h_{下}$ 均为未知数，因此还不能计算出路基边桩至中桩的距离。由于地面横坡均匀一致，放样时先测出地面横坡度为 1 : n。n 为原地面横坡度。

又因为 $D_上 = h_上 \cdot n, D_下 = h_下 \cdot n$，分别代入式(1-5)～式(1-8)，简化整理得到下列计算式。

路堤坡脚桩至中桩的距离 $D_上$、$D_下$ 分别为：

$$D_上 = \left(\frac{B}{2} + mH\right)\frac{n}{n+m} \tag{1-9}$$

$$D_下 = \left(\frac{B}{2} + mH\right)\frac{n}{n-m} \tag{1-10}$$

路堑坡顶桩至中桩的距离 $D_上$、$D_下$ 分别为：

$$D_上 = \left(\frac{B}{2} + S + mH\right)\frac{n}{n+m} \tag{1-11}$$

$$D_下 = \left(\frac{B}{2} + S + mH\right)\frac{n}{n-m} \tag{1-12}$$

(3)渐进法

渐进法是首先根据地面情况或参照横断面图大致估计边桩位置，然后测出估计位置与中桩地面间的高差，按此高差算出边桩的相对位置。若计算值与估值相符，即得边桩位置，否则按实测资料进行估计，重复上述工作，逐渐趋近，直到计算值与估计值相符或接近为止。该法精度高，既适用于高等级公路，又适用于中、低等级公路。

实际工作中，采用试探法放边桩，在现场边测边标定，一般试探一、两次即可。如果结合图解法，则更为简便。当然，对于倾斜地面上的边桩也可采用极坐标法放样。先计算出两侧边桩的坐标，然后再用坐标法确定边桩的位置。

2. 路基边坡的放样

在放样出边桩后，为了保证填、挖的边坡达到设计要求，还应把设计边坡在实地标定出来，以方便施工。

(1)用竹杆、绳索放样边坡。

(2)用边坡样板放样边坡。施工前按照设计边坡坡度做好边坡样板，施工时，按照边坡样板进行放样。

3. 机械化施工路基横断面的控制

(1)路堤边坡与填高的控制方法

①机械填土时，应按铺土厚度及边坡坡度，保持每层间向内收缩的距离一定。不可按自然的堆土坡度往上填土，这样会造成超填而浪费土方。

②每填高 1m 左右或填至距路肩 1m 时，要重新恢复中线、测高程、放铺筑面边桩，用石灰标示铺筑面边线位置，并将标杆移至铺筑面边上。

③距路肩 1m 以下的边坡，常按设计宽度每侧多填 0.25m 控制；距路肩 1m 以内的边坡，则按稍陡于设计坡度控制，使路基面有足够的宽度，以便整修边坡时铲除超宽的松土层后，能保证路肩部分的压实度。

④填至路肩设计高程时，应对大部分地段(填高 4m 以下的路堤)的高程进行实地检测；填高大于 4m 地段，应按土质和填高不同，考虑预留沉落量，使粗平后的路基面无缺土现象。最后测设中线桩及路肩桩，抄平后计算整修工作量。

(2)路堑边坡及挖深的控制方法

路堑机械开挖过程中，一般都需配合人工同时进行整修边坡工作。

①机械挖土时，应按每层挖土厚度及边坡坡度保持层与层之间的向内回收的宽度，防止挖伤边坡或留土过多。

②每挖深1m左右，应测设边坡、复核路基宽度，并将标杆下移至挖掘面的正确边线上。每挖3～4m或距路基面20～30cm时，应复测中线、高程、放样路基面宽度。按以上做法，可及时控制填方超填和挖方超挖现象。

四、清理场地

施工前应清除施工现场内所有阻碍施工或影响工程质量的障碍物。

1. 拆迁建筑物

施工前对路基范围内的所有地物均应妥善处理。路基施工范围内的所有建筑物、设施等，均应会同有关部门事先拆迁或改造。因路基施工影响沿线附近建筑物的稳定时，应予适当加固。

2. 砍伐树木

在路基施工范围内，对妨碍视线、影响行车的树木、灌木丛，均应在施工前进行砍伐或移植清理。砍伐后的树木，应堆放在不妨碍施工和不影响农业生产的地方。

二级及二级以上公路路堤和填方高度小于1m的公路路堤，应将路基基底范围内的树根全部挖除，并将坑穴填平夯实；填方高度大于1m的二级以下公路路堤，允许保留树根，但根部不能露出地面。采用机械施工的路堑及取土坑等，均应将树根全部挖除。

3. 场地排水

场地排水是指疏干、排除场地上所积地面水，保持场地干燥，为施工提供正常条件。通常是根据现场情况，设置纵横排水沟，形成排水系统，将水引入附近河渠、低洼处排除。为节省工程量，避免返工浪费，所开挖的排水沟应按所设计的路基排水系统布置。

在受地面积水或地下水影响的土质不良的地段施工时，为了保证工程质量，减少土方挖掘、运送和夯实的困难，施工前也应切实做好场地排水工作。

五、临时工程

临时工程包括项目经理部与生活区的选择，仓库、料场与预制场的选择，便道的修筑和工地试验室以及工地供电、用水、供热设施的兴建。这些施工现场的临时建筑物是为施工单位在施工期间兴建的生活和生产用的临时房舍和设施场所，一旦施工完毕即予以拆除。

工作任务五　填 料 选 择

路堤由外材料填筑而成，填前的填料选择、基底状况、填筑方式等因素均影响路堤质量，因此，路基施工中必须对这些问题给予足够的重视。

一、路基土的种类

路基土首先按有机质含量分为有机土和无机土两大类；其次将无机土按粒组含量分为巨粒组、粗粒组和细粒组。表1-11为不同粒组的划分界限及范围。

粒组划分表 表1-11

200	60	20	5	2	0.5	0.25	0.075	0.002(mm)	
巨粒组		粗粒组						细粒组	
漂石（块石）	卵石（小块石）	砾（角砾）			砂			粉粒	黏粒
		粗	中	细	粗	中	细		

土分类总体包括四类，并且细分为十一种，如图1-20所示。具体判定方法见《道路建筑材料》。

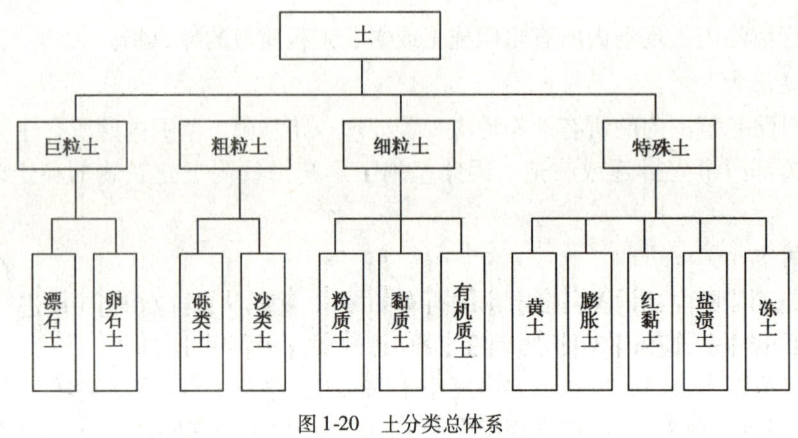

图1-20 土分类总体系

二、路基用土的工程性质

各类公路用土具有不同的工程性质，在选择路基填筑材料以及修筑稳定土路面结构层时，根据不同的土类分别采取不同的工程技术措施。

巨粒土包括漂石（块石）和卵石（小块石），具有很高的强度及稳定性，是填筑路基的良好材料。对于漂石土，在码砌边坡时要正确选用边坡值，以保证路基稳定。对于卵石土，填筑时应保证有足够的密实度。

砾类土由于粒径较大，内摩擦力亦大，因而强度和稳定性均能满足要求。级配良好的砾类土混合料，密实程度好。对于级配不良的砾类土混合料，填筑时应保证密实程度，防止由于空隙大而造成路基积水、不均匀沉陷或表面松散等病害。

砂类土又可分为砂、含细粒土砂（或称砂土）和细粒土质砂（或称砂性土）三种。

砂和含细粒土砂无塑性，透水性强，毛细上升高度很小，具有较大的摩擦系数，强度和水稳定性较好；但由于黏性小，易于松散，压实困难，需用振动法或灌水法才能压实。为克服这一缺点，施工时可添加一些黏质土，以改善其使用质量。

细粒土质砂既含有一定数量的粗颗粒，使路基具有足够的强度和水稳性，又含有一定数量的细颗粒，使其具有一定的黏性，不致过分松散。其一般遇水干得快，不膨胀，干时有足够的黏结性，扬尘少，容易被压实。因此，细粒土质砂是修筑路基的良好材料。

粉质土为最差的筑路材料。它含有较多的粉土粒，干时稍有黏性，但易被压碎，扬尘性大，浸水时很快被湿透，易成稀泥。粉质土的毛细作用强烈，上升速度快，毛细上升高度一般可达0.9～1.5m，在季节性冰冻地区，水分积聚现象严重，造成严重的冬季冻胀，春融期间出现翻浆，故又称翻浆土。如遇粉质土，特别是在水文条件不良时，应采取一定的措施，改善其工程性质。

黏质土透水性很差，黏聚力大，因而干时硬，不易挖掘。它具有较大的可塑性、黏结性和膨胀性，毛细现象也很显著，用来填筑路基比粉质土好，但不如细粒土质砂，浸水后黏质土能较长时间保持水分，因而承载能力小。对于黏质土，如在适当的含水量时加以充分压实并设有良好的排水设施，筑成的路基也能获得稳定。

有机质土（如泥炭、腐殖土等）不宜作路基填料，如遇有机质土均应在设计和施工上采取适当措施。黄土属大孔和多孔结构，具有湿陷性；膨胀土受水浸湿发生膨胀，失水则收缩；红黏土失水后体积收缩量较大；盐渍土潮湿时承载力很低。因此，特殊土也不宜作路基填料。

三、路堤填料选择的原则

路堤填料一般都是利用当地附近土石，而公路沿线土石的类别和性质不同，修筑路基后的稳定性也有很大的差异，应尽可能选择当地强度高、稳定性好并便于施工的土石作为路堤填料。

1. 在有水、淤泥及软弱地带，可采用不易被压缩、强度高且受水影响小的材料，如碎石、卵石、砾石、粗砂等透水性良好的材料，并分层填筑压实。

2. 在土质选择时，应按照填筑路堤的质量好坏依次选择砂性土、黏性土等。

四、填料的来源

路基在填筑前，应对照设计文件，现场调查填料的来源、类型、可供开采的数量、上路桩号，并对填料进行试验，以判断填料的可用性。据此还可确定路基采用填土、填石还是土石混填，以及填料所用于的压实区域和填筑的厚度，见图1-21～图1-23。

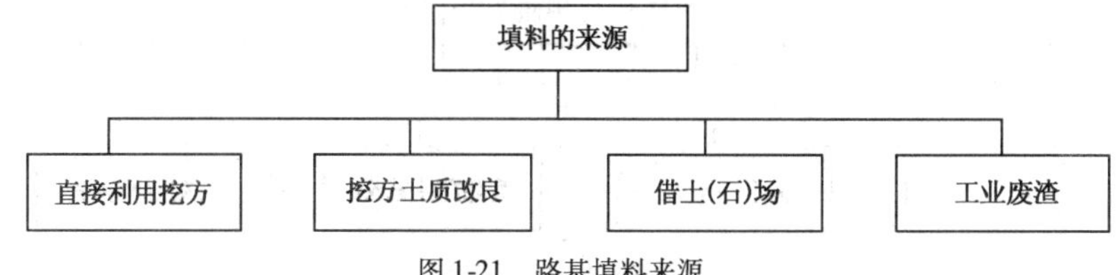

图1-21　路基填料来源

图1-22　料场

图1-23　直接利用挖方

五、路基填料的选择方法

填料的选择首先考虑挖方能否利用，其次选择借土，最后与周边环境、经济等方面综合确定。挖方、借方现场，填土高度小于2m以下的填方段原状土，均需现场取样进行土工试验，以判断土质是否能直接利用，并确定施工现场质量控制的标准干密度、最佳含水率等指标。

施工前，根据设计勘探资料，现场核对上述地段土质是否与设计资料相符，有针对性地选择代表性的地点，人工挖坑观察和沿深度分层取土。施工时再根据土质的变化情况，并要求在土质基本一致的情况下，按每 5 000m^3 土取样一次，及时取样再试验。根据土工试验资料，把试验结果、可用数量标于纵断面图上。

初步根据设计文件中路基土的数量计算及现场核对情况，确定填料采用填土、填石或土石混填，用于哪一压实层位，填筑厚度。

六、填料可用性判断

1. 土质填料可用性判断

一旦确定采用土质填料后，通常应进行如表 1-12 所示试验项目。

土质填料主要试验项目　　表 1-12

序　号	试 验 项 目	序　号	试 验 项 目
1	土的筛分试验	5	有机质含量试验
2	含水率试验	6	击实试验
3	液塑限试验	7	CBR 试验
4	易溶盐试验		

根据试验结果，确定土样是否可用于填筑，一般采用表 1-13 所示方法进行判断。

土质填料可用性判断方法　　表 1-13

序　号	判 断 方 法
1	液限是否大于 50%、塑性指数是否大于 26，若超过此值，不能直接作为填料
2	土体密度是否大于 1.6g/cm^3，如小于此值，不能直接作为填料
3	CBR 值是否达到 3%、5%、8% 等填筑分区填料的要求

《公路路基施工技术规范》(JTG F10—2006)中对路基用土还有如表 1-14 所示的规定。

路 基 用 土 规 定　　表 1-14

序　号	内　　容
1	路堤填筑材料不得使用淤泥、沼泽土、冻土、有机土、含草皮土、生活垃圾、树根、含有腐朽物质的土。采用盐渍土、黄土、膨胀土填筑路堤时，应遵照有关规定执行
2	液限大于 50%、塑性指数大于 26 的土，以及含水率超过规定的土，不能直接作为路堤填料；需要应用时，必须采取满足设计要求的技术处理，经检查合格后方可使用
3	钢渣、粉煤灰等材料，可用作路堤填筑材料，其他工业废渣在使用前应进行有害物质的含量试验
4	捣碎后的种植土，可用于路堤边坡表层

各级公路的路基填筑材料的最小强度和最大粒径应符合表 1-15 所示要求。

本项目依据《公路路基施工技术规范》(JTG F10—2006)的规定，采用《公路土工试验规程》(JTC E40—2007)中的试验方法，按图 1-24 所示的流程完成。

路基填筑材料的最小强度和最大粒径的要求　　表1-15

填料应用部位 （路床顶面以下深度）(m)		填料最小强度(CBR)(%)		填料最大粒径 (cm)
		高速公路、一级公路	其他公路	
路堤	上路床(0～0.30)	8	6	10
	下路床(0.30～0.80)	5	4	10
	上路堤(0.80～1.50)	4	3	15
	下路堤(＞1.50)	3	2	15
零填及挖方路堑	0～0.30	8	6	10
	0.30～0.80	5	4	10

注：1. 其他公路做高级路面时，应按高速公路和一级公路的规定。
2. 表列强度按《公路土工试验规程》（JTC E40—2007）对试样浸水96h的CBR试验方法测定。
3. 盐渍土、黄土及膨胀土的填料强度，分别按各自的规定办理。

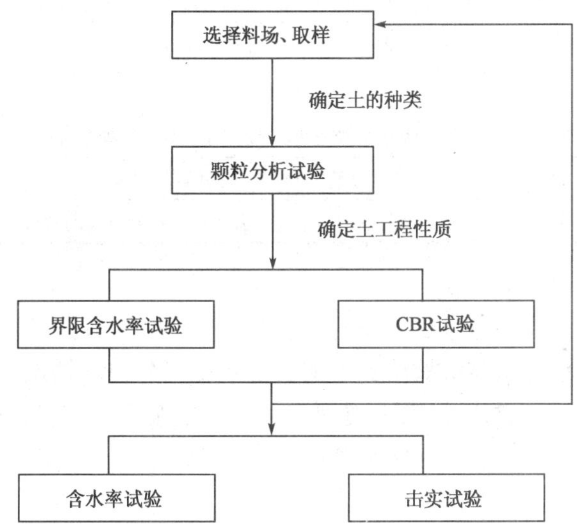

图1-24　项目实施程序

2. 石质填料可用性判断

根据《公路路基施工技术规范》（JTG F10—2006）的规定，填石路堤的填料应符合表1-16所示要求。

填石路堤填料的要求　　表1-16

序　号	内　　容
1	石料的抗压强度不应小于15MPa
2	膨胀岩石、易溶性岩石不宜直接用于路堤填筑，强风化石料、崩解性岩石和盐化岩石不得直接用于路堤填筑
3	填料粒径应不大于500mm，且最大粒径不宜超过层厚的2/3
4	路床底面以下400mm范围内，填料粒径应小于150mm
5	路床填料粒径应小于100mm

工作任务六　路基试验段的选择与实施

在高等级公路路基施工前，应采用不同的施工方案做试验路段，从中选出最佳的施工方案指导全线施工。在路基工程中需做试验段的工程项目通常有路基填方和地基处理。

试验段必须在开工前编制施工组织设计，制订详细的施工方案。在整个试验段施工中，应加强对有关指标的检测，完工后及时写出试验报告，上报监理工程师审批。

一、试验段的选择

1. 试验段的选择（表1-17）

以路基填方为例，试验段的位置应选在地质条件、断面形式及工程要求均具有代表性的地段，路段长度不宜小于100m。试验所用的材料和机具应当与将来全线施工所用的材料和机具相同。

试验段的选择　　表1-17

序　号	内　　容
1	距驻地近、地势平坦、交通方便、施工条件好的地段
2	工程量集中、施工时间较长的地段
3	土质较好且对今后施工具有广泛指导意义的地段

2. 铺筑试验段的目的

铺筑试验段的目的是为了通过试验段的施工全面检验整套施工工艺中的每个施工工艺环节，检验施工机械组合，根据压实机械情况及施工技术规范允许的情况下的压实厚度、松铺系数，确定松铺厚度、土的最佳含水率、碾压遍数等。将以上资料整理上报，经监理工程师批准后，作为以后施工的经验资料，以指导路基的填方施工。

二、试验段施工主要内容

1. 填料试验、检测报告

2. 确定机械的规格、数量及最佳配套

（1）确定取土场的推土机、挖掘机、装卸机与自卸汽车的配合方法；

（2）确定铺筑、压实各工序机械设备的选型配套问题。

3. 确定施工工艺

（1）最佳含水率及施工偏差范围；

（2）最大的压实厚度、松铺系数、运土车的体积、卸土间距；

（3）碾压遍数、碾压速度与压实度的关系；

（4）高程、边坡、横坡的测控方法。

4. 最优的施工组织

（1）取土—装土—运输—铺筑—压实各工序间的配合衔接问题；

（2）测量人员—现场工程师—机械操作手—试验人员—工人的协作、联络、调配问题。

5. 施工过程质量控制方法、指标等

三、试验段的实施步骤

以路基填方试验为例，介绍其施工方案。

试验段的实施步骤见图1-25，试验段的实施现场见图1-26～图1-31。

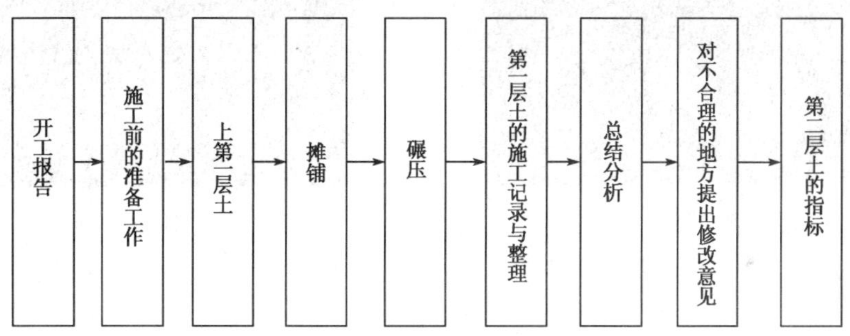

图1-25　试验段实施步骤图

图1-26　料场

图1-27　运土

图1-28　卸土

图1-29　摊铺

当第二层填土完成后，按第一层的方法进行总结分析，以确定第三层填土的各项指标。一般情况下，进行两次调整后就不需要再调整了。当填土的摊铺厚度、含水率、碾压遍数等指标稳定后，铺筑试验路段的目的就已达到。试验路铺筑结束后，应及时写出试验总结报告并经验收，报监理工程师批准后，即可正式提出开工申请报告。

图 1-30　整平

图 1-31　碾压

【工程范例】

新疆哈密—罗布泊公路建设工程某合同段试验段施工及总结

一、工程概况

新疆哈密—罗布泊公路建设工程某合同段起点 K233 +500 位于鄯善县石材厂南侧长白山—黑龙峰段,路线位于红星戈壁以南、罗布泊湖区以北的平台戈壁上,终点 K277 +700 位于罗布泊湖区北缘罗北基地。全线为荒漠戈壁无人区,地表无植被,大部分已盐渍化。本合同段路线均位于罗布泊军事禁区以及罗布泊国家级野骆驼自然保护区核心区内。公路等级为三级(平原微丘区),路基宽 8.5m,路面宽 7.5m,路拱横坡为 1.5%,路肩横坡为 2.5%,路堤边坡 1∶3,路堑土质挖方边坡采用 1∶1,路堑岩石挖方边坡采用 1∶0.75,挖方边沟采用 0.4m×0.4m 的梯形边沟。

二、试验段施工及总结

路基正式开工前,应先进行试验路段的施工,将试验段铺筑技术方案,各种标准试验资料,报监理工程师审批,在监理工程师批准的路段,按监理工程师要求进行试验路段的施工,并在试验段结束后进行总结。

(一)路基试验段开工报告

第××合同段[20××]5 号　　　　　　　　　　签发人:×××

关于路基试验路段的开工报告

吐屋铜矿至罗布泊监理组:

我部开工准备工作已实施完毕,路基施工所需人员、机械设备已全部进场,便道也已整修完毕。拟在 K245 +515.26 ~ K246 +020 段(504.74m)进行路基试验路段施工,其中 K245 +720 ~ K245 +900 为挖方段,其余为填方路堤。其具体实施方案按施工组织计划实施,根据具体情况进行调整,并保证此工程按期保质保量地完成,望监理组核实确认。其内容如下:

1. 本合同段因处在无人区,无征地拆迁工作。

2. 测量工程师对路线复测，主要控制桩，原地面高程测量资料已确认。

3. 土工试验已完成。

4. 施工方案及施工进度计划经调整后完全满足施工要求。

5. 施工组织机构已设置完成，人员、设备已到位。

6. 临建设施、水、电与临时道路满足施工要求。

7. 建立健全自检及质量保证体系，按规范要求的质量控制指标及检验频率和方法确定了试验室工作计划。

8. 监理工程师对土工试验进行了验证并予以批准。

9. 设计图纸经认真审核，无明显错误。

10. 交通管制，安全和环保保证措施已落实。

附件：1. 路基试验段施工组织说明

2. 路基施工方案

3. 路基施工主要人员、机械、设备表(略)

4. 试验段原地面施检资料

5. 试验资料

哈密至罗布泊公路建设工程××合同段项目部

二〇××年八月二十六日

附件：

1. 路基试验段施工组织说明

我部已对全线的路线固定桩进行了加固，并增加了临时水准点，且对原地面高程进行了复测，检测设备齐备，具体事项如下。

(1)施工内容

挖土方、借土填方并分层填筑。

详细的施工方法及工序流程、组织机构和人员分工、具体施工人员与机械设备见附表(略)。

(2)质量保证措施

建立以项目经理为本项目工程第一责任人的质保体系，建立质量责任制，按纵向到底、横向到边、责任到人的原则，上至项目经理下至机械操作手，把具体工序的目标分解到责任人，实行层层落实加强技术管理的基础工作，认真施工前、施工中和施工后的检查，严把技术图纸资料复核关、测量复核关、技术交底关、工程试验关和隐蔽工程检查关，与建设单位和监理工程师密切配合，对整个工程建设质量各负其责，齐抓共管，实现三级质量管理保证模式，不断完善项目部质量保证体系，采取有效手段制定工序、工艺、分项、分部工程质量标准，使整个施工过程中与质量有关的关键环节连续、稳定处于受控状态。

(3)安全生产措施

加强安全生产教育，提高全员安全意识，建立健全安全管理机构，完善安全工作制度，健全安全岗位责任制，抓好施工现场管理。

(4) 环境保护措施

保持周围环境卫生,及时清运废物、垃圾、水泥袋等杂物;施工废水、生活废水要修建过滤池,使工地及生活区清洁整齐;取土坑,弃土堆按规范办理;在临建工程和弃渣时尽量减少对自然环境及景观的破坏,避免乱挖乱掘;弃渣区修建必要的排水设施,以防止水土流失对环境造成影响;对已拆除的临建工程要恢复原貌,施工堆积物要及时清理。

(5) 有关试验完成情况

颗粒分析、液塑限联合测定、标准击实、量砂密度等。

2. 路基施工方案

(1) 施工方法

①采用推土机清理路线范围内的杂物并整平碾压。

②填前测量,进行路线固定及水准点复测,以及原路面高程等结果得到监理工程师认可。

③借土填筑,以挖作填,不足部分挖掘机挖土、自卸车运土、推土机和平地机整平,层厚不大于30cm,确保每层压实宽度、线形、横坡度符合设计要求。

(2) 施工程序

施工准备→检验确定料场→施工放样→报监理工程师查验→上报分项工程开工报告→(批准后)清理整平原地面→碾压→压实度试验→(合格后)放样→按规定厚度上料→整平→碾压→压实度试验→(合格后,重复进行多次,直到路基顶面)打中桩抄平→碾压→检测各项指标→报监理工程师交验。

(3) 干压法施工工艺

初拟路基填料采用砾类土填筑,分层碾压。分层松铺厚度不大于0.3m,先用平地机摊铺刮平,初压用光轮压路机以5~6km/h碾压2遍,随后采用大吨位(15t)振动式压路机以3km/h低振幅高频率压实5~6遍,每压实2遍后测定压实度,每条碾压带之间重叠0.2m,最后用光轮压路机以3~4km/h碾压两遍。其余路基施工工艺按(公路路基施工技术规范)(JTJ033-95)执行,根据路基施工规范,特殊干旱地区路基压实度可降低2%~3%,干压实路基压实度应满足:路床0~80cm压实度大于等于93%,80cm以下大于等于90%;零填路堑路床0~30cm压实度大于等于93%。

3. 主要技术人员、主要施工机械及设备表(略)

4. 试验段原地面施检资料

见路基施工原地面处理相关规定。

5. 试验资料

见路基开工前试验项目。

(二) 路基试验段总结

××合同段[20××]7号　　　　签发人:×××

路基试验段施工总结报告

吐屋铜矿至罗布泊监理组:

我项目部路基试验段已施工完毕,自检各项技术指标满足规范及设计要求,贵组对路线复测、主要控制桩及地面高程测量等资料已确认。路基施工所需人员、机械设备配置方案也已确定，路基试验段K245+515.26~K246+020段（504.74m），其中，K245+720~K245+900为挖方段，其余为填方路堤。望监理组核实确认，以便推广施工。

附件：1. 路基试验段施工总结

2. 路基试验段试验、检测资料

哈密至罗布泊公路建设工程××合同段项目部

二〇××年九月十日

附件：

1. 路基试验段施工总结

我单位承建的××工程××合同段路基试验段K245+515.26~K246+020段于20××年9月6日开始，20××年9月9日结束。经过我项目部与监理共同检测，路基压实度及弯沉等各项指标均满足设计及规范要求，现总结如下。

(1)在施工中对路基填方采用“五线”(即路中线、两侧坡脚线、单侧两根栓桩)、“五度”(即宽度、厚度、平整度、横坡度、压实度)严格控制。每层、每断面计算上料车数，并总结出车辆的松方系数为1.074。具体方法为：根据松铺厚度、方格面积算出填方量，再根据每车装载方数计算出每格装载车数，依次控制松铺厚度。

(2)原地面处理采用平地机1台、装载机1台清除15~20cm厚表层砂类土。清表结束后，用1台16t和1台18t振动压路机分两侧分别碾压。根据压实度检测，16t振动压路机碾压5遍，18t振动压路机碾压4遍，以压实度达93%以上为准(经综合分析18t振动压路机在此基础上增加1遍高频低振幅的碾压可提高1.5个百分点)。填筑的15cm路基料，装载机(推土机)摊开后，迅速用平地机至路基顺直，层面中央形成与设计路面相同横坡。其后用以上2台压路机分两侧重叠碾压(重叠数为不大于1/2轮宽)，由低向高1挡低速，从路基边缘向中间进行封面静压一遍。第二遍用低速高频低振幅小振一遍，再用低速低频高振幅大振(16t两遍、18t一遍)，最后一遍采用中速高频低振幅小振一遍。碾压速度先慢后快。其速度前三遍用一挡1.5~1.7km/h，后几遍用2挡2~2.5km/h。2~3遍达到基本稳定后，必须进行测量整型，直到高程、平整度、路拱横坡达到质量标准。整型后及时碾压，试验人员从3~4遍后按检测频率检测每遍所能达到的压实度，并做好试验记录，直至压实度达到93%以上。

(3)为确定松铺厚度，在第一层上料摊开后，用水准仪测量断面松铺高程，压实后再测量断面高程，根据此松铺厚度和压实厚度计算出松铺系数为1.074(确定松铺系数的高程资料附后，略)。

(4)结论。通过路基填方试验段的施工，得出以下结论：

①中线复测、高程控制、试验检测要及时、准确无误，每一层碾压完毕后要立即自检，合格后交验进行下一层填筑。

②在料场的取料上，宜取表层50~100cm的料，具有一定的含水量、符合击实要求的、合格的路基用料，配备足够的机械设备迅速上料、迅速摊铺、及时碾压。

③根据松铺厚度除以压实厚度得出松铺系数为1.074，以此作为今后的松铺厚度的控制参数。

④采用18t压路机碾压时，碾压5遍，其路基填方压实度均可以达到93%以上，符合路基规范要求，路基封顶后各项指标均能满足设计要求。压实度和弯沉值达到了满意的效果。为了保证今后路基施工的压实度，决定在以后的路基施工中，用16t振动压路机碾压7遍为准。

⑤通过试验路段的施工证明：在8km运距内，一个作业组的最佳机械组合是2台挖掘机配15辆自卸车上料，1台平地机配1台装载机（或推土机）整平，后由2台16t（18t）振动压路机碾压7（6）遍为准。

路基试验段取得了令人满意的成果和经验，这些成果将对我们今后的工作起到积极重要的作用。

2. 路基试验段试验、检测资料

资料内容见路基施工中质量检查与验收评定。

【任务实施】

<table>
<tr><td colspan="3">任务一：路基施工放样</td></tr>
<tr><td>能力目标</td><td colspan="2">学生能够完成某一路基工程开工前的复测和施工放样，填写施工放样报验单</td></tr>
<tr><td rowspan="4">情境设计</td><td>实施时间</td><td>开工前；
施工过程中</td></tr>
<tr><td>实施地点</td><td>施工现场</td></tr>
<tr><td>实施人员</td><td>测量员</td></tr>
<tr><td>实施内容</td><td>1. 熟悉设计文件，施工资料；
2. 分组，准备仪器，布置任务；
3. 完成路基导线点恢复；
4. 完成路基中线复测、水准点复测和横断面复测；
5. 完成路基施工放样；
6. 填写施工放样报验单；
7. 完成任务总结</td></tr>
<tr><td colspan="3">任务二：路基原材料检测</td></tr>
<tr><td>能力目标</td><td colspan="2">学生通过完成某一路基土样的颗粒分析试验、界限含水率试验和CBR试验，评价该类土是否可用于路基填筑；通过完成土的含水率试验、土的击实试验，确定路基工程施工的质量控制措施</td></tr>
<tr><td rowspan="4">情境设计</td><td>实施时间</td><td>开工前；
施工过程中，当料场的土质发生变化时；
施工过程中，当填方数量达到2 000m^3时；
施工过程中，当料场更换时</td></tr>
<tr><td>实施地点</td><td>路基土料场、施工现场、工地试验室</td></tr>
<tr><td>实施人员</td><td>材料员、试验员</td></tr>
<tr><td>实施内容</td><td>1. 熟悉设计文件，施工资料；
2. 取样；
3. 利用《道路建筑材料》课程所学相关试验操作方法，结合土工试验规程，分组检测路基土样技术指标；
4. 填写试验表格，整理检测数据；
5. 结合技术规范，判定材料是否可用于路基填筑；
6. 对于可用的材料，确定施工相关的最佳含水率和最大干密度等技术指标；
7. 完成任务总结</td></tr>
</table>

学习情境二　地基处理

教学目标

能力目标——能根据工程地质条件确定合理的处治措施，能根据施工规范对软土地基实施处理。

知识目标——掌握地基及软土地基、季节性冻融翻浆地区路基的施工方法及施工工艺。

教学内容

1. 基底处理方法；
2. 软土地基处理类型；
3. 软土地基处理施工工艺；
4. 季节性冻融翻浆地区路基的施工方法。

任务描述

通过完成本阶段任务，要明确公路软土地基加固常采用的措施、适用条件及相应的施工工艺流程。针对具体的软土地基实例，应能提出切实可行的加固措施，编制出相应的软基处治施工方案。

项目引导

路堤是在天然地基上人为构筑的土体，一般利用当地的土、石作为填料，按一定方案在原地面上填筑起来的。基底是指路堤填料与原地面接触的部分。为使两者结合紧密，避免路堤沿基底发生滑动和防止因草皮、树根腐烂而引起路堤沉陷(图2-1)，保证路堤具有足够的强度和稳定性，必须视基底和填筑高度等情况，认真清除地表植被、杂物、淤泥和表土，处理坑塘，并对基底进行认真处理和压实，达到设计要求的压实度。

图2-1　路堤沉陷

工作任务一　基 底 处 理

一、伐树、挖根及表土处理

路堤填筑时,如果不清除结合面的草木残株等有害于路堤稳定的杂物,路堤成形后,一旦杂物腐烂变质,地基将发生松软和不均匀沉降等现象,因此,必须在填筑之前做好伐树、挖根及表土处理工作。特别是填筑高度小于 lm 时,应注意将路基范围内的树根、草丛等全部挖除。

如基底的表土为腐殖土,则需将其表土清除换填。换填厚度视具体情况而定,一般不小于 30cm,并予以分层压实。压实度应符合要求。伐树、挖根及表土处理工序如图 2-2 所示。

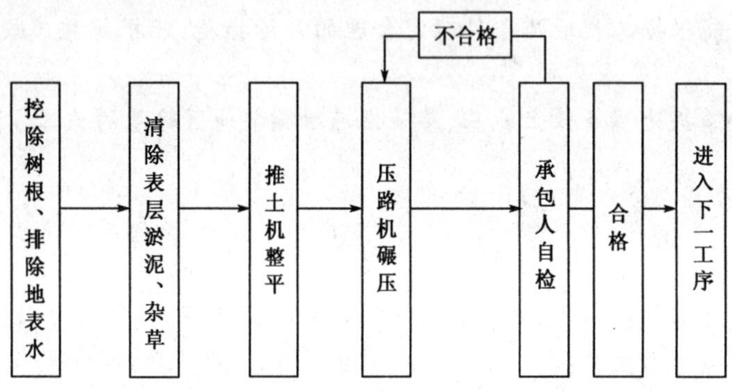

图 2-2　基底处理流程图

二、路堤基底的处理

1. 在稳定的斜坡上基底的处理应符合下列要求:

(1)地面横坡缓于 1∶5 时,清除地表的草皮、腐殖土后,可直接在天然地面上修筑路堤,见图 2-3。

图 2-3　清理原地面

(2)地面横坡为 1∶5 ~ 1∶2.5 时,在清除草皮杂物后,还应将原地面挖成台阶,台阶宽度不小于 2m,高度不小于 0.5m,台阶顶面做成向内倾斜 3% ~5% 的斜坡。当基岩面上的覆盖层较薄时,宜先清除覆盖层再挖台阶,如图 2-4 所示;当覆盖层较厚且稳定时,可予以保留。

(3)地面横坡陡于 1∶2.5 时,应采用修筑护墙、石砌护脚等进行处理,护墙、石砌护脚还同时起着减少填方数量和压缩路基占地宽度的作用,如图 2-5 所示。

2. 路堤基底为耕地或松土时,应先清除有机土、种植土,平整后按规定要求压实。在深耕地段,必要时应将松土翻挖,土块打碎,然后回填、整平、压实。

3. 原地面坑、洞、穴等,应在清除沉积物后,用合格填料分层回填分层压实。压实度符合规定。

4. 对于有泉眼或露头地下水的路段,应采取有效的导排措施后方可填筑路堤。

5. 水稻田、湖塘地段，应视具体情况，采取排水、清淤、晾晒、换填、掺灰及其他加固措施进行处理。

6. 地下水位较高时，应按设计要求进行处理。

7. 陡坡地段、土石混填地基、填挖界面、高填方地基等都应按设计要求进行处理。

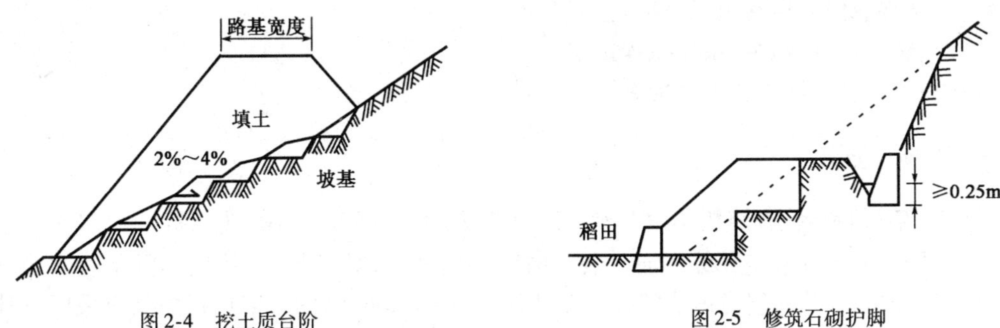

图 2-4　挖土质台阶　　　　图 2-5　修筑石砌护脚

三、填前压实

路堤基底压实度应符合下列规定：

1. 二级及二级以上公路路段基底的压实度应不小于 90%，三、四级公路应不小于 85%。

2. 路基填土高度小于路面和路床总厚度时，应将地基表土进行超挖、分层回填压实。其处理深度应不小于重型汽车荷载作用下的路基工作区深度，基底的压实度不宜小于路床的压实度标准。

工作任务二　软土地基处理

软土地基主要指天然含水率过大，承载力低，在荷载作用下易产生滑动或固结沉降的地基，如软土、泥沼、泥炭、湿陷性黄土、人为垃圾、松散杂填土、膨胀土、海（湖）相沉积土等。一般认为，只要外荷载加在土基上，有可能出现有害的过大变形和强度不够等问题，使建筑物（路基、桥涵等构造物）出现下沉、裂缝甚至破坏，这种地基都应该视为软土地基，见图 2-6。

在公路建设中，软土地基可引起如下几个大的问题：

1. 由于公路等级高，路堤填土高，引起路基的沉降，路堤的失稳；

2. 桥头路堤与桥台的沉降差，在高速行驶的情况下，引起跳车；

3. 软基沉降量超出工后允许范围；

4. 软基上结构物的沉降、涵管弯曲；

图 2-6　软土地基

5. 软基上各类路面结构类型的设计与施工存在的问题。

路基直接填筑在这些地基上，往往会因地基承载力不足，或在自然因素作用下产生过大的变形，导致路基产生各种破坏。因此，必须采取措施对软土地基进行加固处理。软土地基处治材料的选用及处治方案，宜因地制宜、就地取材。

软弱地基处理方法按其加固性质分类如下：

1. 垫层及浅层处治法，包括砂（砾）垫层、换填法、抛石挤淤法等；

2. 排水固结法，包括袋装砂井、塑料排水板、真空预压法、真空堆载联合预压法等；

3. 振实、挤密法，包括强夯、强夯置换、砂桩、碎石桩、水泥粉煤灰碎石桩（CFG 桩）等；

4. 土工合成材料，包括土工格栅、土工布等；

5. 胶结法，包括粉喷桩、水泥搅拌桩等。

以下介绍几种常用的软土处理方法。

一、砂（砾）垫层

砂（砾）垫层特指设在路堤填料与软土地基之间的一层砂砾材料，主要起浅层水平排水作用，在路基荷载下将软基中孔隙水通过砂层横向排出路基范围以外。垫层厚度不宜大于 3m，亦不宜小于 0.5m。砂垫层宽度应宽出路基边脚 0.5 ~ 1.0m，两侧宜用片石护砌或采用其他方式防护。

1. 材料要求

宜采用无杂物的中、粗砂，含泥量应小于 5%；或采用天然级配砂砾料，其最大粒径应小于 50mm，砾石强度不低于四级（洛杉矶法磨耗率小于 60%）。

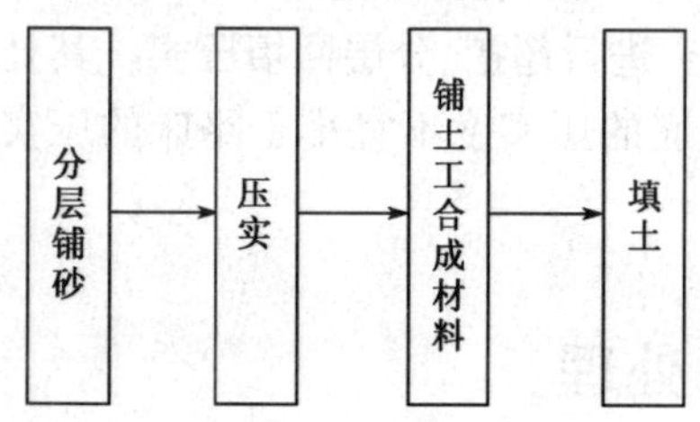

图 2-7　砂垫层施工工艺流程图

2. 施工工艺

施工工艺流程如图 2-7 所示。

（1）分层铺砂（图 2-8、图 2-9）

根据软基承载力情况选用一般机械摊平或采用人工或轻便机械推进铺设砂垫层。

将砂料运送到准备摊铺的地基上，然后用平地机或小型推土机摊铺、整平，应逐层进行铺筑，每层的厚度一般为 250 ~ 350mm。

图 2-8　挖掘机、自卸汽车运砂

图 2-9　机械铺筑砂垫层

（2）压实（图 2-10）

压实前应适当洒水，碾压法施工时，最佳含水率一般控制在 8% ~ 12%，然后采用 60 ~ 100kN 的压路机逐层压实，碾压到规定的压实度。

（3）铺土工合成材料（图 2-11）

砂垫层顶面铺土工合成材料时，土工合成材料应覆盖整个砂垫层。

图 2-10　砂垫层平整及碾压

图 2-11　砂垫层上铺土工格栅

二、换填法

换填法是指将软弱地基全部或部分挖除，用透水性较好的材料（如砂砾、碎石等材料）进行回填的施工方法。此法方法简单易行，便于掌握。

1. 适用范围

换填法适用于厚度小于 2.0m 的泥沼及软土。

2. 填料要求

换填料应选用水稳性或透水性好的材料。

3. 施工工艺

(1)开挖软土

①在清除软基时，应在路基范围以外打坝，修筑便道，然后采用人工或机械（挖掘机、推土机等）或清淤泵将软土清除至路基范围以外堆放或运至取土坑换填。

②软土在路基坡脚范围以内时，应全部清除，边部挖成台阶状再回填；当路基穿过沼泽地时，只需清除路基坡角（含护坡道）范围以内的软土。护坡道以外，对于不滑塌的软土，可挖成 1∶1～1∶2 的坡度；对于泥沼地区的淤泥质高压缩性软土，可将护坡道加宽加高至与沼泽地相平或高出，也可在路基与沼泽地之间砌筑护坡、挡墙或硬边沟，以隔离沼泽带与路堤之间的联系。

(2)填筑

回填应分层填筑，可采用边挖边填，也可全部或局部清除后进行全部或局部回填，注意施工中应及时抽水。

(3)压实

常采用振动压路机和重型静力压路机（三轮压路机 12～15t）压实。

三、抛石挤淤法

抛石挤淤法是指在路基底抛投一定数量的片石，将淤泥挤出路基范围以外的一种强迫换土法，如图 2-12 所示。此法施工简便易行，无需抽水和清淤。抛石顶部要高于或与淤泥层齐平，抛石层基脚宽度要大于路堤设计坡脚宽度。

1. 适用范围

抛石挤淤法适用于泥沼及软土厚度小于 3.0m，且其软层位于水下，更换土施工困难或基底直接落在含水率极高的淤泥上，稠度远超过液限，呈流动状态。当淤泥较厚、较稠时，选用本法须慎重。

图 2-12　抛石挤淤法

2. 材料要求

抛投片石应选用不易风化的片石。片石厚度或直径不宜小于 300mm。

3. 施工工艺

(1)测量

测量要排除的软土(淤泥)深度、面积，计算排淤量，换算出抛石数量、密实程度。

(2)抛石

当软土地层平坦、软土呈流动状时，填筑应沿路基中线向前呈三角形方式投放片石。当软土地层横坡陡于 1∶10 时，应自高侧向低侧抛投，并在低侧坡脚外一定宽度内同时抛填形成片石平台。

(3)整平压实

片石抛出软土面后，应用较小石块填塞垫平，碾压密实，表面平整，顶部设置不透水层或隔离层，然后分层填筑路堤。

4. 施工实例

柳州—南宁高速公路宾阳至南宁第二段第十合同段起讫桩号 K51 +480 ~ K56 +300，全长 64.82km，属山岭重丘区，地形复杂，起伏较大。

山区沟壑的形成多经历千百年的冲刷和淤积，使部分积水区形成软弱地基。这种路基的特点是路段虽较短，但连续不断，淤积又厚，处理起来较困难。在施工中主要采用清淤换填法和抛石挤淤法两种方法。对于高填路基下的软基，该工程采取了彻底清淤，换填 500mm 厚片石，并用开山坚石填筑至设计路基底高程，再分层填筑路堤。此法保证了高路堤的稳定性，未发生路基沉降的问题。

四、袋装砂井

袋装砂井是为加速地基排水固结，在软弱地基中钻孔，灌入中、粗砂而成的排水柱体。袋装砂井是人为地形成排水通道，缩短排水距离，同时使垂直排水固结变成水平排水固结，加快排水速度，加快软土固结并提高抗剪强度。袋装砂井的直径多为 70mm，为了保证袋装砂井内渗出来的水能顺利排出，在砂井顶部一般铺设砂垫，袋装砂井应伸入砂垫层内至少 300mm。

1. 适用范围

该方法适用于较厚的泥沼或软土层，主要起竖向排水固结的作用。

2. 施工机械

主要机具为导管式的振动打设机械，在行进方式上普遍采用轨道门架式、履带臂架式，架机导架式。

3. 材料要求

(1)砂袋(图 2-13)

目前，国内普遍采用聚丙烯编织砂袋。砂袋的抗拉强度应能保证承受砂袋自重，装砂后砂袋的渗透系数应不小于砂的渗透系数。图 2-14 为袋装砂井施工机械。

(2)砂

采用渗水率较高的中、粗砂,砂中大于 0.6mm 颗粒的含量宜占总质量的 50% 以上,渗透系数大于 5×10^{-2}mm/s。

图 2-13　砂袋

图 2-14　袋装砂井施工机械

4. 施工工艺

袋装砂井施工工艺流程如图 2-15 所示。

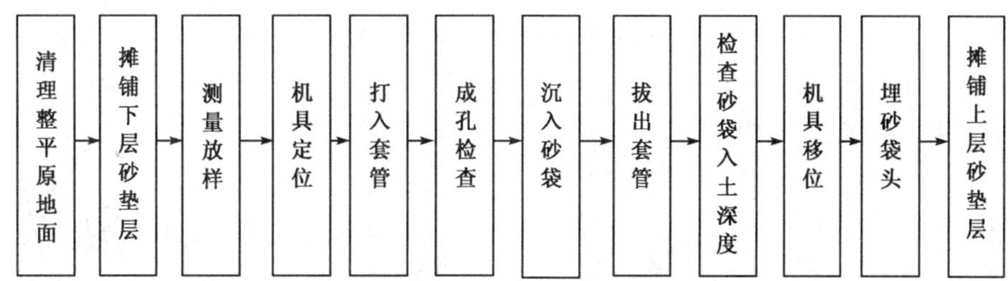

图 2-15　袋装砂井施工工艺流程图

(1)测量放样

井孔定位放样,并经复核无误。

(2)机具定位

打设机械沿路线方向自外向内施打,机械就位后,套管应对准桩位,缓慢放下。套管底端应有可开闭底盖或有预制桩尖,见图 2-16。

(3)打入套管

套管定位后,沉入或施打到土基内,直至设计深度。施打时,应随时检查套管的垂直度。

(4)成孔检查

(5)沉入砂袋

可采用以下两种方法之一:

①扎好砂袋下口后(袋长比井深约长 1 000mm),在其下端放入 200mm 左右的砂,作为压重,将袋子放入套管中,沉入到要求的深度。然后将袋口固定在装砂用的漏斗上,灌入砂。灌砂时应边落砂边向砂袋内注水,并振动以利灌砂顺畅密实,直至砂溢出砂袋。检查砂袋中砂的饱满程度,当发现不足时,应继续二次灌砂,直至砂满为止,见图 2-17。

②用预制砂袋沉放。先在袋内装满砂料,扎好上口,成为预制砂袋,运往现场,弯成圆形,成圈堆放,成孔后将砂袋立即放入孔内。砂袋应垂直下井,不得扭结、缩颈、断裂、磨损。

(6)拔出套管

沉入砂袋后一边把压缩空气送进套管,一边缓慢提升套管,直至拔出。拔管时,如将砂袋带出或损坏,应在原孔位边缘重打;连续两次将砂袋带出时,应停止施工,查明原因并处理后方可施工。

图2-16　机具定位

图2-17　沉入砂袋

(7)检查砂袋入土深度

(8)机具移位,见图2-18。

(9)埋砂袋头,见图2-19,用铁锹将露出的砂袋头埋入砂垫层中。

图2-18　机具移位

图2-19　埋砂袋头

5.施工注意事项

(1)施工前要进行试打,取得实际数据。

(2)减小成孔直径,可以减少对孔壁的挤压,从而减少涂抹效应的影响。

(3)确定袋装砂井施工长度时,应考虑袋内砂体积减小、孔内的弯曲、超深等因素,以免砂袋全部深入孔内,造成与砂垫层不连接。

(4)砂应保持干燥,不宜采用潮湿的砂,以免袋内砂干燥后体积减小,造成短井。

(5)砂袋入口处的套管口应装设滑轮,避免砂袋刮破而漏砂。聚丙烯编织袋在施工中,应避免太阳长时间直射。砂袋露天堆放时,应有遮盖,不得长时间暴晒。

(6)施工中要经常检查桩尖与套管口的密封情况,以免套管内进泥太多,影响质量。

五、土工合成材料

土工合成材料在土工中应用的主要作用有反滤、排水、隔离和补强四种,可以有效地加固软基。软弱地基处理时，一般土工合成材料铺设在路堤底部，在路基自重压力作用下，土工合成材料受拉，并产生抗滑作用，从而提高路基的稳定性。常用的土工合成材料有土工格栅（图2-20）、土工布（图2-21）等。

图2-20　土工格栅施工

图2-21　土工布施工

1. 适用范围

土工合成材料适用于盐渍土、含大量粉砂土的饱水细粒土或大孔隙有机质土、泥炭土、松砂等软土地段。

2. 施工注意事项

(1)下承层应平整。土工合成材料在铺设时应拉直、平顺，紧贴下承层，不得扭曲、折皱；在斜坡上摊铺时，应保持一定松紧度。

(2)铺设土工合成材料，应在路堤每边各留一定长度，回折覆裹在已压实的填筑层面上；折回外露部分应用土覆盖。

(3)土工合成材料的连接，当采用搭接时（即将一片土工布的末端自由地压在另一片的始端上），搭接长度宜为300～600mm；当采用缝接时，缝接宽度应不小于50mm，缝接强度应不低于土工合成材料的抗拉强度；当采用黏结时，黏合宽度应不小于50mm，黏合强度应不低于土工合成材料的抗拉强度。

(4)施工中应采取措施防止土工合成材料受损，出现破损时应及时修补或更换。

(5)双层土工合成材料上、下层接缝应错开，错开长度应大于500mm。

3. 施工实例

(1)工程概况

唐津高速公路某合同段全长5.8km，均属软土地段。根据设计文件，本路段的软基处理方法，除桥头和桥头通道两端采用塑料排水板加土工布和粉喷桩加土工布处理外，其他路堤均采用砂垫层加土工布的处理方法。本工程要求土工布的单位面积质量不小于$400g/m^2$，抗拉强度要求为49kN/m。

(2)施工工艺

①测量放样。先用木桩标出土工布位置，再用白灰线将木桩连接起来，以保证土工布铺设位置的准确。

②土工布的展铺。土工布铺设在下承层表面，必须先清除下承层表面上有可能损坏织物的凸出物等，然后将土工布展开铺平，尽可能无折皱地布设在下承层上，并用砂将土工布四周压住。

③土工布的连接应符合规范的要求。

土工布作为隔离层，承受的荷载并不太大，但是在施工过程中，土工布却要承受各种临时性荷载，如重型机械和运料汽车等的作用，可能引起损坏。因此要针对路基状态，对路堤填料或施工机械提出具体的要求，以确保土工布的完整性。

工作任务三　季节性冻融翻浆地区路基施工

季节性冻融地区的路基在冰冻过程中，土中的水分不断地向上移动，使路基上部的水分含量大大增加。春融期间，由于土基含水率过多，强度急剧降低，再加上行车的作用，路面会发生弹簧、裂缝、鼓包、冒泥等现象，见图2-22、图2-23。翻浆病害主要发生在我国北方各省及南方的季节性冰冻地区。

图2-22　路面翻浆

图2-23　新疆吐乌大翻浆路段

翻浆的发生，不仅会破坏路面，妨碍行车，严重的还会中断交通。因此，在翻浆地区修筑公路，对水文及水文地质不良地段，要注意详细调查沿线地面水、地下水、路基土和筑路材料的情况，以便采取相应的处理措施。

一、翻浆发生的过程及其影响因素

1.翻浆发生的过程

秋季是路基水的聚积时期。由于降水和灌溉的影响，地面水下渗，地下水位升高，使路基水分增多。

冬季,气温下降,路基上层的土开始冻结,路基下部土温仍较高。水分在土体内,由温度较高处向温度低处移动,使路基上层水分增多,并冻结成冰,使路面冻裂或隆起,发生冻胀。

春季(有的地区延至夏季),气温逐渐回升,路基上层的土首先融化,土基强度很快降低,以致失去承载能力,在行车作用下形成翻浆。

春季以后天气渐暖,水分蒸发量增大,冻层化透,路基上层水分下渗,土变干,土基强度又逐渐恢复。这就是翻浆发展的全过程。

2. 影响翻浆的因素

影响公路翻浆的主要因素有土质、温度、水、路面与行车荷载等。其中土质、密度、水是形成翻浆的三个自然因素,三者同时作用,才能形成翻浆。

(1)土质。粉性土是最容易翻浆的土,这种土的毛细水上升较高且快,在负温作用下水分聚流严重,而且土中水分增多时强度降低很快,容易丧失稳定。黏性土毛细水上升虽高,但上升速度慢。因此,只有在水源供给充足,并且在土基冻结速度缓慢的情况下,才能形成比较严重的翻浆。粉性土和黏性土含有大量腐殖质和易溶盐时,则更易形成翻浆。砂土在一般情况下都不会发生翻浆,这种土毛细水上升高度小,在冻结过程中水分聚流现象很轻,同时这种土即使含有大量水分,也能保证一定的强度。

(2)温度。一定的冻结深度和一定的冷量(冬季各月负气温的总和)是形成翻浆的重要条件。在同样的冻结深度和冷量的条件下,冬季负温作用的特点和化冻结速度的快、慢对形成翻浆的影响也很大。除此之外,春天气温的特点和化冻速度对翻浆也是有影响的。

(3)水。翻浆的过程就是水在路基土中的转移、变化的过程。路基附近的地表积水及较浅的地下水,能提供充足的水源,是形成翻浆的重要条件。秋雨及灌溉会使路基土的含水率增加,使地下水位升高,所以也会导致翻浆的发生。

(4)路面结构。翻浆现象和路面结构是有紧密关系的。路面结构对翻浆有一定的影响。如果在比较潮湿的土基上铺筑黑色路面,因该路面结构透气性差,路基中的水分不能通畅地从表面蒸发出来,使路基强度降低,在行车荷载的作用下就会出现严重的翻浆现象。

(5)行车荷载。道路的翻浆现象是通过行车荷载的作用形成暴露出来的,当其他条件相同时在翻浆季节和翻浆路段上交通量越大、车辆越重,翻浆也会越多越严重。

二、翻浆的防治措施

防治翻浆的基本途径是:防止地面水、地下水或其他水分在冻结前或冻结过程中进入路基上部;在化冻期,可将聚冰层中的水分及时排除或暂时蓄积在透水性好的路面结构层中;改善土基及路面结构;采用综合措施防治,如图 2-24 ~ 图 2-27 所示。

1. 做好路基排水,提高路基

良好的路基排水可以防止地面水或地下水浸入路基,使路基土体保持干燥,从而减轻冻结时水分聚流的来源。这是预防和处理地面水类和地下水类翻浆的首要措施。

2. 铺设隔离层

隔离层设在路基顶面下 0.5 ~ 0.8m 处,其目的在于阻断毛细水上升通道,保持上部土基干燥,防止翻浆发生。地下水位或地面积水位较高,又不宜提高路基时,可铺设隔离层。

3. 设置路肩盲沟或渗沟

(1)为及时排除春融期间路基中的自由水,达到疏干路基上部土体的目的,可在路肩上设置横向盲沟。其适合于路基土透水性较好的地下水类翻浆路段。

(2)排水渗沟为了降低路基的地下水位,可在边沟下设置盲沟或有管渗沟。为了拦截并排除流向路基的层间水,可采用截水渗沟。

图 2-24　翻浆处治:人工清除翻浆路段

图 2-25　翻浆处治:机械化清除翻浆路段

图 2-26　翻浆处治:设隔离层

图 2-27　翻浆处治:换土压实

4. 换土

对因土质不良造成翻浆的路段,可在路基上部换填水稳性好、冰冻稳定性好、强度高的粗颗粒土,以提高土的强度和稳定性。

5. 改善路面结构层

(1)铺设砂(砾)垫层。砂(砾)垫层是用砂砾、粗砂或中砂做成的垫层。它具有较大的空隙,能隔断毛细水的上升;化冻时能蓄水、排水;冻融过程中体积变化小,可减小路面的冻胀和沉陷。它还具有一定的强度,能将荷载进一步扩散,从而可减小路基的应力和应变。

(2)铺设水泥稳定类、石灰稳定类或石灰工业废渣类基(垫)层。这类基(垫)层具有较好的板体性、水稳性和冻稳性,可以提高路面的整体强度,起到减缓和防止路基冻胀和翻浆的作用。但在重冰冻地区潮湿路段,石灰土不宜直接采用,须与其他措施配合应用,如在石灰土下铺设砂垫层等。

(3)设置防冻层。对于高级和次高级路面结构层的总厚度除满足强度要求外,还应满足防冻层厚度要求,以避免路基内出现较厚的聚冰带,从而防止产生导致路面开裂的不均匀冻胀。

三、季节性冻融翻浆地区路基施工要点

1. 排水

施工前应认真了解地形及水文地质情况，凡是可能危害路基强度和稳定性的地面水和地下水，均应采取有效的临时性或永久措施，使水能迅速排出路基之外；路床面应保持良好的排水状态；从路堑到路堤必须修建过渡边沟并无阻塞现象；各层填土应有路拱，使表面无积水；施工后，各式沟、管、井、涵等能形成完整有效的排水系统。

2. 路堤

（1）原地面处理：水文地质不良和湿软地段，可视情况在地表铺填厚度不小于30cm的砂砾，或作局部挖除换填处理。当路堤高度低于20cm时（包括挖方土质路段）应翻松30～50cm并分层整形压实，其压实度为93%～95%（高速公路、一级公路取高限，其他公路取低限）。

（2）填料：宜选用水稳性良好的土填筑路基；路基上部受冰冻影响部位，应选用水稳性和冻稳性均较好的粗粒土；冻土、非渗水性过湿土、腐殖土禁止用于填筑各层路堤；压实时的含水率应控制在最佳含水率±2个百分点范围内。

（3）取土场：宜设置集中取土场，排水困难地段更宜集中取土。

（4）碾压：各层表面碾压前应用平地机进行整平和修整路拱，切实控制松铺厚度以及填料的均匀性。压实各层表面的平整度，用三米尺丈量，其间隙高度不宜大于20mm；成型后路床顶面强度按规范规定进行检查，或用不小于20t的压路机碾压检查有无“软弹”现象。

（5）路堤高度：应满足路基能全年处于干燥或中湿状态；修矮路堤时，应根据具体情况采取相应技术措施。

（6）为使路基强度和稳定性满足设计要求，施工中各类冻融翻浆防治方法可综合选用。

3. 路堑

（1）石方路堑超挖回填部位应选用符合要求的石渣，压实度不得低于95%；禁止使用劣质开山料或覆盖土回填或找平；超挖部分不规则或不超过8cm时，可用混凝土修补找平；整平层宜采用级配碎石水泥稳定碎石、二灰稳定碎石类等半刚性材料。

（2）土质路堑或遇水崩解软化的风化泥质页岩等类路堑的路床压实度如不符合规范规定时，应翻松压实或根据土质情况，换填路床强度并满足压实度要求的足够厚度的好土，并予以压实；然后加强排水措施，如封闭路肩、浆砌边沟等。

（3）有裂隙水、层间水、潜水层、泉眼等路段，应分别采取切断、拦截、降低等措施，如加深边沟，设置渗沟、渗管、渗井等。

四、翻浆路段的养护

翻浆现象是一个四季都在发生变化的过程。在各个季节里，应根据各自不同的现象，采取适当的养护措施，加强预防性的防治工作，以防止或减轻翻浆病害。

1. 秋季养护

秋季养护的中心内容是排水，尽可能防止水分进入路基，保持路基处于干燥状态，以减少冬季冻结过程中由于温差作用向路面下土层聚流的水分。这是一项最根本的措施。所以秋季养护工作要做好下列工作：

（1）随时整修路面、路肩、边坡。路面应维护好路拱和平整度，如有裂纹、松散、车辙、坑

槽、搓板、纵向冲沟等病害，都应及时处理，避免积水。

(2)修整地面排水设施，保证地面排水通畅。

(3)检查地下排水设施，保证地下水能及时排出。

2. 冬季养护

冬季养护主要是采取措施减轻路基水分在温差作用下向路基上层聚积的程度，同时要防止水分渗入路基。所以冬季养护工作如下：

(1)应及时清除翻浆路段的积雪。

(2)经常上路检查，发现路面出现裂缝、坑槽等要及时修补，融化雪水要及时排除。

3. 春季养护

春季是翻浆的暴露时期，在天气转暖的情况下，翻浆发展很快，养护工作中心内容是抢防。抢防措施如下：

(1)在两边路肩上，每隔3~5m，交错开挖横沟；沟宽一般30~40cm，沟深按解冻情况，逐渐加深，直到路面底层以下；沟的外口，高于边沟沟底。

(2)路面坑洼严重的路段，除横向外，还应顺路面边缘加修纵向小盲沟，或渗水井(沟或渗水井的深度应至路面底层以下)；如交通量不大，也可挖成明沟。

4. 夏季养护

夏季是翻浆的恢复期，这时养护的中心内容是修复翻浆破坏的路基、路面，采取根治翻浆的措施。

【工程范例】

某标段软基处理施工实例

一、工程概况

本合同段起止桩号为K66+000~K73+000，全长7km，路基标准宽度为3.5m。各部分具体布置如下：

路基宽度	35m
中央分隔带	3.0m
左侧路缘带	2×0.75m
行车道	2×11.25m
硬路肩(含右侧路缘带)	2×3.25m
土路肩	2×0.75m

路面横坡：行车道、路缘带及硬路肩为2%，土路肩为3%。

路堤边坡坡率为1:1.5。坡脚设置宽度1m的护坡道，护坡道外侧设置梯形混凝土预制块边沟，边沟上口宽度1.5m，底宽0.5m，沟深0.4~1.0m。

本标段软基处理长度5 199m，主要为宕渣路基，全部为填方，填方数量为522 840m^3，主要处理方法有以下三种：

(1)塑料排水板+土工格栅；

(2)塑料排水板+(超)载预压;

(3)预应力管桩+土工格栅。

注:宕渣是爆破后的碎石,粒径较大,是土石混合物。其粒径大于40mm的石块含量大于30%的土石混合物,其石块的最大粒径不大于150mm(用于路基顶面以下800mm范围内,最大粒径不大于100mm)。每立方米宕渣质量为1.5t左右。

填筑速度按1.0m/月控制,预压期按12个月控制。

本标段工程采用高质量可测深式塑料排水板,排水板总长度为2 988 722m,填筑宕渣522 840m³。预应力管桩采用直径40cm的先张法预应力薄壁管桩,壁厚60mm,管桩总长度134 045m。涤纶A型土工格栅用量为314 339m²、B型用量56 454m²。

由于本工程所在地区雨水多,为保证路基的稳定,沿线进行了综合排水设计,道路排水形成体系。路基两侧设置梯形混凝土边沟。边沟与排水沟涵洞或河道沟通,在路基边沟与农业灌溉渠道、通道相交处均采用立体交叉,即边沟设置涵洞或倒虹吸通过以上构筑物。

中央分隔带采用凸形漫流式,内植草、栽种灌木,雨水漫流至路面与路面水一起漫流至路基边沟排除。

路基土路肩采用5cm厚细石子混凝土加固。混凝土层下设置20cm厚由碎石和土工布组成的排水层。

一般路段护坡道和填土高度小于4m的边坡采用植草防护,填土高度大于4m的边坡采用菱形框格植草防护,框格为浆砌预制混凝土块体或现浇混凝土。

沿河、沿塘路端需先清淤至河塘底,然后回填宕渣,落入河道、池塘部分的边坡采用M7.5浆砌片石护坡。

路基施工分两个工区进行,路基一工区:起止桩号K68+748.3~K73+000,路基二工区:K66+000~K68+748.3。大部分路基施工集中在路基一工区域内。

二、施工准备

1.人员及机械设备表:

机械配置表(略);

主要施工人员表(略)。

2.根据图纸和监理工程师提供的测设基准资料和测量标志,恢复定线测量和现场放样,包括路基边缘、坡口、坡脚、边沟、护坡道、取土场等的具体位置,标明其轮廓,并将测量结果提交监理工程师核查。

3.开工前对借土场取有代表性的宕渣,按标准试验方法,进行毛体积密度试验,并将上述测试结果报监理工程师审批。

4.低洼填筑段挖纵向、横向排水沟,必要时挖集水井抽水,以降低地下水位。

5.地下水位降下后即可清淤,清淤深度以工程师满意为准。当淤泥不深,淤泥量较少时,可用推土机配合人工,将淤泥规则地堆弃在坡脚外;当淤泥较深时,用挖掘机配合汽车作业,将淤泥运至弃土场。淤泥清除后,对路床进行一定时间的晾晒,以保证填前碾压的压实度。

6.对填方段进行清表,清出的表土按工程师指定区域堆积。

三、砂砾垫层及碎石垫层施工

1. 垫层说明及工程量

在预压处理阶段，为有效排除地下水，并加快地基固结沉降速度，路堤基底 50cm 厚砂砾垫层，其含泥量不大于 5%。为防止砂的流失及加强垫层排水作用，在垫层边缘设置了护脚砂带。软基处理地段砂砾垫层共有 105 862m^3。

2. 材料要求

砂砾垫层在塑料排水板、预应力管桩端部，作为排水垫层。砂砾材料由中粗砂组成，最大粒径小于 53mm，通过 5mm 筛孔的粒径小于 35%，小于 0.074mm 的细粒不大于 5%，含泥量不得大于 5%。

3. 施工方法

施工时在堆场应备足砂料，由 3m^3 装载机与自卸车水平运输至工作面，再由 T80 轻型推土机配合平整、压实。铺设时应从路基横向，两侧向中间摊铺，碾压时应从中间开始向两边进行，表面平整，厚度均匀一致，最大误差应在 4cm 左右，否则不能进入下道工序。

为使插设排水板提供较好的操作环境，垫层应分两次铺设，首先在打设排水板前，厚度为 30cm；最后是在排水板插设完毕后，再均匀铺上 20cm 厚度的砂砾垫层。

排水垫层横向应铺设至设计要求的位置，为防雨水冲刷，在坡脚须采取事先经工程师认可的技术措施且不得堵塞排水通道。

铺完后垫层不再受泥土及污物的污染，否则由此而影响排水时必须换料重铺。排水板作业时最易引起此类质量事故，应严把质量关，发现问题及时解决。

垫层完工前，应进行严格的自检，厚度及宽度不得小于设计值，每 200m 的检查频率大于 4 处，否则不得交予工程师检查。

4. 塑料排水板施工

(1)塑料排水板工程量

本标段软基处理塑料排水板 2 988 722m，采用 4.5cm 厚、10cm 宽带数字刻度同时又带有金属丝可测深黏合型高性能排水板。

(2)塑料排水板技术要求

塑料排水板是由芯体和包围芯体的黏合型涤纶无纺土工布构成的复合体，应具有很好的耐腐蚀性和足够的柔性，并符合《水运工程塑料排水板应用技术规程》(JTS 206-1—2009)的规定。

在板体剪断下套管前，应严格采用焊接的方式将板体中的两根金属丝进行连接，使其可靠接触，形成回路，不得采用手工拧接的方法，并且保证打设后其可测深率达 85% 以上。

(3)一般路段塑料排水板施工

施工工艺流程为：放样→桩机就位→排水板插入→提升插管→割断板体→成桩→进入下一循环。

①塑料排水板放样。

一般路段的砂砾垫层施工完成，经验收合格后，即可进行塑料排水板的放样。定位采用插竹片的方法。塑料排水板采用三角形布设，其间距为 1.3 ~ 1.5m。

②插打塑料排水板。

塑料排水板插板机主要由门式导架、基座、支撑杆、插入管、卷扬机、振动锤、行走系统组成。其中插入管为ϕ150mm的钢管，下端固定有带开口的锚靴，并设有活动销。插打时将塑料排水板由插入管上端插入并在插入管下端锚靴处用活动销固定。将插入管对准桩位，调整插入管到竖直状，开动振动锤，塑料排水板随插入管一起进入地层，插打到设计深度后，开启卷扬机。此时在上拔力的作用下，活动销随压入管一同上升，塑料排水板及锚靴由于受到土黏结力作用而留在土层中。随着插入管被拔出，新的排水板进入插入管。待插入管下端升至地面后，剪断排水板，用活动销将排水板固定、夹紧，移机至下一个排水板位置，继续下一个作业。

当上拔排水板不顺畅时，不可盲目加大上拔力致使出现较长“回带”现象。此时应间断开启振动锤，减少土压力作用，同时慢慢进行上拔直至插入管升至地面。回带长度必须控制在规范误差范围内，否则需补打处理。对于拔管带出的泥土要及时清除。排水板的剪断位置应高出地面30cm，然后顺板方向将其弯倒用砂覆盖，从而保证排水板的排水效果，并防止暴露时间过长导致排水板出现老化而影响使用效果。

塑料排水板施工完成后，铺设第二层砂砾垫层覆盖塑料排水板。

路基原地面砂砾垫层铺筑第一层30cm后，即埋设沉降板和位移观测桩，并测出初始值报监理工程师批准。沉降板埋设于路基中心和两侧路肩上，以备后期观测用；在等预压路段，沉降板应安装在路基顶部中心线上，纵向间距为200m。桥头引道路堤，第一块沉降板从距桥台台背10m处开始，按路基中心线、左右两侧路肩内缘设置，其后以50m的间距设置沉降板。施工过程中，应对沉降板采取可靠的保护措施，不使其变形和损坏。

(4)质量要求

①塑料排水板必须按设计和规范要求的质量指标采购、堆放，严禁遭到污染或使用过期产品；应避免紫外线直接照射，堆放时要做好覆盖工作。

②打设塑料排水板时，要防止导管倾斜使排水板入土偏位倾斜、拔管带出淤泥污染砂砾层、排水板顶端预留长度不足或预留段遭泥土污染等问题，堵塞输水通道，影响排水效果。下沉时不得出现扭结、断裂等现象。

③塑料板与桩尖连接要牢固，避免提管时脱开将塑料板带出；穿靴时须将其端部穿过预制靴头固定架，对折带子长约10cm，固定连接牢固。

④桩尖与导管配合要适当，避免错缝，防止淤泥进入而增大塑料板与导管壁的摩擦力造成塑料板带出。

⑤严格控制间距和深度，凡塑料板被带上的应作废，补打。塑料板需接长时，应采用滤膜内水平搭接的连接方法。为保证输水畅通并且有足够的搭接强度，搭接长度不小于20cm。

(5)施工进度安排

计划投入10台塑料插板机进行施工，施工时间为2005年3月26日至2005年7月15日，工期为112d，每台机日生产能力为4 000m左右。

四、预应力管桩

(略)

五、土工合成材料

1. 工程量

本工程软基处理路段土工合成材料包括土工格栅 A 型 256 893m^2、B 型 103 924m^2。

2. 材料要求

(1)土工格栅:A 型纵向抗拉强度≥35kN/m,横向抗拉强度≥50kN/m,延伸率≤10%;B 型纵向抗拉强度>80kN/m,横向抗拉强度≥1 000kN/m,延伸率≤3%。

(2)铺设时,纵横向搭接重叠宽度均不小于 20cm,同时每 1m 的间距用铅丝进行绑扎连接。

(3)土工材料应采取防晒、防雨淋等措施,防止材料老化,降低材料强度。

3. 施工方法

土工格栅施工工艺

(1)场地平整:对准备铺设地段的路基进行整平,有局部不平或松散路段,要经处理达到要求,并将大块颗粒去除,以保证路基整洁。

(2)测量放样:按设计桩号和宽度放出大样,并用白灰线画出界线。

(3)平铺土工格栅:按撒好的灰线开始铺设,并铺出灰线以外 200cm。然后用 ϕ8mm 钢筋加工成的 U 形卡,将两边固定,铺到路基对面,宽度按边线铺好,每隔 1.5m 用 U 形卡固定。顺序铺土工格栅,横向搭接宽度 20cm,纵向搭接宽度为 15cm,并每隔 3 ~4 个格栅肋用铅丝绑扎。

4. 质量要求

(1)铺设土工合成材料应按图纸施工,在平整的下承层上全断面铺设。铺设时,不允许有褶皱,应用人工拉紧,可采用插钉等措施固定土工合成材料于下承层表面。土工合成材料的两侧回折长度应不小于 2m。

(2)土工合成材料在铺设时,应将强度高的方向置于路堤轴线方向。

(3)土工合成材料摊铺后应及时填筑填料,以避免其受到阳光过长时间的直接暴晒。一般情况下,间隔时间不应超过 2 天。

(4)土工合成材料上的第一层填土摊铺宜采用轻型推土机。填料卸在土工合成材料上面,必须卸在已摊铺完的土面上。卸土后应立即摊铺,以免出现局部下陷。

【任务实施】

<table>
<tr><td colspan="3">任务一:编制软基处理施工方案</td></tr>
<tr><td>能力目标</td><td colspan="2">熟悉公路软土地基加固常采用的措施及相应的适用条件,掌握其工艺流程和质量要求,结合工程案例,学生能够完成某一软土地基处理的方案比选,编制施工方案,指导软基的施工</td></tr>
<tr><td rowspan="3">情境设计</td><td>实施时间</td><td>开工前</td></tr>
<tr><td>实施地点</td><td>项目经理部、施工现场</td></tr>
<tr><td>实施人员</td><td>工程部技术员</td></tr>
</table>

续上表

情境设计	实施内容	1. 观看软土地基现状与加固后的图片、视频，引发学生思考； 2. 教师详细讲解软土地基常采用的加固方案； 3. 布置任务，学生利用网络资源收集相关的软基处理实例，制作视频，分组演示，讨论，发挥学生的能动性，加强学生对相关知识的理解； 4. 教师给出工程实例，请同学讨论拟定加固方案； 5. 软土地基处理的方案比选； 6. 结合实例及收集相关资料，编制软基处理施工方案； 7. 完成任务总结

学习情境三　一般路基施工

教学目标

能力目标——能初步根据施工规范进行一般路基施工，并进行质量控制；能根据工程的特点合理选择施工机械并进行合理配置；能进行路基工程的变更、计量及中间检测。

知识目标——掌握路堤、路堑的施工工艺流程；掌握施工管理的程序和内业资料的整理。

教学内容

1. 路基的横断面形式、结构组成；
2. 路基填筑的基本知识；
3. 路基的施工工艺及施工质量控制；
4. 路基开挖的具体步骤及施工安全知识；
5. 路基施工内业资料。

任务描述

利用某在建公路的路基施工案例、多媒体教学资源，结合现场参观，通过教师讲解，使学生掌握路堤的施工程序、施工要点、施工质量标准，应能编制某一路基工程的施工组织设计。

项 目 引 导

一般路基通常是指在良好的地质与水文等条件下，填方高度和挖方深度不大的路基。路基的构造，通常用横断面来表示。路基由路基本体和路基设施组成。路基本体是指路基断面中的填挖部分；路基设施是指为确保路基本体的稳定性而采用的必要的附属设施，包括排水、防护与加固设施等。路面结构层底面以下 0.8m 范围内的路基部分称为路床。路床在结构上分为上路床(0 ~0.30m)和下路床(0.30 ~0.80m)。

一、路基横断面的基本形式

由于路线情况和自然条件的不同，路基横断面的形式多种多样。按照路基填挖的情况，路基横断面的典型形式可分为路堤、路堑、半填半挖路基和零填路基四种类型。

1. 路堤

路堤是指高于原地面的填方路基，见图 3-1。在结构上，其分为上路堤(路面底面以下 0.8 ~1.5m 范围的填方部分)和下路堤(上路堤以下的填方部分)。路堤有一般路堤、浸水路堤、护脚路堤及挖沟填筑路堤等基本形式，见图 3-2。

图 3-1　填方公路

<table>
<tr>
<td>矮路堤
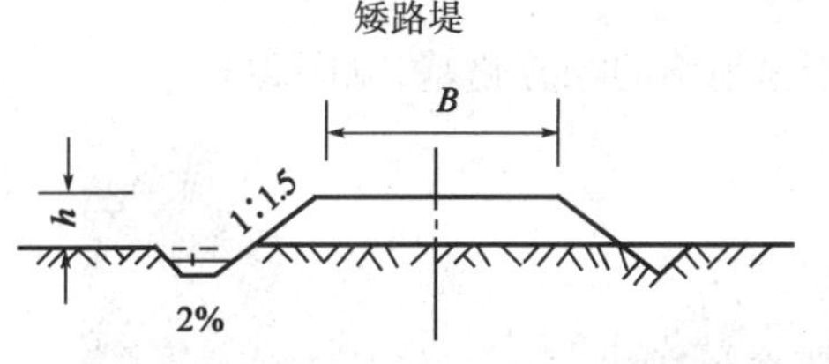

矮路堤：填土高度小于 1m，为排水常需设置边沟</td>
<td>设计要领：矮路堤常在平坦地区取土困难时选用。平坦地区地势低，水文条件较差，易受地面水和地下水的影响，设计时应注意满足最小填土高度的要求。力求不低于规定的临界高度，是路基处于干燥或中湿状态。路基两侧均应设边沟</td>
</tr>
<tr>
<td>一般路堤
B　护坡道 ≥1m
h2　h1　1:1.75　1:1.5
一般路堤：填土高度大于 1m 且小于 20m 的路堤</td>
<td>设计要领：一般路堤是指在一般水文和水文地质、地形地貌条件下，路基的填方高度不大，无需进行特殊处理的路基。
对这类路基，人们在长期的实践中，已总结出了较为成熟的经验。所以，它可以结合当地的地形、水文地质情况和当地成功的经验，根据有关设计手册规定，直接套用典型横断面图，确定路基的断面形式和有关尺寸，可不必进行逐个论证和力学验算</td>
</tr>
<tr>
<td>沿河路基
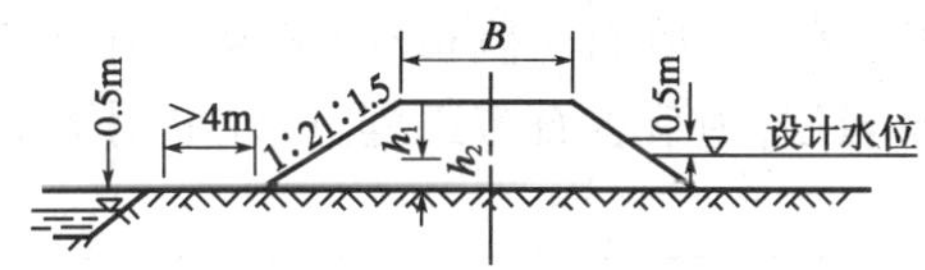

沿河路堤：路堤浸水部分的路堤边坡采用 1∶2，并视水流冲刷情况采用措施</td>
<td>设计要领：沿河路基是指公路走向与河流基本平行，且受设计水文浸淹的路基。设计的路基边缘高程，应不低于路基设计洪水频率的水位加壅水高、波浪侵袭高，以及 0.5m 的安全高度</td>
</tr>
<tr>
<td>护脚路基
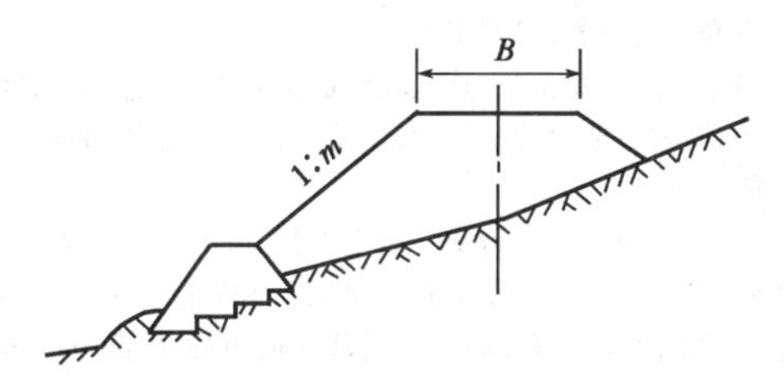

陡坡护脚路堤：当路堤的坡脚伸出较远且不稳定或坡脚占用耕地较多时，用护脚取代坡脚的路堤</td>
<td>设计要领：当地面横坡较陡时，为防止填方路堤沿山坡向下滑动，可将天然地面挖成台阶，或设置石砌护脚。护脚高度不宜超过 5m，受水浸淹的路堤护脚，应予防护或加固</td>
</tr>
</table>

图　3-2

挖沟填筑路基 利用挖渠土填筑路基:这是农田水利建设与公路建设相结合的形式,但需要考虑渠道的水流是否影响公路的正常使用,以及路基在渠道设计水位的影响下强度、稳定性是否满足要求	设计要领:填方高度不大,$h=2\sim3\text{m}$ 时,填方数量较少,全部或部分填方可以在路基两侧设置取土坑,使之与排水沟渠结合。为保护填方坡脚不受流水侵害,保证边坡稳定,可在坡脚与沟渠之间预留 1 ~2m 的护坡道

图 3-2 路堤的几种常见形式

2. 路堑

路堑是指全部在原地面开挖而成的路基或低于原地面的挖方路基,见图 3-3。

图 3-3 挖方路堑

作用:缓和道路纵坡或越岭线穿越岭口控制高程。

危害:破坏了厚地层的天然平衡状态,不利于排水,通风。

路堑横断面常见的基本形式有全挖路基、台口式路基和半山洞路基。全挖式路基为典型路堑,路基两侧均需设置边沟。陡峻山坡上的半路堑,路中线应向内侧移动,尽量采用台口式路基,避免路基外侧的少量填方。遇有整体式的坚硬岩层,为节省石方工程,可以采用半山洞路基,见图 3-4。

全挖路基 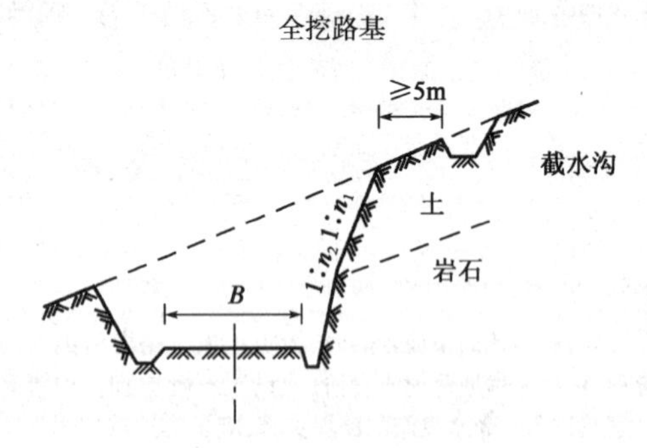 全挖路基:路堑必须设置边沟,以排除路面积水;为拦截山坡上方的地面水流向路基. 在坡顶外至少 5m 处设置截水沟。路堑挖出的废弃土石方,置于地形下侧的路堑坡顶以外至少 3m,形成弃土堆	设计要领:由于路堑开挖后破坏了原地层的天然状况,其稳定性主要取决于地质条件与挖方深度,并且集中表现在边坡稳定性上。因此,地质条件差、挖方深时,边坡就必须放缓或予以必要的加固,以策安全。 深路堑在岩层变化时,其边坡应适应岩性的变化采取折线形边坡;陡峻山坡上的半路堑,可挖成台口式路基,力求避免少量的局部填方。 整体性的坚硬岩层,为减少石方工程,可采用半山洞路基,但要确保安全可靠,不得滥用。此外,路堑边坡的稳定性还与水文状况有关,地质越差,水的破坏越明显,故路堑的排水应特别引起注意

图 3-4

台口式挖方路基 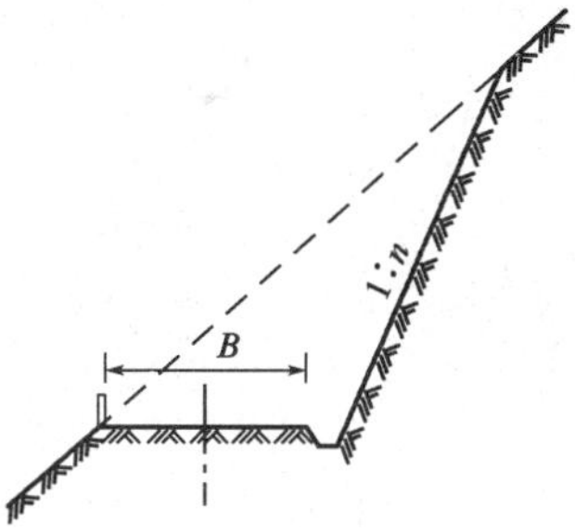 B 1∶n 台口式路堑：山体的自然坡面为路堑的下边坡，适用于地质状况良好的地段	
半山洞路基 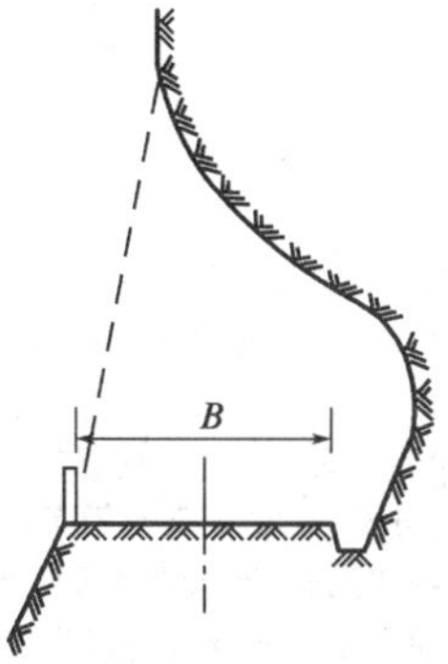 B 半山洞路基：半山洞适用于整体坚硬的岩石层上，为节省工程量采用的一种形式，应用时注意公路的安全和建筑限界的要求	

图 3-4　路堑的几种常见形式

3. 半填半挖路基

半填半挖路基是指在一个横断面内，部分为路堤、部分为路堑的路基，见图 3-5。半填半挖路基是丘陵或山区公路上的主要横断面形式。半填半挖路基以挖作填，给施工带来方便，若处理得当，路基稳定可靠，是比较经济的断面形式。半填半挖路基断面的常见形式如图 3-6 所示。

图 3-5　半填半挖路基

<table>
<tr>
<td>一般填挖结合路基
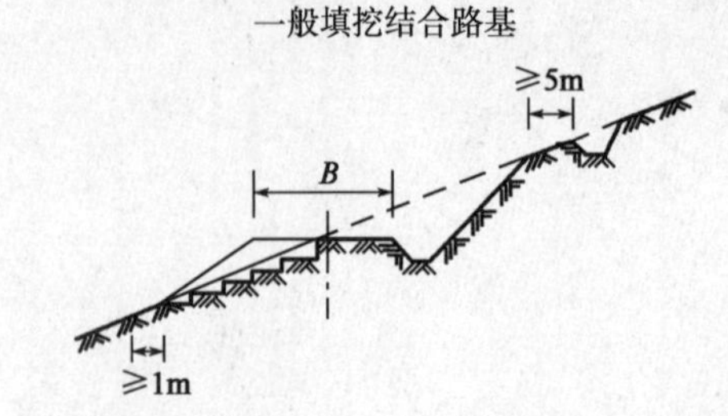

一般填挖结合路基：半填半挖路基是比较经济的断面形式，注意当原地面横坡大于1∶5时，将原地面挖成台阶，以保证填土的稳定</td>
<td rowspan="4">设计要领：半填半挖路基是路堤与路堑（即挖方路基）相结合的形式，主要设在山坡或横坡倾斜达10%～20%的地面上。
此类路基横断面的形式及其稳定性，同原地面的倾斜度有密切关系。其中填方部分，在自重作用下有可能产生下滑。为增强新、老土的密切结合，要求在填筑前将原倾斜地面或陡坡上的杂草、松动浮土和石块等加以清除，并做好排水设施；同时将原倾斜面陡于1∶5的填方部分，在填土前挖成台阶（阶梯形）再行分层填筑压实，使新、老土良好结合。
对于倾斜度过陡的山坡，以致无法填筑或占地太宽，填方数量甚大，则可视实际情况，充分利用废石方，修筑支撑式路基，其中包括叠砌、护墙、护脚、挡土墙、栈道、栈桥等多种形式</td>
</tr>
<tr>
<td>矮挡土墙路基
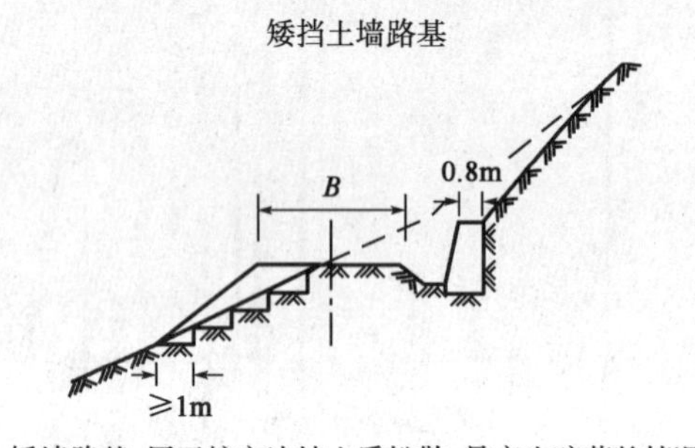

矮墙路基：用于挖方边坡土质松散，易产生碎落的情况</td>
</tr>
<tr>
<td>护肩路基
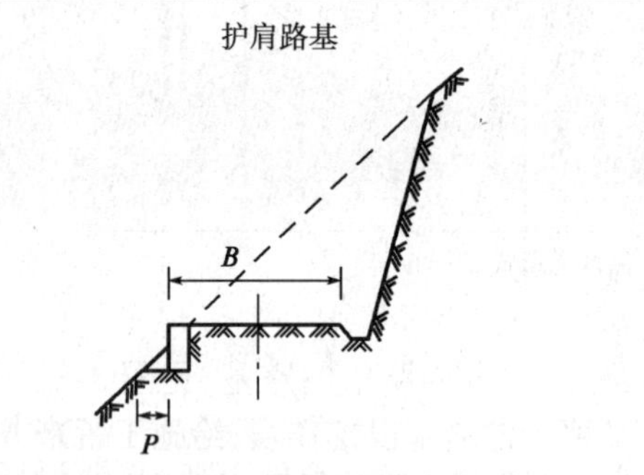

护肩路基：用于填土高度不大，但坡脚太远不易填筑时的情况，护肩高度一般不超过3m</td>
</tr>
<tr>
<td>挡土墙路基
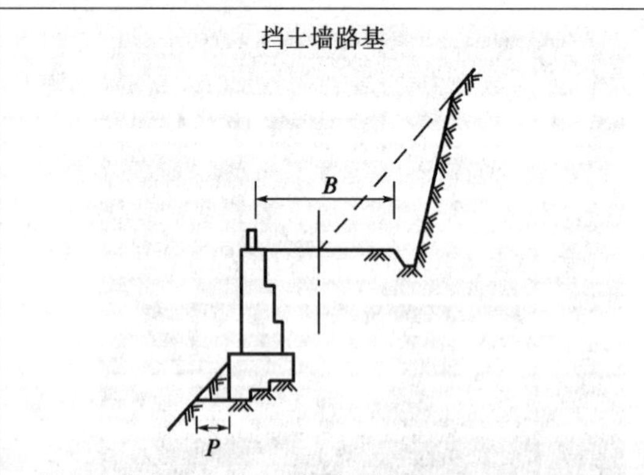

挡土墙路基：挡土墙是不依靠路基独立稳定的结构物，它也能支挡填方，稳定路基</td>
</tr>
</table>

图3-6　填挖结合路基的常见形式

4. 零填路基

当地面平坦而路线设计高程与地面高程又相等时，路基基身几乎没有填挖，形成不填不挖路基，则称零填路基，见图3-7。

图3-7　不填不挖路基（新疆塔克拉玛干沙漠公路，南北贯穿号称“死亡之海”的塔克拉玛干大沙漠，穿越流动沙漠段长446km，采用了强基薄面路面结构、沙基振动干压实和土工布加固沙基的施工工艺及芦苇方格防沙体系。该工程是国家“八五”重点科技攻关项目，攻克了流动沙漠中修筑等级公路的一系列世界级难题）

二、路基的基本构造

1. 公路路基标准横断面组成

高速公路、一级公路的路基标准横断面分为整体式路基和分离式路基两类。整体式路基的标准横断面由车道、中间带、路肩等部分组成，如图3-8a）所示；分离式路基的标准横断面由车道、路肩等部分组成。

二级及二级以下公路路基的标准横断面由车道、路肩等部分组成，如图3-8b）所示。

（1）车道

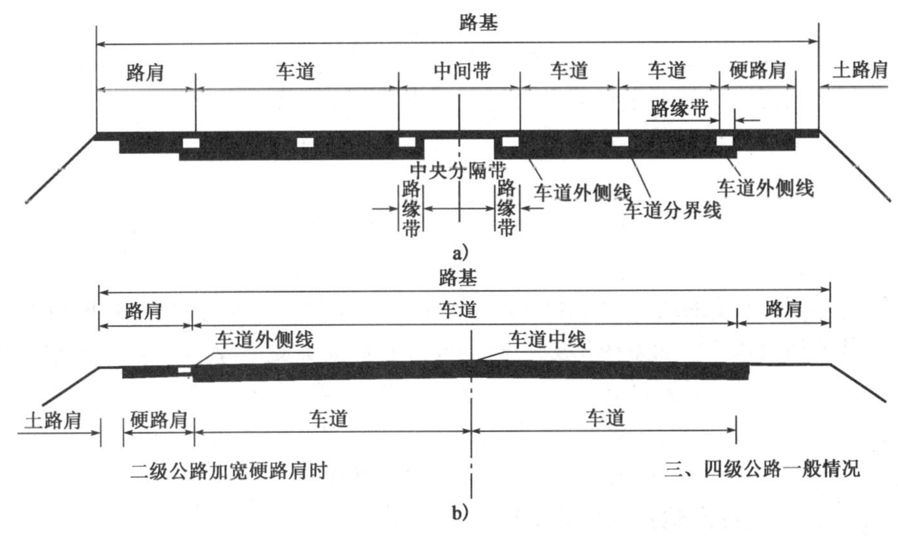

图3-8　公路路基标准横断面图

a）高速公路和一级公路；b）二、三、四级公路车道是公路上供各种车辆行驶部分的总称。车道数由预测交通量、服务水平等确定，一般高速公路、一级为四车道，四车道以上应按双数增加；二、三级公路应为双车道；四级公路宜采用双车道，工程艰巨且交通量小的路段可采用单车道。车道宽度根据设计车速确定。

(2)中间带

中间带是高速公路及一级公路用于分隔对向车辆的路幅组成部分，通常设于车道中间，由两条左侧路缘带和中央分隔带组成。

(3)路肩

路肩是位于车道外缘至路基边缘，具有一定宽度的带状结构部分。二级及二级以上公路的路肩通常包括右侧路缘带(高速公路、一级公路设置)、硬路肩和土路肩等三部分，如图3-8所示。路肩有保护路面稳定，兼供错车、临时停车、行人和非机动车通行的作用。

2. 路基几何尺寸

(1)路基宽度

路基宽度为路肩外边缘之间的宽度，也即车道宽度与路肩宽度之和。当设有中间带、加(减)速车道、爬坡车道、紧急停车带、错车道等时，还应计入该部分路基宽度。公路路基宽度的规定见表1-2。

(2)路基高度

路基高度是指路堤的填筑高度和路堑的开挖深度，是路基设计高程和原地面高程之差。它是综合考虑路线纵坡要求、路基稳定性和工程经济等因素，通过路线纵断面设计确定的。

路基设计高程为：

①新建公路为路基边缘高程，在设置超高、加宽地段，则为设置超高、加宽前的路基边缘高程；

②改建公路可以与新建公路相同，也可以采用路中线高程；

③设有中央分隔带的高速公路、一级公路，为中央分隔带的外侧边缘高程。

相关链接

路基的填挖高度，是在路线纵断面设计时，综合考虑路线纵坡要求、路基稳定性和工程经济等因素确定的。从路基的强度和稳定性要求出发，路基上部土层应处于干燥或中湿状态。路基高度应根据临界高度并结合公路沿线具体条件和排水及防护措施确定路堤的最小填土高度。

(3)路基边坡

路基边坡是指为保证路基稳定，在路基两侧做成的具有一定坡度的坡面，见图3-9。

公路路基的边坡坡率，可以用边坡高度 H 与边坡宽度 B 之比表示，并取 $H=1$，如图3-10所示。通常用 $1:n$(路堑)或 $1:m$(路堤)表示其比率，如 $H:B=1:0.5$(路堑边坡)或 $1:1.5$(路堤边坡)。n 或 m 值越大，边坡越缓，稳定性越好，但工程量增大，且边坡过缓而暴露面积过大，易受雨、雪浸蚀，占地面积增多。因此，确定边坡坡率对于路基的稳定性和工程的经济合理性至关重要，尤其在深路堑及工程地质复杂的地区。

①路堤边坡

路堤边坡形式和坡率应根据填料的物理力学性质、边坡高度和工程地质条件确定。当地质条件良好，边坡高度不大于20m时，其边坡坡率不宜陡于表3-1的规定。对边坡高度超过

20m 的路堤，边坡形式宜用阶梯形，边坡坡率按相关规定由稳定性计算分析决定，并进行个别设计。

图 3-9　植草绿化的路堤边坡

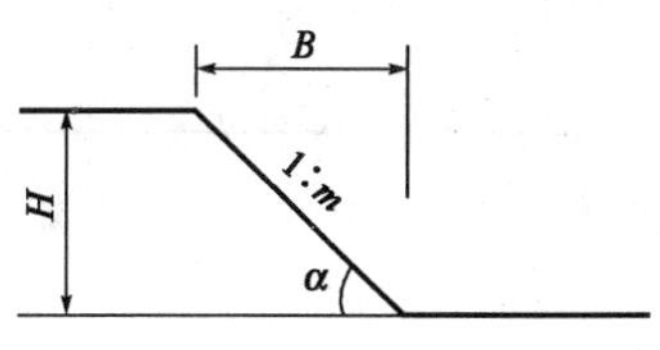

图 3-10　路基边坡坡率示意图

路堤边坡坡率　　表 3-1

填料类别	边坡坡率	
	上部高度（$H \leqslant 8m$）	下部高度（$H \leqslant 12m$）
细粒土	1:1.5	1:1.75
粗粒土	1:1.5	1:1.75
巨粒土	1:1.3	1:1.5

②土质路堑边坡

土质路堑边坡形式及坡率应根据工程地质与水文地质条件、边坡高度、排水设施、施工方法，并结合自然稳定山坡和人工山坡的调查及力学分析综合确定。边坡高度不大于 20m 时，边坡坡率不宜大于表 3-2 的规定。土的密实程度划分见表 3-3。

土质路堑边坡坡率　　表 3-2

土的类别		边坡坡率
黏土、粉质黏土、塑性指数大于 3 的粉土		1:1
中密以上的中砂、粗砂、砾砂		1:1.5
卵石土、碎石土、圆砾土、角砾土	胶结和密实	1:0.75
	中密	1:1

土的密实程度划分表　　表 3-3

分级	试坑开挖情况
较松	铁锹很容易铲入土中，试坑坑壁容易坍塌
中密	天然坡面不易陡立，试坑坑壁有掉块现象，部分需用镐开挖
密实	试坑坑壁稳定，开挖困难，土块用手使力才能破碎，从坑壁取出大颗粒处能保持凹面形状
胶结	细粒土密实度很高，粗颗粒之间呈弱胶结，试坑用镐开挖很困难，天然坡面可以陡立

③岩石路堑边坡

岩石路堑边坡坡率可按表 3-4 确定。

3. 路拱坡度

为了有利于横向排除路面水，路面的横向断面做成中央高于两侧、具有一定坡度的拱起状，叫做路拱。

路拱坡度的确定，应以有利于路面排水顺畅和保证行车安全、平稳为原则。路基路拱一般应采用双向路拱坡面，由路中央向两侧倾斜。二、三、四级公路的路拱坡度最小宜采用1.5%；高速公路、一级公路位于中等强度降雨地区时，路拱坡度宜采用2%；位于严重强度降雨地区时，路拱坡度可适当增大。高速公路、一级公路分离式路基的路拱也可采用单向横坡，并向路基外侧倾斜。

岩石路堑边坡坡率表 表3-4

边坡岩体类型	风化程度	边坡坡率	
		$H<15$m	15m$\leqslant H<30$m
Ⅰ类	未风化、微风化	1∶0.1～1∶0.3	1∶0.1～1∶0.3
	弱风化	1∶0.1～1∶0.3	1∶0.3～1∶0.5
Ⅱ类	未风化、微风化	1∶0.1～1∶0.3	1∶0.3～1∶0.5
	弱风化	1∶0.3～1∶0.5	1∶0.5～1∶0.75
Ⅲ类	未风化、微风化	1∶0.3～1∶0.5	
	弱风化	1∶0.5～1∶0.75	
Ⅳ类	弱风化	1∶0.5～1∶1	
	强风化	1∶0.75～1∶1	

三、路基的附属设施

除排水及防护与加固工程外，与一般路基工程有关的附属设施有取土坑、弃土堆、护坡道、碎落台、堆料坪等。这些附属设施是路基的组成部分，正确合理地设置是十分重要的。

1. 取土坑与弃土堆

公路土石方数量在调配过程中或在公路养护中，不可避免地会在公路沿线附近借土或弃土。在公路沿线挖取土方填筑路基或作为养护材料所留下的整齐土坑，称为取土坑。将开挖路基所废弃的土，按一定的规则形状堆放于公路沿线一定距离内，所形成的土堆称为弃土堆。无论借土或取土，首先要选择合理的地点，一般应从土质、数量、占地及运输等方面考虑选点；其次要结合农田水利，改地造田，少占或不占良田，维护自然生态平衡合理选点，从而做到“借之有利，弃之无害”。

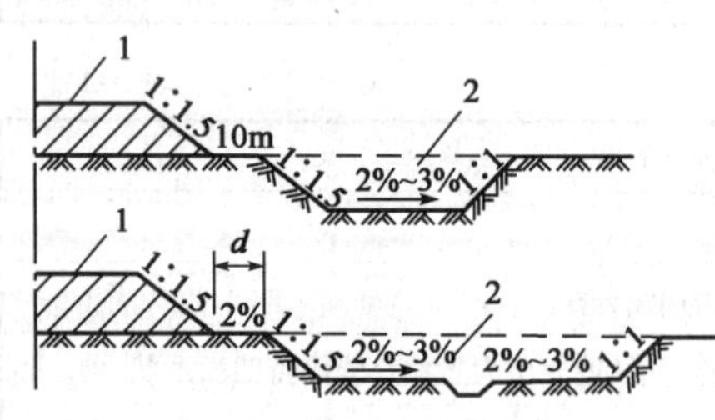

图3-11 取土坑示意图
1-路堤；2-取土坑

(1)取土坑

平坦地区，如果用土量较少，可以沿路两侧设置取土坑，应与路基排水和农田灌溉相结合。路旁取土坑，大致如图3-11所示，深度约1.0m或稍大一些，宽度根据用土数量和用地允许而定。为防止坑内积水危害路基，当堤顶与坑底高差不足2.0m时，在路基坡脚与坑之间需要设宽度不小于1.0m的护坡道，坑底设纵横排水坡及相应设施。

(2)弃土堆

废方一般选择路旁低洼地带，就近弃堆。当地面横坡缓于1∶5时，弃土堆可以设在路堑两侧；地面较陡时，宜设在路基下方。路旁弃土堆如图3-12所示，顶面具有适当横坡，并设平台、三角土块及排水沟。排水沟宽度 d 与地面土质有关，最小为3.0m，最大可按路堑深度加5.0m选取，即 $d \geqslant H+5.0$m。

2. 护坡道

护坡道是保护路基边坡稳定性的措施之一，设置的目的是加宽边坡横向距离，减小边坡平均坡度。护坡宽度最少为1.0m，越宽越有利于边坡稳定，但宽度越大，工程数量也随之增加。因此，设计时要兼顾边坡稳定性与经济合理性。通常护坡道宽度 d 视边坡高度 H 而定，$H \geq 3.0$m 时，$d=2.0$m；$H=6.0 \sim 12.0$m 时，$d=2.0 \sim 4.0$m。

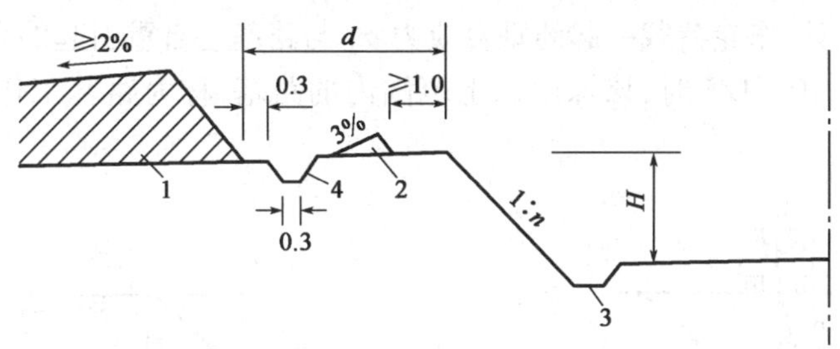

图3-12 弃土堆示意图

1-弃土堆；2-三角平台；3-边沟；4-截水沟

3. 碎落台

碎落台设于土质或石质土的挖方边坡坡脚处，主要供零星生石碎块下落时临时堆积，以保护边沟不致阻塞，也有护坡道的作用。碎落台宽度一般为1.0～1.5m，如兼有护坡作用，可以适当放宽。高速公路、一级公路边坡高度超过12m时，碎落台宽度不宜小于2m。碎落台上的堆积物应定期清理。

4. 堆料坪

为避免在路肩上堆放路面养护用的集料，保证交通不受阻碍，在用地条件许可时，可在路肩外缘设堆料坪。其面积可结合地形与材料数量而定，如每隔50～100m设一个堆料坪，长5～8m，宽2m。高级路面或采用机械化养路的路段，可以不设堆料坪，另设集中备用料场以维护公路外形的视觉平顺和景观优美。

四、路基的基本要求

路基是路面的基础，它承受着本身主体的自重和路面结构的重力，同时还承受由路面传递下来的行车荷载，所以路基是公路的承重主体。路基稳定与否，直接关系到公路能否正常使用。因此，路基除具形式和几何尺寸应满足设计和规范要求外，还必须满足下列基本要求。

1. 具有足够的整体稳定性

路基是直接在地面上填筑或挖去部分地面建成的。路基修建后，改变了原地面的自然平衡状态，有可能导致路基失稳。因此，为防止路基结构在行车荷载及自然因素作用下发生不允许的变形或破坏，必须因地制宜地采取一定的措施来保证路基整体结构的稳定性。

2. 具有足够的强度

路基强度是指在行车荷载作用下，路基抵抗变形的能力。在行车荷载及路基路面本身的自重作用下，路基会产生一定的变形，使路况恶化，服务水平下降，因此要求路基应具有足够的强度。

3. 具有足够的水温稳定性

路基的水温稳定性是指路基在水和温度的作用下保持其承载力的能力。路基在路面水和地下水的作用下，其承载力会显著降低。特别是在季节性冰冻地区，由于水温状况的变化，路基将发生周期性冻融作用，形成冻胀和翻浆，使路基承载力急剧下降。因此，路基应具有足够的水温稳定性，保证其在最不利的水温状况下承载力不致显著降低。

五、路基的工程特性

路基承受着路基自重和汽车轮重（外荷）两种荷载。路基内任一点处所受的垂直应力，一般由车轮荷载引起的垂直应力 σ_1 与路基土自重引起的垂直应力 σ_2 两者叠加而成（图3-13）。在路基某一深度 Z_0 处，车轮荷载引起的垂直应力 σ_1 与路基土自重引起的垂直应力 σ_2 相比所占比例很小，仅为1/10～1/5时，该深度以上范围内的路基，称为路基工作区，或称应力作用区，如图3-14所示。

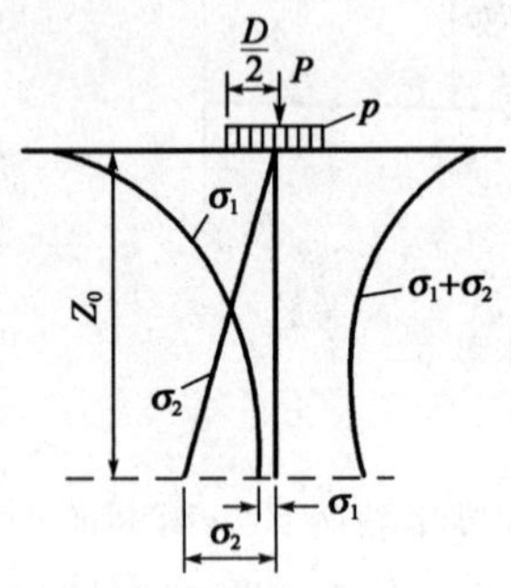

图3-13　土基中应力分布图

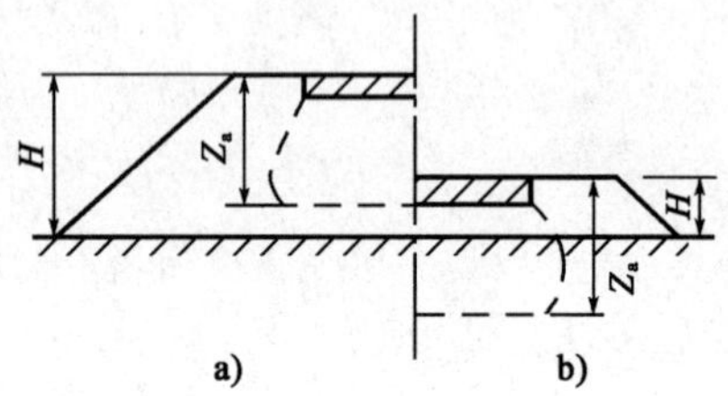

图3-14　工作区深度 Z_a 与路基高度 H

a) $H > Z_a$；b) $H < Z_a$

在工作区范围内的路基，对于支承路面结构和车轮荷载影响较大，在工作区范围以外的路基，影响逐渐减小。因此，对路基工作区内的土质选择、路基压实度应提出较高的要求。当工作区深度大于填土高度时，行车荷载的作用不仅施加于路堤，而且施加于天然地基的上部土层。因此，天然地基上部土层和路堤应同时满足工作区的要求，均应充分压实。

路基工作区的深度 Z_a 可以用近似式(3-1)计算。

$$Z_a = \sqrt[3]{\frac{knP}{\gamma}} \tag{3-1}$$

式中：Z_a——路基工作区深度，m；

P——车轮荷载，kN；

k——系数，取0.5；

γ——土的重度，kN/m^3；

n——系数，$n=5\sim10$。

由式(3-1)可知，路基工作区的深度 Z_a 随车轮荷载的增大而加深。

路基工作区内，路基的强度和稳定性对保证路面结构的强度和稳定性极为重要。因此，对工作区深度范围内的土质选择、路基的压实度等应提出较高的要求。

当工作区深度大于路基填土高度时，行车荷载的作用不仅施加于路堤，而且施加于天然地基的上部土层，此时，天然地基上部和路堤应同时满足工作区的要求。

六、路基的变形、破坏及防治

（一）路基的主要病害

路基裸露在大气中，经受着土体自重、行车荷载和各种自然因素的作用，路基的各个部位将产生变形。路基的变形分为可恢复的变形和不可恢复的变形。路基的不可恢复变形将引起路基高程和边坡坡度、形状的改变，严重时造成土体位移，危及路基的整体性和稳定性，造成路基各种破坏。

路基的主要病害有以下几种。

1. 路基沉陷

路基沉陷是指路基表面在垂直方向产生较大的沉落，如图3-15所示。路基的沉陷可以有两种情况：一是路基本身的压缩沉降；二是由于路基下部天然地面承载能力不足，在路基自重的作用下引起沉陷或向两侧挤出而造成的下沉。

图3-15　路基沉陷

路基的沉缩是因路基填料选择不当，填筑方法不合理，压实度不足，在路基堤身内部形成过湿的夹层等因素，在荷载和水温综合作用之下，引起路基沉缩，如图3-16a）所示。

地基的沉陷是指原天然地面有软土、泥沼或不密实的松土存在，承载能力极低，路基修筑前未经处理，在路基自重作用下，地基下沉或向两侧挤出，引起路基下陷，如图3-16b）所示。

图3-16　路基沉陷

a）路基沉缩；b）地基沉陷

2. 边坡滑塌

路基边坡滑塌是最常见的路基病害，根据边坡土质类别、破坏原因和规模的不同，可分为溜方与滑坡两种情况。

（1）溜方：由于少量土体沿土质边坡向下移动所形成。溜方通常指的是边坡上表面薄层土体下溜，主要是由于流动水冲刷边坡或施工不当而引起的，如图3-17所示。

（2）滑坡：一部分土体在重力作用下沿某一滑动面滑动。滑坡主要是由于土体的稳定性不足所引起的，如图3-18所示。

图3-17　边坡溜方

图3-18　边坡滑坡

路堤边坡坡度过陡，或边坡坡脚被冲刷淘空，或填土层次安排不当是路堤边坡发生滑坡的主要原因。

路堑边坡滑坡的主要原因是边坡高度和坡度与天然岩土层次的性质不相适应。黏性土层和蓄水的砂石层交替分层且有倾向于路堑方向的斜坡层理存在时，就容易造成滑动。

3. 碎落和崩塌

剥落和碎落是指路堑边坡风化岩层表面，在大气温度与湿度的交替作用，以及雨水冲刷和动力作用之下，表层岩石从坡面剥落下来，向下滚落。大块岩石脱离坡面沿边坡滚落称为崩塌，见图3-19。

图3-19　边坡崩塌

4. 路基沿山坡滑动

在较陡的山坡填筑路基，若路基的底部被水浸湿，形成滑动面，坡脚又未进行必要的支撑，在路基自重和行车荷载作用下，整个路基沿倾斜的原地面向下滑动，路基整体将失去稳定。

5. 不良地质和水文条件造成的路基破坏

公路通过不良地质条件（如泥石流、溶洞等）和较大自然灾害（如大暴雨）地区，均可能导致路基的规模毁坏。

（二）路基病害防治

为提高路基的稳定性，防止各种病害的发生，主要可采用的措施如下：

1. 正确设计路基横断面。

2. 选择良好的路基用土填筑路基，必要时对路基上层填土作稳定处理。

3. 采取正确的填筑方法，充分压实路基，保证达到规定的压实度。

4. 适当提高路基，防止水分从侧面渗入或从地下水位上升进入路基工作区范围。

5. 正确进行排水设计（包括地面排水、地下排水、路面结构排水以及地基的特殊排水）。

6. 必要时设置隔离层，隔绝毛细水上升；设置隔温层，减少路基冰冻深度和水分累积；设置砂垫层，以疏干土基。

7. 采取边坡加固、修筑挡土墙、土体加筋等防护技术措施，提高其整体稳定性。

以上各项技术措施的宗旨在于限制水分侵入路基，或使已侵入路基的水分迅速排除，保持干燥，提高路基的整体强度与稳定性。

工作任务一　土质路堤填筑

一、概念

用粒径小于150mm且级配较好的砾类土、砂类土等粗粒土作为填料的路堤称为土质路堤。

二、土质路堤施工程序

路堤施工是一种以工序管理为中心、以工序质量保工程质量、以工作质量保工序质量的全面质量管理行为。

一般说来,路基填筑施工工艺应划分为三阶段、四区段、八流程,具体内容见表3-5。

土质路堤施工程序　　表3-5

三阶段	施工准备阶段、施工阶段、整修验收阶段
四区段	填筑区、平整区、碾压区、检测区
八流程	施工准备阶段、基底处理、分层填筑、摊铺整平、洒水晾晒、碾压夯实、检验签证、路基整修

各区段或各流程只允许进行该段和该流程的作业,不允许几种作业交叉进行。每个区段的作业长度应根据机械的能力和数量来确定。为保证机械有足够的作业场地,每个区段长度均不得少于40m。

路基填筑施工工艺流程如图3-20所示。

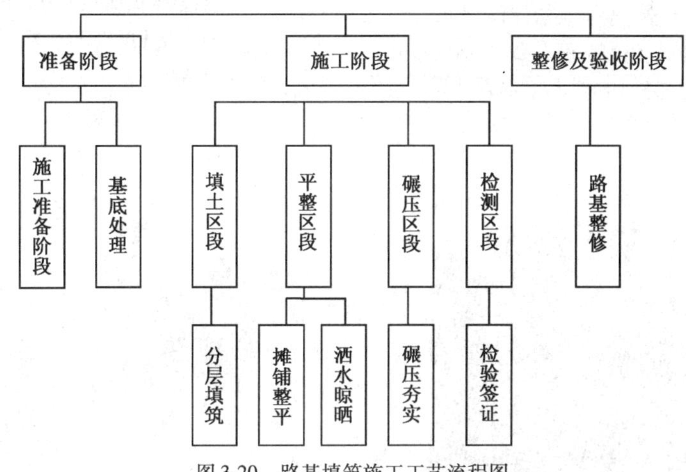

图3-20　路基填筑施工工艺流程图

三、施工步骤

施工准备阶段:测量放线,熟悉设计文件,组织技术人员学习施工技术规范,编制施工组织设计,做有关土工试验,准备检测设备。该内容详见教学情境一。

基底处理详见教学情境二。

1. 土方运输

(1)机械配备

运输车辆的组成,应根据车辆的载质量、运距、道路状况等情况,确定车辆种类及配备数量。一般常用的机械有挖掘机、装载机、推土机、自卸运输车辆等机械,见图3-21~图3-24。

公路路基的开挖、填筑、平整等工序的土方工程几乎全由土方机械完成,因此,合理选择土方施工机械是公路机械化的一个重要课题。

(2)土方运输的要求

一般采用载量相同的车辆,每车的装运量相等,根据土的最大干密度、压实度标准确定现场干密度,根据土场的土的含水率、每车的载量,计算每车的摊铺面积,或者某一面积应堆放的车数,如图3-25所示。

2. 分层填筑

路堤填筑应采用横断面全宽、纵向水平分层填筑的方法(图3-26),当原地面高低不平时应从最低处分层填筑,且由两边向中心填筑。

图 3-21　挖掘机（有正铲、反铲、拉铲和抓铲，使用较多的为正铲，装车轻便灵活，回转速度快，移位方便；能挖掘坚硬土层，开挖沟槽、水下捞土、整修深路堑边坡，易控制开挖尺寸，工作效率高）

图 3-22　装载机（用于路基工程的填挖、装料、推运土方、刮平地面和牵引其他机械等作业，具有作业速度快、效率高、机动性好、操作轻便等优点）

图 3-23　推土机（特点是能单独进行切土、运土和卸土工作，操纵灵活，转移方便，所需工作面较小，短距离运土效率高；按行走方式可分为履带式和轮胎式）

图 3-24　铲运机（特点是对运行的道路要求较低，操纵灵活、转移方便与行驶速度较快；能独立完成铲土、运土、卸土、填筑、压实等工作，适用于大面积场地平整、开挖基坑、填筑路基等工程）

图 3-25　土方运输方格

图 3-26　分层填筑施工

（1）采用不同土质填筑路堤施工的注意事项

采用不同土质填筑路堤在施工中是十分常见的，若将不同性质的土任意混填，会造成路基病害，因此必须注意下列几点：

①不同性质的土，应水平分层填筑（每种填料总厚度不小于500mm），不得混填，以免形成水包或滑动。

②透水性差的土填筑在下层时，其表面应做成2% ~4%的双向横坡，以保证来自上层透水性填土的水分及时排出。

③为保证水分蒸发和排除，路堤不宜被透水性差的土层封闭。

④根据强度和稳定性要求，合理地安排不同土质的层位，优良的土填在上层，强度小的土填在下层，各层应满足CBR值的相关要求。

⑤相邻两端不同土质填筑采用斜面相接，对于纵向用不同土质填筑的相邻两段路堤，为防止发生不均匀变形，在交接处应做成斜面，并将透水性大的在斜面上部。

正确的填筑方法和不正确的填筑方式比较见图3-27。

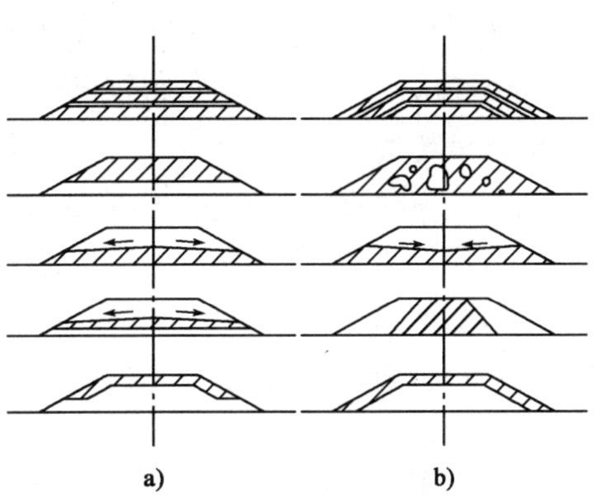

图3-27　不同土质填筑方式

a）正确填筑方式；b）不正确填筑方式

（2）填筑程序

①打网格。根据自卸车容量和堆土间距，将路堤划分为若干网格，见图3-25。

②路堤上料。根据松铺厚度和网格面积，计算上料数量，将土按梅花形均匀堆放在网格中。

③用不同填料填筑路堤时，各种填料不得混杂填筑。

3. 摊铺整平

填筑区段完成一层卸土后，先用推土机进行初平（图3-28），再用平地机进行终平（图3-29），做到填铺面在纵向和横向平顺、均匀，控制层面无显著的凹凸。

图3-28　推土机进行初平

图3-29　平地机进行终平

4. 洒水晾晒

当填料含水率较低时，应及时采取洒水措施，使其含水率接近最佳含水率；当填料含水率过大时，应将填料运至路堤上进行翻挖晾晒，使其含水率接近最佳含水率。

5. 碾压夯实

(1)碾压前,应向有关人员进行技术交底,其内容包括碾压范围、碾压遍数、碾压速度等。

(2)碾压方法:实践经验证明,土基压实时,在机具类型、碾压遍数、填筑厚度已经选定的条件下,操作时宜先轻后重,先慢后快,先边缘后中间(超高路段,则先内侧后外侧,先低后高);前后两次的轮迹应重合1/3,保持压实均匀,不漏压;对于压不到的边角,应辅以小型机具夯实。

(3)土质路基压实度应符合附录C附表C-1规定。

(4)压实度的检测应符合以下规定:

①用灌砂法检测压实度时,取土样的底面位置为每一压实层底部;用环刀法试验时,环刀中部处于压实层厚的1/2深度;用核子仪试验时,应根据其类型,按说明书要求办理。

②施工过程中,每一压实层均应检测压实度,检测频率为1 000m^2 至少检测2点,不足1 000m^2时检测2点,必要时刻根据需要增加检测点。

6. 检验签证

路基填土的检测应遵循分层填筑、分层压实、分层检测的原则,在压实度、填筑厚度、平整度、宽度、横坡达到规定要求后,予以签证,方能进行下一层填筑。

7. 路基整修

(1)路堤按设计高程填筑完成后,应进行测量和整平,恢复中桩和边桩,进行纵断高程测量,修筑路拱。

(2)依据边桩,结合设计坡率刷去超填部分边坡,进行整修拍实。整修后的边坡应达到平直、顺适。

四、施工要点

土质路堤填筑应符合表3-6所示施工要点。

土质路堤填筑施工要点 表3-6

项 目	施工要点内容
施工方法	1. 分层填筑、分层碾压、分层检测; 2. 同一水平层路基的全宽,应采用同一种填料,不得混合填筑; 3. 每种填料的填筑层压实后的连续厚度不宜小于500mm; 4. 潮湿或冻融敏感性较小的填料应填筑在上层,强度较小的填料应填筑在下层。在有地下水的路段或临水路基地段,宜填筑透水性好的填料; 5. 在透水性不好的压实层上填筑透水性好的填料前,应在其表面设2% ~4%的双向横坡,并采取相应的防水措施
松铺厚度	每种填料的松铺厚度应通过试验段确定。高速公路、一级公路的分层最大松铺厚度一般不宜超过30cm
几何尺寸	每一填筑层压实后的宽度不得小于设计宽度
弹簧土的处治	黏性土含水率过高,在施工中易产生"弹簧"松软现象。其处治方法的要点是: 1. 一般"弹簧"现象不太严重的路段,可采用挖土晒干,敲碎回填的方法。 2. 面积较大的,采用换填良性土法处理。 3. 石灰或水泥改善土法,即在土中掺加少量的石灰(3% ~4%)或水泥(2% ~3%),拌和均匀,掺加料吸收部分水分,并与土形成一定的强度
接头处理	填方分几个作业段施工时,接头部位如不能交替填筑,则先填路段应按1:1分层留台阶;如能交替填筑,则应分层相互交替搭接,搭接长度不小于2m

五、土质路堤施工质量标准

路堤填筑至设计高程并整修完成后,其施工质量应符合附录C附表C-1所示质量标准。

六、土方路堤机械化施工

1. 常用土方机械组合

(1)取土机械组合

①挖掘机挖、装,运输车运;

②挖掘机集土,装载机装,运输车运;

③推土机集土,装载机装,运输车运。

(2)整平碾压机械组合

①推土机摊平,平地机整平,压路机碾压;

②推土机摊平,推土机整平,压路机碾压。

2. 土质路堤机械化施工程序

土质路堤机械化施工程序见图3-30。

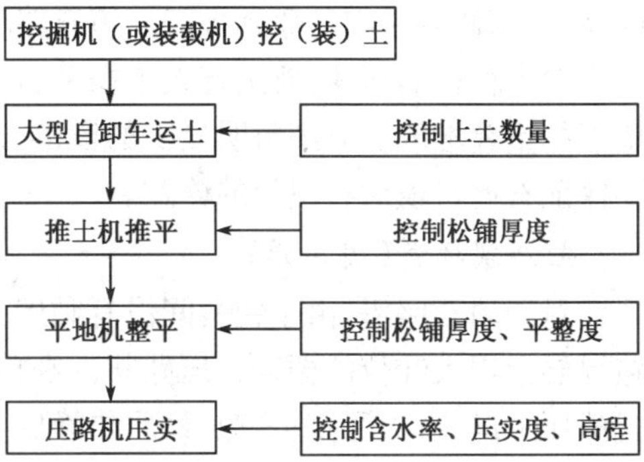

挖掘机(或装载机)挖(装)土 → 大型自卸车运土(← 控制上土数量) → 推土机推平(← 控制松铺厚度) → 平地机整平(← 控制松铺厚度、平整度) → 压路机压实(← 控制含水率、压实度、高程)

图3-30 土方路堤机械化施工程序

3. 机械化施工管理

在组织机械化施工的过程中,应注意以下几个方面的问题:

(1)建立健全管理体制和组织机构;

(2)制订完善施工技术与机械技术管理制度,实行科学管理;

(3)编制施工组织设计;

(4)正确选择施工机械及技术操作方案;

(5)抓住重点,兼顾全面;

(6)加强技术培训,实行技术考核,安全、文明、环保施工。

工作任务二 填石路堤施工

一、概念

用粒径大于37.5mm且含量超过总质量70%的石料填筑的路堤为填石路堤。

二、施工特点

填石路堤是利用开采的石料填筑路堤,它与填土路堤不同,主要是石料粒径大、强度高,填筑和压实都有特殊要求。

三、施工流程图

填石路堤施工流程见图3-31。

1. 施工准备

首先进行测量放样,恢复中桩和边桩。清除填方范围内的草皮、树根、淤泥,并整平压实。压实度不低于 85%。

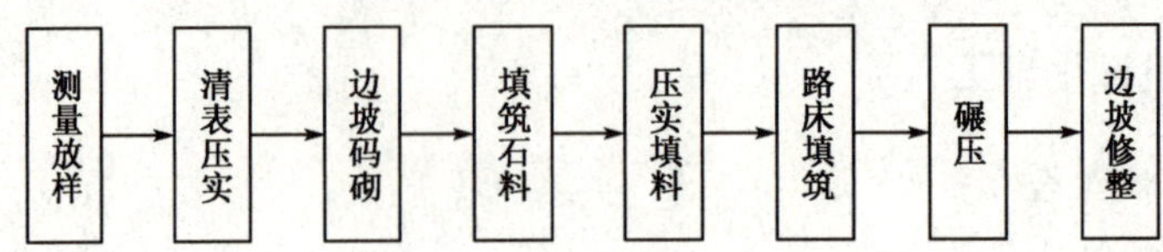

图 3-31　填石路堤施工流程图

2. 边坡码砌

在填石路堤填筑前,要进行边坡码砌。码砌的石料粒径应大于 30cm,且石质坚硬。石料尽量规则,石料之间应尽量紧贴、密实,无明显空洞、松动现象。

3. 运料与摊铺(图 3-32)

在石质填料装运时,尽量使填料均匀,避免大粒径填料过分集中。卸料按水平分层,先低后高,先两侧后中间的原则进行。填石路堤的堆料和摊铺同时进行,由大功率的推土机向前摊铺。对大粒径的石块,要进行人工摆平,石块应贴紧底面,且大面朝下。同一位置,大粒径的石块不能重叠堆放。对细料明显少的段落,应撒铺石屑料。石屑料应占粗集料的 15% ~20%,要保证石屑料填满石块间的缝隙。

4. 压实填料(图 3-33)

对于填石路堤,由于粒料间没有黏聚力,主要靠粒料之间相互嵌锁、紧密咬合。所以,填石路堤要采用大吨位的振动式压路机。在施工中采用 18t 以上的振动式压路机。操作要求是:先静压 1 遍,再振压 6 ~8 遍,最后再静压 1 遍。碾压的顺序为先压两侧后压中间,每次重合轮迹 1/3。对于有明显空洞、孔隙的地方,补充细料后再碾压。

图 3-32　运料与摊铺

图 3-33　压实填料

5. 路床填筑

填石路堤在距路床顶面 50cm 范围内,应按设计铺筑碎石过渡层,然后再进行路床的填筑。

四、施工要点

填石路堤的施工要点见表 3-7。

填石路堤施工要点

表 3-7

序 号	施 工 要 点
施工方法	1. 分层填筑、分层碾压、分层检测; 2. 岩性相差大的填料,应分层后分段填筑; 3. 严禁将软质石料与硬质石料混合填筑; 4. 边坡码砌宜与路基填筑同步进行; 5. 应使用重型压路机分层压实,压实时不断使用小石块、石屑填缝,至压实层顶面稳定、不再下沉且无轮迹、石块紧密、表面平整为止
松铺厚度	每种填料的松铺厚度,应通过试验段确定。高速公路、一级公路的分层最大松铺厚度一般不宜超过50cm,其他公路不宜大于1.0m
几何尺寸	每一填筑层压实后的宽度不得小于设计宽度

五、质量控制

填石路堤的施工质量控制,主要由施工工序配合质量检测进行。在各个施工工序中,对填料的最大粒径、压实厚度、碾压遍数、压实沉降差等,必须严格控制(图 3-34)。

同时,填石路堤成型后的外观质量应达到:路堤表面无明显孔洞,用铁锹挖动困难;边坡码砌紧贴密实,无明显孔洞、松动;砌块间承接面向内倾斜,坡面平顺。

其施工质量应符合附录 C 附表 C-2 所示质量标准。

图 3-34　填石路基现场检测

工作任务三　路基边坡施工

路基边坡施工质量的好坏,直接关系到路基的稳定,因此必须高度重视,认真施工,达到设计规定要求。

一、路基边坡的施工要点

1. 路堤边坡坡度应根据现场的填料种类、边坡高度和基底工程地质条件等确定。在核对设计文件时,对填料是否与设计要求相符和基底情况是否一致要特别关注。

2. 填方边坡高时,可在边坡中部每隔 8 ~ 10m 设边坡平台一道,其宽度为 1 ~ 3m,用浆砌片石或水泥混凝土预制块防护。

3. 浸水路堤边坡坡度，在设计水位以上部分视填料情况可采用1：1.75～1：2.0，在设计水位以下的边坡坡率不宜陡于1：1.75。如采用渗水性好的土填筑或设边坡防护时，可采用较陡的边坡。

4. 护肩路基的护肩应采用当地不易风化的片石砌筑，高度一般不超过2m，基底面以1：5坡度向内倾斜。为了提高护肩的稳定性，护肩的0.5m高度范围内，宜采用M5水泥砂浆砌筑。高速公路、一级公路护肩应全部高度采用M5水泥砂浆砌筑。

5. 砌石边坡的石料应选用当地不易风化的片石砌筑，内侧填石。

（1）砌石顶宽采用0.8m，基底面以1：5坡度向内倾斜，砌石高度为2～15m。砌石顶部0.5m高度范围内宜采用M5水泥砂浆砌筑。

（2）浆砌片石护坡的厚度不宜小于250mm，砂浆强度不应低于M5。

（3）浆砌片石护坡应设置伸缩缝，缝宽20～30mm，伸缩缝间距宜为15～20m，还应间隔2～3m交错设置孔径为100mm的泄水孔。

（4）在底部应设置碎石或砂砾垫层，厚度不宜小于100mm。

（5）上下层砌缝要错开，缝隙间用小石块填满塞紧。

（6）砂浆终凝前，砌体应覆盖；砂浆初凝后，立即进行养生。

（7）路堤边坡采用浆砌片石护坡，宜在路堤沉降稳定后施工。

（8）护坡底应铺设100～150mm厚的碎石或砂垫层。

（9）泄水孔的位置和反滤层的设置应符合设计要求。

二、路基边坡的机械化施工

路基边坡施工是路基施工作业中的重要环节，如果重视不够，不但延误工期，降低工程质量，造成经济损失，而且会形成安全隐患。

常采用的施工方法是超宽分层填筑、分层压实，路基填筑达到设计高程后，再采用挖掘机、推土机、平地机等机械进行刷坡，如图3-35所示。

1. 路基边坡机械化施工要点

（1）填方路基边坡受雨水冲刷形成冲沟或坍塌缺口时，应自下而上、分层挖台阶加宽填补夯实，再按设计坡前削坡，在弯道内侧路肩边缘应修建路肩拦水带。

（2）填土路基两侧超填的宽度应予切除，如遇边坡缺土时，必须挖成台阶，分层填补夯实。

（3）刷坡后的坡面应顺适、美观、牢固，坡度符合要求，如图3-36。如压实度不满足要求，可采用牵引式振动碾碾压边坡。

图3-35 路基边坡机械化施工

图3-36 整修后的边坡

2. 路基边坡机械化施工需要注意问题

(1)放样。根据设计图纸,通过放样,确定边坡的位置和坡度。放样应准确、可靠。

(2)做好坡度式样。首先在适当位置做出边坡式样,作为施工的参考。

(3)随时测量。对高路堤或深路堑,每做一段距离就要超平放线一次,发现问题及时纠正。

(4)有余地。边坡施工时要留有一定的余量,以便进行整修,达到设计要求。

工作任务四　桥涵及构筑物的回填

构造物台背回填质量直接影响到路面质量,填筑不好会出现沉降差,产生跳车现象,影响行车速度、舒适与安全,甚至会影响构筑物的稳定,出现交通堵塞现象。解决这一难题的关键是选择适当的填料及填筑方法。

一、桥涵等构造物处回填填料的要求

填料宜采用透水性材料(砂砾或砂掺碎石)、轻质材料、无机结合料(8% ~10% 石灰土)或经监理工程师批准的材料,非透水性材料不得直接用于回填。

二、桥涵等构造物处回填施工要点

1. 回填必须在隐蔽工程(如黏土层、泄水管、盲沟、隔水层等)验收合格后方可进行。

2. 桥涵台背路基填筑前,应在原地基土拱上设置泄水管或盲沟,如图 3-37 所示。

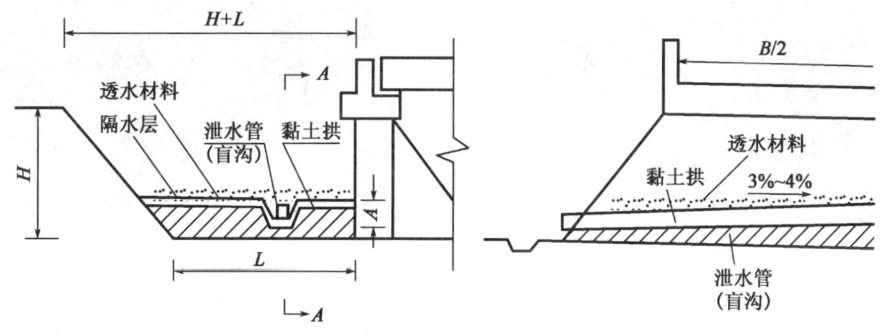

图 3-37　涵洞两侧回填示意

3. 回填应分层填筑,分层压实,分层厚度宜为 100 ~ 200mm。如作业面较窄或桥涵附近要求不得有大型机械作业、需采用小型夯实机具时,回填的分层厚度不宜大于 150mm。

4. 台背回填与路基的连接部,应按设计要求预留台阶。

5. 台背回填部分的路床宜与路堤路床同步填筑;桥台背和锥坡的回填施工宜同步进行,一次填足并保证压实修正后能达到设计宽度要求。

6. 涵洞填土长度每侧应不小于 2 倍的孔径长度。

7. 涵洞洞身两侧,应对称分层回填压实,填料粒径小于 150mm,涵顶面填土压实厚度大于 0.5m。

8. 在涵洞两侧及顶面填土施工时,靠近构筑物 1m 范围内不得有大型机械行驶或作业,应采取措施防止压实过程对涵洞产生不利后果。

9. 严格控制填方基底、桥台及涵身背后、涵洞顶部填筑压实度标准，以避免因密实度不足而产生错台。

当构筑物混凝土强度至少达到设计强度的70%时再进行填筑。填筑高度应至少高出构筑物50cm，才可以从构造物上部通过车辆。

涵洞台背填筑见图3-38～图3-45。

图3-38　涵洞背面挖台阶处理图

图3-39　原地面以下部位用透水性材料回填

图3-40　墙身上标注分层填筑厚度

图3-41　分层填筑

图3-42　人工夯实八字墙等压路机的压实“死角”

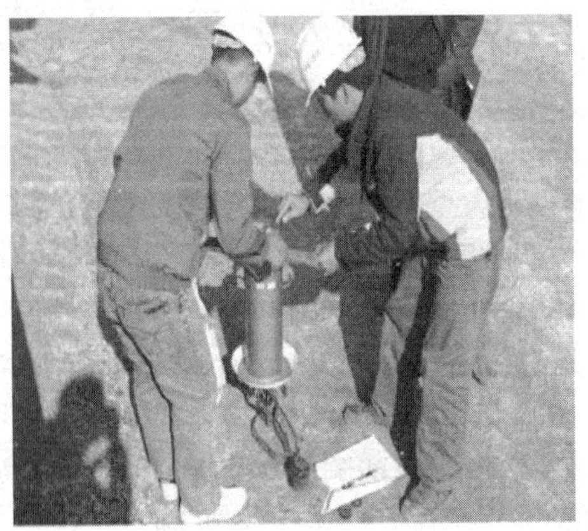

图3-43　分层检测压实度

图 3-44　圆管涵回填成型

图 3-45　盖板涵回填成型

工作任务五　高填方路堤

高填方路堤是指填筑高度大于 20m 的路堤或高度大于 6m 的常年积水填土路堤（图 3-46）。

一、高填方路堤对填料的要求

高填方路堤宜优先采用强度高、水稳性好的材料，或采用轻质材料；受水淹、浸水的部分，应采用水稳定性和透水性均好的材料。

二、高填方路堤填筑施工要点

1. 施工中应按设计要求预留路堤高度和宽度

高填方路堤应注意路堤的后期沉降。虽然在分层填筑、分层压实的施工过程中，密实度达到了规范的规定值，但随着填筑层的增加，土体还会产生压缩变形，变形大小与土体的性质和压实程度有关。施工过程中，往往需预留一定的高度和宽度，来保证压缩变形后，仍能满足路基的设计尺寸要求。

图 3-46　高路堤

2. 施工中宜进行自然沉降，按设计要求控制填筑速率

高填方路堤施工，在制订施工计划时应尽早安排，优先施工。施工过程中，应注意填筑速度不宜太快，使之在施工过程中进行自然沉降。为加快施工进度，分层厚度可通过试验段、根据压实机械能量适当增加。

3. 预留沉降期，并进行动态监控

为防止高填方路堤产生沉陷，可采用预压期，也可预留沉降期。这就要求在施工中早安排、多投入、快完成，留出足够的时间预压沉降。一般预压沉降期为 6 ~ 12 个月，并应进行跟踪检测。

4. 做好施工期的排水工作

高填方路堤施工，特别是雨季施工，应注意地上、地下排水问题。做好地上临时排水设施，并与永久排水设施相结合，避免重复施工；对地下水采用暗沟、渗沟、渗井等构造物引排至路基以外。

高填方路堤施工时应着重解决的问题见表3-8。

高路堤施工应着重解决的问题　　表3-8

问　题	解决方法
施工进度问题	由于采用的施工方法是分层填筑、分层压实、分层检测，工期随填筑高度的增加而增加，因此，高填方路堤宜优先安排施工
工后沉降问题	1. 注意地基承载力检测，如与设计文件不符时，及时采取加固措施； 2. 采取冲击碾压的措施
路堤宽度问题	留足施工作业宽度，保证路基设计的边坡坡率，并进行动态监控
填料问题	优先采用强度高、水稳性好的材料，或采用轻质材料

工作任务六　路 基 压 实

路基压实是保证路基质量的重要环节。路堤、路堑和路堤基底均应进行压实，且技术等级越高的公路，对路基的压实要求越严格。

路基压实的作用是提高填料的密实度，减小空隙率，增强填料颗粒之间的接触面，增大黏聚力或嵌挤力，提高内摩阻力，减小形变，为路基的正常工作提供良好的基础。

一、压实的目的

土质路基的压实过程，其本质上是土体在压力作用下，克服土颗粒间的黏聚力和摩擦力，使原有结构受到破坏，固体颗粒重新排列，大颗粒之间的间隙被小颗粒所填充，变成密实状态，达到新的平衡。施工作业中土的体积被压缩，达到一定程度后，这个过程不再持续。这是因为在颗粒重新排列后，土中气体被挤出，由快变缓，最终趋于结束。这时，作用于土体的压力只能引起弹性变形，而压力过大时，则可能使土体产生剪切破坏，影响土体强度。

路基压实状况通常用压实度来表征。这里应注意的是，压实度与另一个概念——密实度容易产生概念上的混淆。密实度亦称理论密实度，是指单位体积内固体颗粒排列的紧密程度，即土的固体体积率越大，土的干密度也越大，所以，有时也用干密度来表示土的密实度。但两者在物理意义上是有区别的。压实度是指土压实后的干密度与标准的最大干密度之比，用百分率表示，亦称干密度系数，或相对密实度。所谓标准的最大干密度，是指用标准击实试验方法，在最佳含水率条件下得到的干密度。

二、压实后的效果

经压实后的路基，其状态有如下变化：

1. 土体的强度大大增加；
2. 土基的塑性变形明显减少；
3. 土的透水性降低，毛细水上升高度减少。

三、影响路基压实的因素

影响路基压实的因素可分为试验室因素和施工现场因素。

1. 试验室因素

(1)最佳含水率

压实开始时,原状土相对湿度低,土颗粒之间的内摩阻力大,因而外力难以克服,故压实的干密度小,表现出土的强度高、密度低;当相对湿度缓慢增加时,水分在土粒间起润滑作用,压实的结果使被压材料(土粒)得以重新调整其排列位置,达到较紧密的程度,表现出密度增大,但与此同时,由于水的作用,内摩阻力有所减小,因而强度继续下降;当含水率继续增加,超过压实曲线顶点的最优值时,水的润滑作用已经足够,水分过多,使起润滑作用以外的多余水分进入土粒孔隙中,反而促使土粒分离而不易得到良好的压实效果,从而降低了土的干密度;又由于土粒间距增大,内摩阻力与黏结力减小,使土的强度也随之减小,在压实曲线中出现驼峰形式,如图 3-47 所示。这就是说,在一定功能的压实作用下,含水率的变化会导致土的干密度随之变化,在某一含水率(最佳含水率)下干密度达到最大值(最大干密度)。各种土的最佳含水率大小不同,一般来说,土在天然状态下的含水率值很接近于最佳含水率,因此在施工作业中,新卸堆土应当立即推平压实。

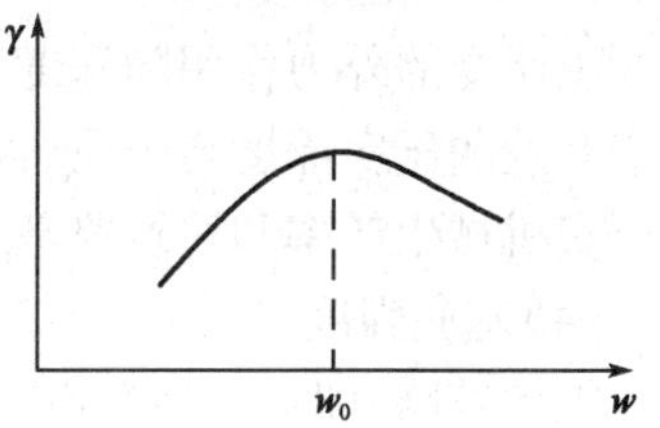

图 3-47　含水率与干密度关系曲线图

综上所述,在一定的压实功作用下,土体只有在最佳含水率 w_0 时,才能压实到最大干密度 p_{dmax}。

(2)土质

填筑路基的填料,来自不同的土场,即使同一土场,不同层次的土,其性质也不尽相同。不同性质的土,其击实曲线相似,但最大干密度 p_{dmax} 和最佳含水率 w_0 不同,如图 3-48 所示。土中的粉粒、黏粒含量越多,土的塑性指数越大,其最佳含水率越大,而最大干密度越小。

(3)击实功

同一种土,最大干密度 p_{dmax} 和最佳含水率 w_0 随击实功(击实次数)大小而变化,如图 3-49 所示。最大干密度 p_{dmax} 随击实功的增大而增大,土的 w_0 随击实功的增加而减小。土的最大干密度和最佳含水率是相对的,不是绝对的。

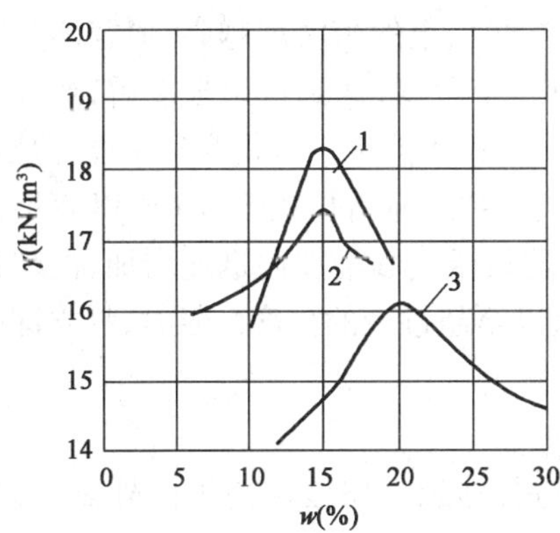

图 3-48　不同土质含水率与密实度的关系

1-亚砂土;2-亚黏土;3-黏土

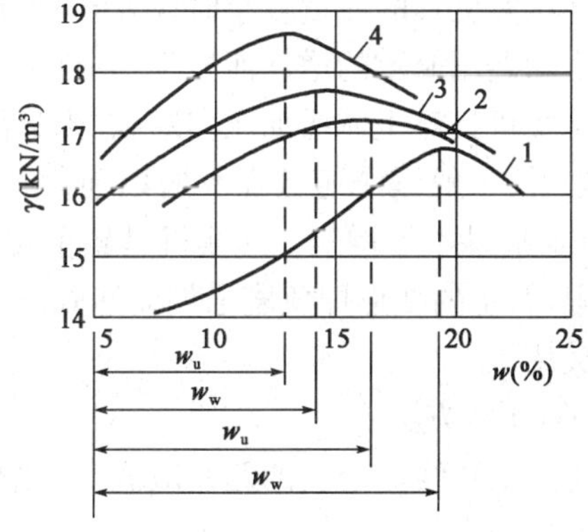

图 3-49　不同压实功能的压实曲线对照图

图中:1、2、3、4 曲线的击实功能分别为 600、1 150、2 300、3 400(kN · m)

施工中,如加水困难时,可加大压实功(采用重碾或增加碾压遍数等),提高压实度。但应注意过分加大压实功是不经济的。同时,采用增加压实功的办法来提高土的密实度是有限的。当压实功增加到一定程度时,土的密实度增加缓慢;如压实功过大,反而会破坏土基的结构。

2. 施工现场因素

(1)含水率

路基只有在最佳含水率时,才能压实到最大密实度,所以,应在路基填料接近最佳含水率时进行压实。

(2)碾压温度

在路基碾压过程中,温度升高,水黏滞度降低,在土粒间起润滑作用,易于压实;但气温过高时,又会由于水分蒸发太快而不利于压实。

温度低于0℃时,因部分水结冰,起润滑作用的水减少,因而压实难以达到理想的效果。同一种土质的最佳含水率随温度不同有所变化。

(3)碾压层厚度

土所受的外力作用随深度增加而逐渐减弱,当超过一定范围时,土的密实度将不再提高。这个有效的压实深度与土质、含水率、压实机械等因素有关,所以正确控制碾压层厚度,对于提高压实机械生产率和填筑路基质量十分重要。

(4)基底强度

在填筑路基时,若地基没有足够的强度,路基的第一层难以达到较高的压实度,即使采用重型压路机或增加碾压遍数,也只能是事倍功半,甚至使碾压土层产生"弹簧"现象。因此,对于地基或下承层强度不足的情况,填筑路基前可采取以下措施进行处理:

①填筑路基之前,应先碾压地基;

②若地基有软弱层,则应用砂砾(碎石)层处理地基;

③路堑处路槽的碾压,应先挖除0.30~0.80m原状土层并碾压地基后,再分层填筑压实。

(5)压实机具

碾压机具对压实的影响反映在以下几个方面:

①压实机具不同,压力传布的有效深度不同。一般情况下,夯击式机具的压力传布最深,振动式次之,静力式最浅。

②压实机具的质量较小时,碾压遍数越多(即时间越长),土的密实度越高;但密实度的增长速度随碾压遍数的增加而减小,并且密实度的增长有一个限度,达到这个限度后,继续以原来的压实机具对土体增加压实遍数,则只能引起弹性变形,而不能进一步提高密实度。从工程实践来看,一般碾压遍数在6遍以前,密实度增加明显,6~10遍增长较慢,10遍以后稍有增长,20遍后基本不增长。压实机具较重时,土的密实度随碾压遍数增加而迅速增加,但超过某一极限后,土的变形即急剧增加而达到破坏。机具过重以至超过土的强度极限时,将立即引起土体破坏。

(6)压实方法

①压实路线。压实的路线应满足"由低到高"的原则,即超高路段由内侧向外侧,其他路段由两侧向中间。

②压实速度。碾压速度越高,压实效果越差。碾压速度越高,变形量越小,土的黏性越大,影响就越显著。因此,为了提高压实效果,必须正确选用碾压的行驶速度,一般按"先慢后快"的原则进行碾压。

③压实机械的组合方式。压实机械组合应按照"先轻后重"的原则。如直接用重型压路机进行碾压,易产生推挤,使路基形成"波浪"。

综上所述,影响压实的内因是土的性质和含水率。在施工中,如能根据土的压实特性,选择适应不同土质的压实机具,确定最佳压实厚度、碾压遍数和速度,准确地控制土的最佳含水率,能达到事半功倍的压实效果。

四、压实机具选择

1. 压实机具的分类及特点

路基常用的压实机具可分为静力碾压式、振动式和夯击式三类。

(1)静力碾压式机械

静力碾压式机械包括羊足碾、轮胎压路机和光轮压路机。其主要特点是:利用机械自重对土和铺筑层材料进行压实。

羊足碾(图3-50)的特点是:承压面积很小,单位压力很大,碾压深度大,侧压使土体挤密,压实效果好,但表层翻松,需要补压。羊足碾适用于黏性土和呈块状的土基。

轮胎压路机(图3-51)的特点是:轮胎有弹性,可变形,碾压接触面积变化不大,压力均匀,上下层压实均匀,且一点受力时间长,影响深度大,并有搓揉作用。轮胎压路机多用于砂性土和黏性土。

图3-50 羊足碾

图3-51 轮胎压路机

光轮压路机(图3-52)的特点是:碾压接触面积先大后小,压强由小变大,使土表出现硬壳,以致影响到碾压的深度,且上下层易分离起皮;土层过厚时,上下碾压不均匀。光轮压路机多用于土基的初压和最终稳压。

(2)振动式碾压机械

振动式碾压机械可分为振动器和振动压路机。

振动式碾压机械的主要特点是:

①动能大,采用较小的振动力获得较大的压实效果;

②具有可调整的振动频率的振幅,适用于不同的压实材料,压实深度大;

③不需要振动时,可以变为静力碾压。

振动式碾压机械适用于含有不同粗颗粒的非黏性土。

(3)夯击式机具(图3-53)

夯击式机具有夯锤、夯板、振动夯实机等,其特点是利用其冲击能的作用,使路基土密实。夯击式压实机具适用于黏性土和砂性土。

2. 压实机械的选择

压实机械的类型和数量的选择直接关系到压实质量和工效。选择时应综合考虑以下几点。

(1)土的性质、状态

不同的压实机械对不同土质的压实效果不同。对于砂性土的压实效果,振动式最好,夯击式次之,碾压式较差;对于黏性土,则以碾压式和夯击式较好,而振动式较差甚至无效。

图3-52 光轮压路机

图3-53 冲击式压路机(梅花形)

(2)压实工作面

当工作面较大时,可采用碾压机械,较狭窄时宜用夯实机械。

(3)被压土的强度极限

为防止压实过度、失效而造成的浪费,应控制好压实机具对土施加的外力。一般压实时,压实机械的单位压力不应超过土的强度极限。土的强度极限与土的性质、施荷速度和承压面积有关。

(4)机械类型的选择原则

用单一机型的压实机械往往难以完成整个工程的压实工序,通常需采用大、中、小型配合或多机种组合进行压实。选择机械类型及确定机械数量时,应考虑与其他工序的配合,使机械的生产能力互相适应。

五、土质路堤压实

土质路堤的压实是路基施工的关键环节,必须精心组织,以尽可能小的压实功获得良好的压实效果。

1. 土质路堤压实工作

碾压前应对填土层的松铺厚度、平整度、路拱和含水率等进行检查,符合要求后方可进行碾压。路堤压实应在路堤全宽度范围分层进行,及时碾压。

(1)确定不同种类填土的最大干密度和最佳含水率

公路系带状构造物,一条公路往往连绵数十公里甚至上千公里。用于填方路基的沿线土石材料的性质往往发生较大变化。在路基填筑施工之前,必须对主要取土场(包括挖方利用方)采取代表性土样,进行土工试验,用规范规定的方法求得各个土场土样的最大干密度和最佳含水率,以便指导路基的压实施工。

(2)检查控制填土含水率

含水率是影响压实效果的主要因素,填土含水率接近于最佳含水率时碾压,压实效果最好。试验表明,当采用12~15t光轮压路机时,现场土含水率略小于最佳含水率,容易达到较高的压实度。天然土常接近最佳含水率,因此填土后应随即压实。天然土表层常比较干燥,宜在取土前一天在取土坑表层浇洒适当水率。填土含水率过大时,应将土摊开晾晒至需要的含水率时再碾压。

(3)分层填筑,分层碾压

①分层填筑。一方面要把握每层填土厚度的大小:填土层厚度过大,其深部不能获得要求的压实度;填土层厚度过小,会影响工作效率和经济效益。一般认为,对于细粒土,用12~15t光轮压路机时,压实厚度不得超过25cm;用22~25t振动压路机时(包括液压振动),压实厚度不超过60cm。另一方面,每层填土应平整,且自中线向两边设置2%~4%的横向坡度,并及时碾压,雨季施工时更应注意。

②分层碾压。碾压前应对填土层的松铺厚度、平整度和含水率进行检查,符合要求后方可进行碾压。分层碾压的关键是控制碾压遍数,有条件的情况下,可通过试验性施工来确定达到设计密实度所需的碾压遍数。

在施工中,当含水率为最佳含水率时,还可采用下列经验值:对低黏质土,压实所需的碾压遍数平均为4~6遍;对黏质土,压实所需的碾压遍数平均为10~12遍。

一般压实遍数宜控制在10遍以内,否则应考虑减少填土层厚。经压实度检验合格后方可转入下道工序。不合格处应进行补压后再检验,一直达到合格为止。

(4)全宽填筑,全宽碾压

以往的施工实践表明,填筑路基时,从基底开始在路基范围内分层向上填土和碾压,并从下至上予以充分的压实,特别注意边坡部分的压实,而每层填料的宽度,均应超出路堤的设计宽度约30~50cm,方能保证全深度范围的路基压实质量。若不注意全宽碾压,只碾压路基中部而不严格碾压边部路基,当路堤填筑到一定高度时,均出现程度不同的纵向裂缝,严重的还会使路面出现纵向裂缝。

(5)加强测试检验及压实控制

填筑路基时,应分层碾压、分层检查压实度(图3-54),并要求每一土层压实度达到要求后方能填筑上一层填土。只有分层控制填土的压实度,才能保证全深度范围的路基压实质量。

图3-54　路基压实度的现场检测

2. 土质路堤压实标准及检测

(1)压实度

压实标准包括两个方面:一是确定标准干密度的方法;二是要求的压实度。

土的最大干密度(标准干密度)是土压实的主要指标,与路基的强度和稳定性有密切的关系,一般作为压实质量评价的依据。在路基压实施工中,由于受各种因素的影响和限制(气候、土的天然含水率等),所施工路基的实际干密度不能达到室内重型击实试验求得的最大干密度。但是为了保证压实质量的基本要求,必须规定压实后土基压实度范围。

土基的压实程度用压实度来表示，以此来检查和控制压实的质量。

压实度是指土被压实后的干密度与该土的标准最大干密度之比，用百分率表示。标准最大干密度是指按照标准击实试验法，土在最佳含水率时对应的干密度。

$$K = \frac{\rho_d}{\rho_c} \times 100 \tag{3-2}$$

式中：K——压实度，%；

ρ_d——施工现场压实土的干密度；

ρ_c——标准最大干密度。

压实施工应首先确定压实度标准，即选定压实度 K 值，见附录 C 附表 C-1。

(2)路基土标准最大干密度 p_{dmax} 的确定

路基土标准最大干密度 p_{dmax} 可通过击实法、振动台法和表面振动压实仪法等方法确定，其中击实试验是我国路基土标准最大干密度确定的主要方法。关于标准干密度的确定方法，过去沿用的"标准击实试验"是一种轻型击实方法，其试验结果与现代化施工机械能力和车辆载荷不相适应，目前推行的主要是与国外公路压实要求相同的重型击实试验法。

以上各试验方法的试验步骤详见《公路土工试验规程》(JTG E40—2007)。

(3)施工现场压实土的干密度 ρ_d 的检测

施工现场压实土的干密度 ρ_d 的检测有以下方法：

①灌砂法、灌水(水袋)法。检测压实度时，取土样的底面位置为每一压实层底部。

②环刀法。试验时，环刀中部处于压实层厚的 1/2 深度。

③核子仪法。试验时，应根据其类型，按说明书要求操作。

灌砂法具体检测方法详见学习情境六。环刀法、核子密度仪法详见《公路路基路面现场测试规程》(JTG E60—2008)。

(4)压实度的评定

按部颁《公路工程质量检验评定标准》(JTG F80/1—2004)中规定：路基压实度以 1～3km 长的路段为检验评定单元，检查频率为每 2 000m^2 每压实层不少于 4 处。其压实度 K 可按式(3-3)计算。

$$K = \overline{K} - S \cdot t_\alpha / \sqrt{n} \geqslant K_0 \tag{3-3}$$

式中：$\overline{K}$——检验评定段内各测点压实度的平均值；

$t_\alpha/\sqrt{n}$——分布表中随测点数和保证率(或置信度 α)而变的系数，可查 t 分布表，高速、一级公路的保证率为 95%，其他公路保证率为 90%；

S——检测值的均方差；

n——检测点数；

K_0——压实度标准值。

当 $K \geqslant K_0$，且单点压实度值 K_i 全部大于等于标准值减 2 个百分点时，评定段压实度合格，可得规定满分；

当 $K \geqslant K_0$，且单点压实度值 K_i 全部大于等于规定极值(一般为标准值减 5 个百分点)时，对于测定值低于标准值减 2 个百分点的测点，按其占检查点数的百分率计算扣分值；

当 $K < K_0$，或某一单点压实度 K_i 小于规定极值时，则评定段压实度不合格。

详见附录 B 路基、路面压实度评定。

六、填石路堤、土石混填路堤及高填方路堤的压实

1. 填石路堤

(1)压实标准

填石路堤不能用土质路基的压实度来判定路基的密实程度,其判定方法目前国内外尚无统一规定。国外填石路堤曾采用在振动压路机驾驶台上装设压实计反映的计数值来判定是否达到要求的紧密程度,但无定量值的规定,且只限于设有此种装置的压路机。我国《公路路基施工技术规范》(JTG F10—2006)规定的压实标准为:在规定深度范围内,以在12t以上振动压路机压实,当压实层顶面稳定,不再下沉(无轮迹)时,可判为达到密实状态。

(2)压实方法及检查

填石路堤在压实之前,应用大型推土机摊铺平整。个别不平处应用人工配合以细石屑找平,使石块之间无明显高差台阶才便于压路机碾压,或使夯锤下坠到地面时,受力基本均匀,不致使夯锤倾倒。填石路堤填料石块本身是密实的,不能压缩,压实工作是使各石块间松散接触状态变为紧密咬合状态。由于石块块径较大,质量较大,必须选择工作质量在12t以上的重型振动压路机、工作质量在2.5t以上的夯锤或25t以上的轮胎压路机压实,才能达到规定的密实状态。

填石路堤应先压两侧后压中间,对于轮碾,其压实路线应纵向互相平行,反复碾压。夯锤的压实路线应呈弧形,当夯实密实程度达到要求后,再向后移动一夯锤位置。行与行之间应重叠40~50cm,前后相邻区段应重叠1.0~1.5m。其余注意事项与土质路基压实相同。

填石路堤使用各种压实机具时的注意事项与压实填土路基相同,而填石路堤压实到所要求的紧密程度所需的碾压或夯压的遍数应经过试验确定。采用重锤夯实时,当重锤下落而路堤不下沉,垂锤反而发生弹跳现象时,可进行压实度检验。

填石路堤顶面至路床顶面30~50cm(高速公路、一级公路为50cm,其他公路为30cm)范围内,应填筑符合路床要求的土,并按要求进行压实。

2. 土石混填路堤

土石混填路堤的压实方法与技术要求,应根据混合料中巨粒土(粒径大于200mm的颗粒)的含量进行确定。当混合料中巨粒土含量大于70%时,其压实作业接近于填石路堤,应按填石路堤的方法和要求进行。当混合料中巨粒土的含量低于50%时,其压实作业接近于填土路堤,应按前述填土路堤的方法和要求进行。

土石路堤的压实度可采用灌砂法或水袋法检测。其标准干密度应根据每一种填料不同含石量的最大干密度做出标准干密度曲线,然后根据从试坑中挖取试样的含石量,从标准干密度曲线上查出对应的标准干密度。当采用灌砂法或水袋法检验有困难时,可根据填石路堤的方法进行检验,即通过12t以上振动压路机压实试验,当压实层顶面稳定,不再下沉(无轮迹)时,可判定为密实状态。

如果是几种填料混合填筑,则应从试坑挖取的试样中计算各种填料的比例,利用混合料中几种填料的标准干密度曲线查得对应的标准干密度,用加权平均的方法计算所挖试坑的标准干密度。

3. 高填方路堤

高填方路堤的基底承受路堤土本身的荷载很大,因此对基底应进行场地清理,并按照设计

要求的基底承压强度进行压实。设计无要求时,基底的压实度不应小于90%。当地基松软仅依靠对厚土压实不能满足设计要求的承压强度时,应进行地基加固处理,以达到设计要求;当基底处于陡峻山坡上或谷底时,应作挖台阶处理,并严格分层填筑压实;当场地狭窄时,压实工作应采用小型手扶式振动压路机或振动夯进行;当场地较宽广时,应采用自行式12t以上的振动压路机碾压。

工作任务七　挖方路基施工

一、土方路堑开挖方法

土质路堑施工,除需考虑地形条件采用的机械等因素外,还需考虑土层的分布及利用。在路基开挖前,应做好现场伐树除根等清理工作和排水工作。如需以挖作填时,还应将表土单独掘除,以满足路堤填筑的要求。土质挖方路基的开挖方法根据挖方深度、纵向长度及现场施工条件,可用以横向挖掘法、纵向挖掘法和混合式挖掘法。

1. 横向挖掘法

横向挖掘法是对路堑整个横断面的宽度和深度,从路堑一端或两端在全宽范围内逐渐向前开挖的方法,如图3-55所示。该法主要适用于较短的路堑。

2. 纵向开挖法

纵向开挖法分为分层纵挖法、通道纵挖法和分段纵挖法。

(1)分层纵挖法

分层纵挖法是在路堑的宽度及深度都不大时,沿横断面全宽纵向分层挖掘,如图3-56之所示。该法适用于较长的路堑开挖。

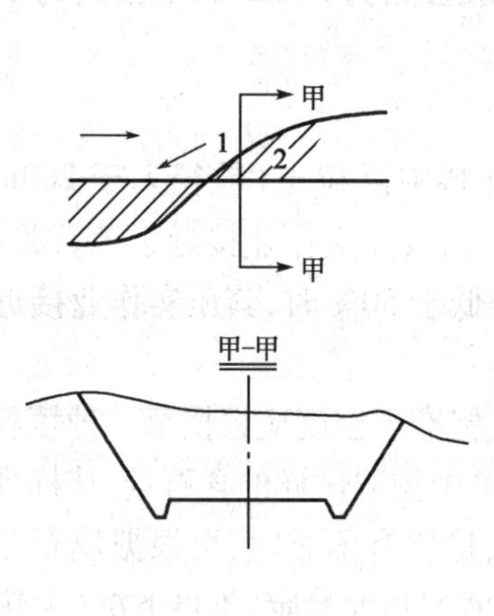

图3-55　横向挖掘法

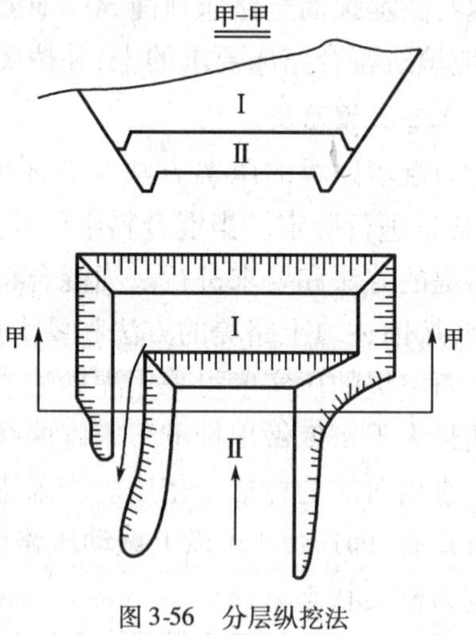

图3-56　分层纵挖法

(2)通道纵挖法

通道纵挖法师在路堑的宽度和深度都比较大时,沿纵向分层,每层先挖一条通道,然后向两侧开挖,如图3-57所示。该法适用于较长较深、两端地面纵坡较小的路堑。

(3)分段纵挖法

分段纵挖法是当路堑很长时,沿路堑纵向选择一个或若干个适当位置,将较薄一侧堑壁横向挖穿，把路堑分成几段，各段再纵向开挖的方法。该法适用于路堑过长，弃土运距过远的傍山路堑，其一侧堑壁不厚的路堑。

3. 混合式开挖法

混合式开挖法是指为扩大工作面，将横挖法和通道纵挖法混合使用的方法，也即先将路堑纵向挖通道，然后沿横向坡面挖掘，如图3-58所示，该法适用于路堑纵向长度和挖深都很大的路段。

图3-57　通道纵挖法

二、土方路堑施工应注意的问题

1. 土方开挖要求

(1)开挖前应对沿线土质进行检测。对可作为路基填料的土方，应分类开挖，分类使用；对非适用材料可作为弃方处理。

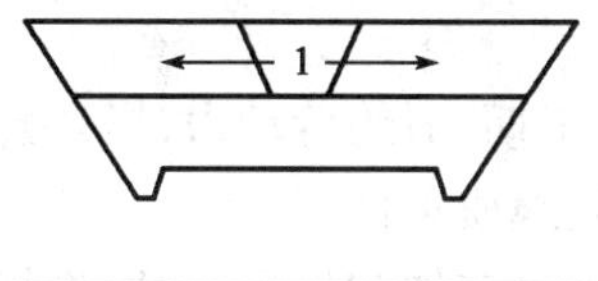

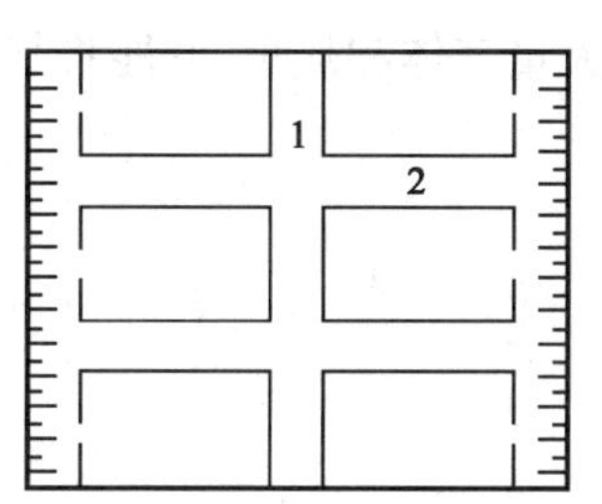

图3-58　混合式开挖法

(2)土质路堑的边坡稳定极为重要。开挖时，不论工程数量和开挖深度大小，均应自上而下进行，不得乱挖超挖，严禁掏底开挖。

(3)路基开挖中，如需修改设计边坡坡度等时，应及时按规定报批。边坡上的孤石应保留。

(4)开挖过程中，应采取措施保证边坡稳定。开挖至边坡线前，应预留一定宽度。预留的宽度应保证刷坡过程中设计边坡线外的土层不受扰动。

(5)开挖至零填、路堑路床部分后，应尽快进行路床施工。

(6)挖方路基施工高程应考虑压实的下沉值，绝不能将路基的施工高程与路基的设计高程混同，造成超挖或少挖。下沉值应通过试验确定。

2. 排水设施的开挖要求

水是造成路堑各种病害的主要原因，所以，施工期间应做好排水设施的修建。

(1)应采取临时排水设施，确保施工作业面不积水。

(2)边沟和截水沟应从下游向上游开挖。截水沟通过地面凹陷时，应将凹处填平夯实，然后开挖，防止不均匀沉陷和变形。

3. 弃土处理

路堑挖出的土方，除利用外，多余的土方应按设计的弃土堆进行废弃，不得妨碍路基的排水和路堑边坡的稳定。同时，弃土尽可能用于改土造田，美化环境。

4. 设置支挡工程

为了保证土质路堑边坡的稳定，应及时设置必要的支挡工程。开挖时，应自上而下，逐层进行，防止边坡塌方。在地质不良地段，应分段开挖，分段支挡。

三、土方路堑开挖的机械化施工

1. 土方路堑开挖常用机械

土方路堑开挖可根据土质、地形、开挖深度及现场条件，采用推土机、装载机、挖掘机、铲运机、运输车等，见图3-59。

2. 机械化施工要点

(1)采用机械按横向全宽开挖法开挖路堑并且弃土运距较远时,宜用挖掘机配合自卸汽车作业,每层台阶可增加到3~4m,也可用推土机开挖。

图3-59　路堑开挖的机械化施工

(2)机械开挖路堑后可用平地机或人工分层修刮平整边坡。

(3)采用机械按纵向开挖法开挖路堑时宜采用推土机作业。

(4)采用分层纵挖法挖掘的路堑长度较长(超过100m)时,宜采用铲运机作业。

(5)开挖边沟、修筑路拱、刷刮边坡、整平路基表面时,宜采用平地机配合其他土方机械作业。

四、石质路堑施工技术

石方路堑开挖最有效的方法就是爆破,可以大大提高工效,缩短工期,节约劳动力,提高公路的运营质量。影响爆破效果的因素很多,主要有炸药的性能、地形、地质条件等。

炸药是一种受一定外力作用就能引起高速化学分解反应,产生大量气体和热量,并能将其集中的能量在瞬间释放出来的物质。

(一)炸药的性能

1. 炸药的威力

炸药的威力用爆力和猛度来衡量。

(1)爆力:指炸药破坏一定量介质的能力。

(2)猛度:指炸药爆破时,将一定量的岩石粉碎成细块的能力。

2. 炸药的敏感度

炸药的敏感度是指在外力作用下,发生爆炸的难易程度。

3. 炸药的湿度

炸药的湿度是指炸药内所含水分与炸药质量之比的百分数。湿度越大,爆速越低;当湿度过大时,炸药甚至不爆炸(拒爆)。

4. 炸药的安定性

炸药的安定性是指炸药在长期储存中,保持其原有物理、化学性质不变的能力。

(二)地形条件

地形不同,其爆破的特征及效果也不同。地形越陡,爆破方量越多,炸药用量就越省。炮眼的临空面数目对爆破效果的影响也很大。临空面越多,爆破效果就越好。

(三)地质条件

当岩石的密度大、强度高、整体性好时,单位耗药量较高,但对爆破后的边坡稳定有利,适宜采用大爆破;反之,密度小,力学强度低,节理、层理发达时,单位耗药量低,不宜采用大爆破。

(四)开挖方式

1. 钻爆开挖:是当前广泛采用的开挖施工方法(图3-60),有薄层开挖、分层开挖(梯段开挖)、全断面一次开挖和特高梯段开挖等方式。

2. 直接应用机械开挖:不适于破碎坚硬岩石,没有钻爆作业。

(五)石质路堑爆破施工方法

开挖岩石路基所采用的爆破方法,要根据石方的集中程度,地质地形条件及路基断面形状具体情况而定。为保证挖方边坡稳定和附近的重要建筑物,近边坡部分宜采用光面爆破和预裂爆破。石方开挖严禁采用洞室爆破,一般宜选用中小型爆破法。

图 3-60 钻爆开挖(通过钻孔、装药、爆破开挖岩石的方法,简称钻爆法。这一方法从早期由人工手把钎、锤击凿孔,用火雷管逐个引爆单个药包,发展到用凿岩台车或多臂钻车钻孔,应用毫秒爆破、预裂爆破及光面爆破等爆破技术)

1. 中小型爆破

中小型爆破主要有裸露药包法、炮眼法、药壶法、猫洞炮等。

(1)裸露药包法

裸露药包法是将药包置于被炸物表面或经清理的岩缝中,药包表面用草皮或稀泥覆盖,然后进行爆破,如图 3-61 所示,适用于破坏大孤石或大块岩石的二次爆破。

其主要优点是爆破作业简单,施工人员易掌握,不需要钻孔及其机械设备,施工速度快,耗用劳动力少,具有很大的灵活性。其主要缺点是炸药能量利用率低,单位用药量大,爆破时噪声大、空气冲击波大,飞石距离远,可达 400m,破碎的体积受限制一般不大于 $1m^3$。

在安全上应注意的问题:单个药包起爆时,药包之间要有适当的距离,防止先爆药包影响邻近药包;多个药包齐爆时,响声大,空气冲击波强烈,对周围设备要加强防护,飞石距离远,爆破时周围人员要撤出半径 400m 外。

(2)炮眼法

炮眼法也称为钢钎炮,其作业程序是先在被爆破的岩土中钻凿一定深度和直径的圆柱空间—炮孔,然后在孔内装药、封堵进行起爆,如图 3-62 所示。通常炮眼直径在 25 ~ 75mm 范围内。

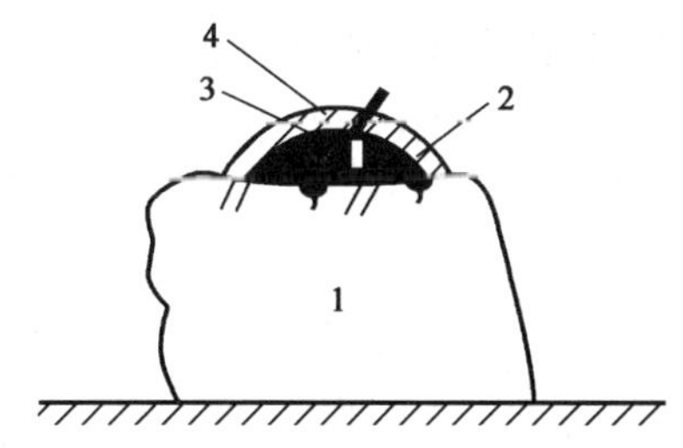

图 3-61 裸露药包的放置方法

1-岩石;2-炸药;3-雷管;4-覆盖材料

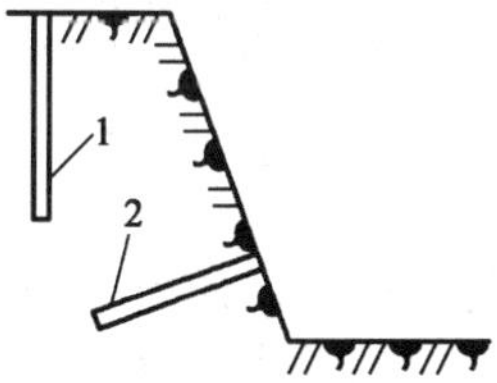

图 3-62 小台阶炮眼图

1-垂直炮眼;2-斜炮眼材料

(3)药壶法

药壶法也称为葫芦炮,是指在深 2.5m 以上的炮眼底部用少量炸药经一次或多次烘膛,使炮眼底部扩大成葫芦形再集中装药,以提高爆破效果的一种炮型,如图 3-63 所示。该法适用于结构均匀密实的硬土、次坚石、坚石。

(4)猫洞炮

猫洞炮是将集中药包直接放入直径为0.2~0.5m、眼深为2~6m的水平或略有倾斜的炮洞中的一种炮型，如图3-64所示。该法主要用于硬土松动、软岩的爆破或在坚石、次坚石爆破中配合炮眼爆破、药壶爆破。这种炮型对独岩包和特大孤石的爆破效果更佳。

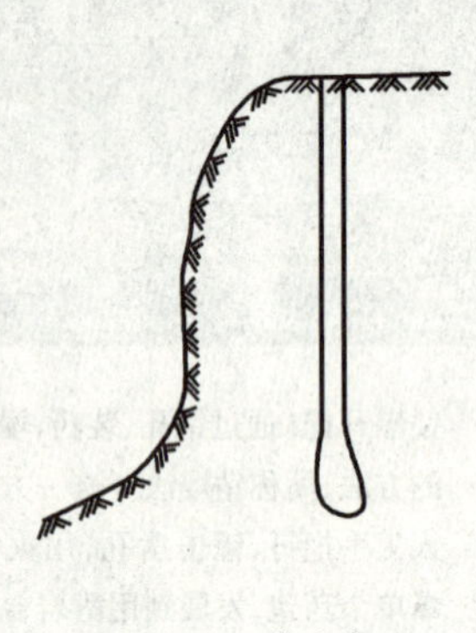

图3-63　药壶炮

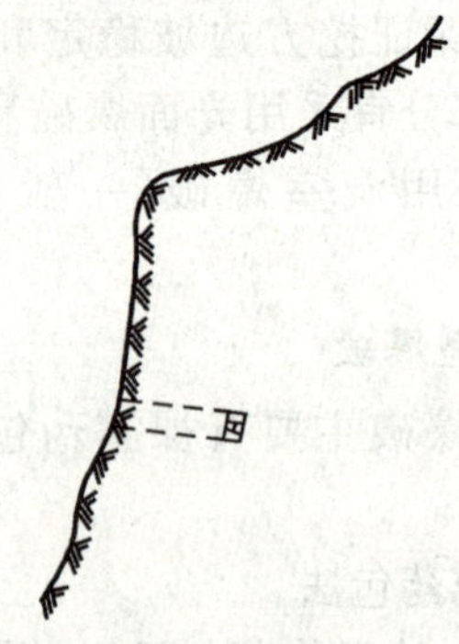

图3-64　猫洞炮

2. 大爆破(洞室爆破)

大爆破是指采用导洞和药室装药，用药量在1 000kg以上的爆破。公路石方开挖严禁采用。采用大爆破要慎重，必须做好技术设计。

洞室爆破的导洞分竖井和平洞，竖井深度不宜大于16m；平洞总长度以30m左右为宜。

3. 预裂爆破和光面爆破

为保证岩体按设计轮廓面成型并防止围岩破坏，须采用轮廓控制爆破技术。常用的轮廓控制爆破技术包括预裂爆破和光面爆破。

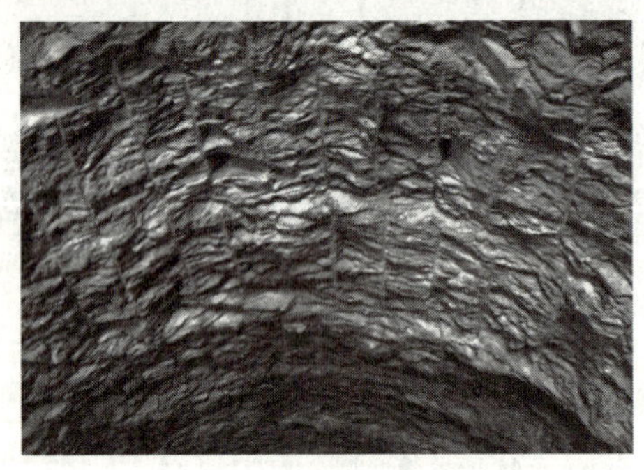

图3-65　光面爆破岩体

(1)光面爆破

在开挖限界的周边，适当排列一定间隔的炮孔，在有侧向临空面的情况下，用控制抵抗线和药量的方法进行爆破，使之形成一个光滑平整的边坡，见图3-65。

(2)预裂爆破

在开挖限界处按适当间隔排列炮孔，预先炸出一条裂缝，使拟爆体与山体分开，作为隔振减振带，起保护和减弱开挖限界以外山体或建筑物的地震破坏作用。

为了获得较好的爆破效果，除选择合理的爆破参数和起爆顺序、布孔方式外，更应精确掌握施工方法、操作要点，在施工时要掌握“孔深、方向和倾斜角度”三大要素。一般孔底的钻孔偏差不大于±150mm。

(六)石质路堑爆破施工的作业程序

爆破作业必须符合《爆破安全规程》(GB 6722—2003)规定。石质路堑不宜超挖超爆。爆破开挖石方，宜按以下程序进行。

1. 爆破影响调查与评估

爆破法开挖石方，应先查明空中缆线、地下管线的位置，以及开挖边界外可能受爆破影响的建筑物结构类型、居民居住情况等，然后制订详细的爆破技术安全方案。

2. 爆破施工组织设计

3. 培训考核、技术交底

凡进行爆破作业，必须由经过专业培训，并取得爆破证书的专业人员施爆。

4. 主管部门审批

爆破施工组织设计应按相关规定分别报送当地公安部门、主管部门及监理工程师审批。

5. 清理爆破区施工现场的危石等

6. 炮眼钻孔作业

(1)炮孔位置的选择

炮孔的位置、方向和深度都会直接影响爆破的效率，合理地选择炮孔位置十分重要。选择炮孔位置应注意以下几点：

①炮位设计应充分考虑岩石的形状、类别、节理发育程度，岩石溶蚀情况等，炮孔药室应避开溶洞和大的裂隙。

②应避免在两种岩石硬度相差很大的交界面处设置炮孔药室。

③非群炮的单炮或数炮施爆，炮孔宜选在抵抗线最小，临空面多，且与各临空面距离较平均的位置，同时应为下次布孔创造更多的临空面。

④群炮炮眼间距宜根据地形、岩石类别、炮型等确定，并根据炮眼间距、岩石类别、地形、炮眼深度计算确定每个炮眼的装药量和种类。对于群炮，宜分排或分段采用微差爆破。

⑤非群炮的单炮或数炮施爆，炮眼方向宜与岩石临空面大致平行，一般按岩石外形、节理、裂隙等情况，分别选择正炮眼、斜炮眼、平炮眼或吊眼等。

(2)钻孔

凿岩钻孔作业一般采用机械钻孔，有时也可人工打眼，但效率低下，仅用于较小规模的少量浅孔爆破，见图3-66。凿岩穿孔机械包括凿岩机、穿孔机及其附属设备。

图3-66　风钻钻孔

7. 爆破器材检查测试

8. 炮孔检查合格

9. 装炸药及安装引爆器材

装药时间应尽可能短，避免炸药受潮。装药必须用木棒把炸药轻轻压入炮眼，严禁使用金属棒。装药自下而上，自里向外逐层码砌平稳、密实。装药不得在雨雪、大风、雷电、浓雾天气及黑夜进行。

10. 引爆前的炮眼检查

11. 布设安全警戒岗

12. 堵塞炮孔

堵塞炮孔的材料应尽量就地取材，一般可用干砂、滑石粉、黏土和碎石等。要求堵塞密实，不漏气。

13. 撤离爆破警戒区和飞石、振动影响区的人、畜等

14. 爆破作业信号发布及作业(图3-67)

15. 清除盲炮

通过引爆而未能爆炸的药包称盲炮。爆破后如有盲炮，应由原施工人员处理，采取安全措施排除。其方法为：

图3-67 爆破作业

(1)对大爆破，应找出线头接上电源重新起爆，或沿导洞小心掏取堵塞物取出起爆体，或用水灌浸药室使炸药失效后消除。

(2)对中小型炮，可在距盲炮的最近距离不小于0.6m处，另行打眼爆破。当炮眼不深时，也可用裸露药包法爆破。

16. 解除警戒

17. 测定、检查爆破效果

测定、检查爆破效果，包括飞石、地震及对施暴取内构造物的损伤、损失等，如图3-68所示。

18. 清方

清渣撬石工作，应严格按照操作规程进行。首先将松动、碎裂的岩石自上而下的撬落，以免坍塌伤人砸物。清渣工作可用人工或机械进行。若炸落的岩石体积很大，可集中于挖方区进行二次爆破。二次爆破可用钢钎炮或裸露药包法进行。

图3-68 测定检查爆破效果

(七)边坡修整及路床清理

1. 石质边坡不宜超挖超爆，挖方边坡应从开挖面往下分段整修，每下挖2~3m，宜对新的开挖边坡刷坡，同时清除危石和松动的石块，确保边坡安全稳定。

2. 欠挖路床部分必须凿除。超挖部分应采用无机结合料、稳定碎石或级配碎石填平碾压密实，严禁用细粒土找平。

3. 石质路床地面有地下水时，可设置渗沟进行排导。渗沟宽度不宜小于100mm，横坡不宜小于0.6%。渗沟应用坚硬碎石回填。

4. 石质路床边沟应与路床同步施工。

【工程范例】

某高速公路(鲁苏界)某合同段路基工程施工方案

一、编制依据

1. 某高速公路(鲁苏界)某合同段两阶段施工图设计。
2. 国家高速公路网(鲁苏界)公路工程施工技术规范。
3. 某高速公路(鲁苏界)设计技术交底资料及现场勘察和实地调查资料。
4.《公路工程技术标准》(JTG B01—2003)。
5.《公路路基施工技术规范》(JTJ F10—2006)。
6.《公路工程质量检验评定标准》(JTG F80/1—2004)。
7.《公路工程施工安全技术规程》(JTJ 076—95)。
8.《中华人民共和国工程建设标准强制性条文》。
9. 其他由招标文件明确的规范、规程、评定标准及验收办法,有关的法律、法规及地方规定。

二、编制原则

1. 坚持科学性、先进性、合理性、经济性、适用性与美观相结合的原则。
2. 整体推进生产进度,确保总工期的目标原则。
3. 保证突破重点、难点关,质量第一的原则。
4. 强化管理、统一指挥,保质量、保工期、保安全。
5. 优化资源配置,实行动态管理。
6. 文明施工,环境保护。

三、工程概况

本合同段为国家高速公路网(鲁苏界)高速公路某合同段,起讫桩号为 K7 +250 ~ K12 +600,路线全长 5.35km,采用双向 6 车道高速公路标准建设,设计速度为 120km/h,路基宽度 34.5m。其中 × × 中互通立交(上跨 G309 国道)共设置 9 条匝道,A 匝道为双向双车道,B、C、D、E、F、G、H、I 匝道为单向单车道。

四、路基施工

本标段路基工程施工采取以机械化为主,加以施工人工辅助。该标段路基工程全部为填方土方路堤填筑,路基挖土方主要为零挖方、边沟挖方。拟用人工配合挖掘机开挖,取土场用推土机集料,用装载机、挖掘机装土,8t 以上自卸车运到填方路段,路堤填筑采用分层填筑,分层压实的施工方法,每层压实厚度控制在 25 cm。各作业队在不同地点同时作业,最后全线路基施工贯通,在施工时严格控制填土厚度、路基宽度、线形等。

本标段路基施工以填方高度超过 5.0m 的高填方段作为优先施工点,在结构物施工完成后,尽快贯通路基。根据施工计划安排,路基工程按段分 3 个作业队(K7 +250 ~ K8 +822.3,

K8 +822.3 ~ K10 +520，K10 +520 ~ K12 +600）进行平行施工，每个作业队配备 EX200 挖掘机3 台、ZL50 装载机2 台、T180 推土机2 台、YZ20JC 振动压路机2 台、平地机1 台、振动夯1台、洒水车1 辆、自卸汽车20 辆。

（一）路基施工前期准备工作

1. 地表清理及砍挖树根

沿线所经耕地处路堤基底在填筑前需清除表土15cm，其他清除表土20cm，砍伐树木及挖除树根。

2. 坟坑、树坑、窑洞及竖井处理

沿线多为麦田，原状土处理直接清表碾压即可，压实度应大于90%。经过坟坑、树坑、窑洞及竖井地段，需进行填埋处理。填埋前，清理穴壁，铲除松土，夯实基底，然后换填素土，压实度不小于90%。

（二）路基试验段

为了给路基填筑全面施工提供条件，保证路基施工质量满足设计和规范要求，在路基正式开工之前，应做试验段以确定路基填筑施工的各项技术参数。

1. 试验段桩号

本标段选择 K7 +650 ~ K7 +850 段作路基填筑施工试验段，土源选用××取土场。

2. 试验目的

为确保路基工程施工顺利进行，需先填筑路基试验段以取得与施工有关的技术参数：

（1）确定合适的路基填料；

（2）确定路基填料的松铺系数；

（3）确定标准施工方法：

①确定最佳含水率；

②确定合理的机械组合、压实方式、顺序、厚度和遍数；

③确定作业段合理长度和面积；

④确定合理的人员分工。

3. 试验段施工方案

试验段施工方案作为专项方案在开工之前另行编制报批，这里不做详述。

（三）路基填筑施工

1. 一般路段填筑施工

1）施工准备

（1）按照《公路土工试验规程》（JTG E40—2007）在某取土场取土试验，确定土的各项指标：

①液限、塑限、塑性指标、天然稠度或液性指数；

②颗粒大小分析试验；

③含水率试验；

④密度试验；

⑤相对密度试验；

⑥土的击实试验;

⑦土的强度试验;

⑧有机质含量试验及易溶盐含量试验。

(2)路线施工放样

①中线恢复

本工程恢复中线利用设计提供的“直线、曲线及转角表”、“公路用地表”、“控制点成果表”、“逐桩坐标表”进行放样,用全站仪以常规方法进行复核;确认无误后,经项目总工签字报业主、监理工程师批准后方可进行下一道工序。

②清表及填前压实

施工前确定现场工作界限,放出路基征地线。用推土机将路基范围内的垃圾、有机物残渣及原地面以下300mm内的草皮、农作物的根系和表土予以清除,堆在弃土场内。用压路机进行填前碾压,使压实度符合要求,并做好排水工作。

路基挖至规定断面后,如仍留有非适用材料,应按监理工程师要求的宽度和深度继续挖除,并用监理工程师批准的材料回填和压实到图纸规定或与其毗连路段相同的密实度。在回填前,应测量必要的断面并报监理工程师批准。

2)路基填筑施工流程及施工方法

路基填筑施工程序:填料→自卸汽车分运到填筑路段→推土机推平→人工整修→检查摊铺厚度并调整→用振动压路机碾压→检测压实度及其他。路基填筑按路基填方的三阶段、四区段,八流程的工艺流程进行施工。

三阶段是:准备阶段、施工阶段、整修阶段。

四区段是:填土区段、平整区段、碾压区段、检验区段。

八流程是:施工准备施工准备、基底处理、分层填筑、摊铺平整、洒水(或晾晒)、碾压夯实、检验签证、路基整修。

各区段和流程内只允许做该段流程的作业,不许几种作业交叉施工。

(1)根据护桩设置图,恢复填方中心控制点。

(2)测设中心桩。

按每10~20m一个桩号和曲线起讫点等控制路基中心的各点测设中心桩。桩面用红漆标明里程桩号,同时测量各断面高程。

(3)布土

合理的土方调配和运土路线是非常重要的。布土时根据试验段得出的松铺厚度和单辆车拉土方量,计算单辆车的松铺面积。按照此面积在填土区段内用白灰线撒出网格,自卸汽车把土运到铺筑现场,从一端开始,左右成排,在网格内布土,即可有效控制松铺厚度,提高摊铺速度。

(4)摊铺、粗平

路基填筑采用水平分层,纵向分段,以机械施工为主,人工为辅的作业方法进行施工。纵向分段长度按实际施工地形而定,每层路基的摊铺宽度大于设计宽度每侧不少于30cm,以保证边坡修理的净宽和压实度。

布土完毕后,用推土机进行初步摊铺和粗平工作,人工修整边角等机械不易到达的地方。测量人员跟随推土机及时检测,根据各桩号底层高程,控制好表层的顶面高程,使填土达到控制的松铺厚度。

(5)平地机精平

当一段路(50m 以上)由推土机摊平并经复测符合要求时,即可用平地机精平。平地机整平方法是由中间开始向两侧推进,如此往返三次,可以达到平整度的要求;再经监理工程师检验平整度和松铺厚度,合格后就可进行下步碾压工作。

(6)碾压

碾压遵循先低后高的原则,直线段由路基两侧向中心碾压,有超高的曲线段由弯道内侧向外侧碾压。碾压时前后轮迹重叠 50cm,并按试验段测取的填筑相关参数,碾压到规定的压实度。

碾压第一遍使用重型振动压路机静压或轻振稳压,而后再强振压实。碾压遍数根据试验提供的成果,一层碾压经压实度检测合格后,方可进入下一道工序;不合格的须进行补压,再重新检验,直到合格为止。

填土的含水率按照试验室试验所得最佳含水率,控制在不超过其 2 个百分点的范围内,这样可保证碾压容易达到施工控制的最大密实度,避免含水率过大使压实土出现"弹簧",含水率小又不易压实。当含水率低时,采取洒水、翻耕均匀的措施;当含水率大时,摊平晾晒;达到控制的含水率时,再进行碾压。

每层压实后,进行现场取样检测其干密度和压实度,并报监理工程师,随时抽查,保证施工质量;未经监理批准,不得进行上层填筑。

(7)恢复各项标桩

按设计图检查路基中线、宽度、纵坡、横坡、高程等,并进行整修。

(8)坡面整修

路基填筑完毕,路基边坡按设计要求坡度,挂线自上而下人工配合机械进行坡面整修;坡面有冲沟时,自下而上分层挖台阶,加宽填筑夯实,进行刷坡。

(9)注意事项

①路基土按最佳含水率控制实际含水率,进行洒水或翻晒。

②雨季施工时,随挖随填,及时碾压,每层表面做成 2% ~4% 排水横坡,并设置临时边坡、集中排水沟。发现路基积水,尽快排除;发现"弹簧"土,必须彻底处理。

2. 特殊路基处理

本合同段 K7 +250 ~ K12 +600 段路基因路床回弹模量不足,按图纸设计上路床 40cm 厚进行掺灰处理,掺量为 5%。

填筑分两层施工,采用路拌法。首先按一般路段填筑要求填土,控制好松铺厚度,整平后按 2m ×2m 用白灰撒出网格线,计算出 2m ×2m 面积的石灰用量;精确称量后采用人工将石灰均匀布于网格内。一个路段布灰完毕,上路拌机拌和;一般拌和两遍即可达到要求。取样做剂量滴定试验,并报监理工程师检查验收,合格后进行碾压。碾压要求同一般路基填筑。碾压完毕进行压实度检测并报监理工程师验收。合格后按相同方法填筑 × ×层。

五、结构物台后回填施工

为确保路基稳定,尽量减少台后路基沉降,避免产生桥头跳车,对台后路基采用分层回填。

1. 结构物完工后，尽快填筑过渡段，使回填后的路基自然沉降在3个月以上。但填筑时，圬工结构物的强度须到设计强度的75%以上。

2. 填筑前，做好路基和回填段基底的排水设施。基底杂物清除干净和平整，基底用手扶振动夯夯实，压实度达到大于或等于96%。

3. 台后填土高度小于6m时，桥台后填料按照设计要求办理；设计无要求时，采用符合规范要求渗水性好的砂砾土或渗水性土。

4. 台背过渡段与路基交接面，路基按设计要求做成台阶形。过渡段的填筑长度，顶部为距台背不小于1.5倍路基高度（路基高度不包括搭板厚度）加2m。涵洞两侧的填料要符合设计要求，填筑时结构物必须达到规范要求的强度，分层对称进行填筑，分层松铺厚度不大于15cm。涵洞两侧过渡段与涵顶的填土压实度均达到96%，台后过渡段压实要求不小于96%。填土结构物附近采用小型压路机、手扶式振动压路机或打夯机夯实，墙背等压实机械无法施工部位用混凝土或块石混凝土填筑。涵洞填土长度每侧不小于2倍孔径长度。涵顶填土压实厚度大于50cm后，方可通过重型机械和汽车。

5. 填筑时，桥台与锥坡、桥台内外侧的填筑都对称均匀进行，分层填铺，逐层压实逐层检测。分层厚度15cm，压实度达95%。压实采用振动压路机，靠近结构物处用手扶式振动夯碾压。施工时尤其注意与结构物相接处及与路基相接处的压实度，并不得对结构物造成损害。

6. 桥台背后采用砂砾土填筑，在路床顶面以下40cm范围内采用石灰土做封层，以解决砂砾料的松散现象。

7. 为防止桥台搭板脱空，锥坡和构筑物的回填同步并加宽填筑，在回填土体沉降趋于稳定（连续两个月的月沉降率小于3mm/月）后，再施工搭板。

六、路基整修

路基填筑完成后，恢复各控制桩检查路基的中线位置，宽度、纵坡、横坡、边坡及相应高程，用机械削坡，人工配合机械成型，多余的土运到中央分隔带处。路基表面采用人工配合平地机整平，高程不足部分采用与路基表面相同的填料填平压实，所填的层厚须大于15cm，否则把原路基翻松后再填土压实。路基边沟线开挖须先于路基填土，以利于路基施工排水。路基完成后，挂线整理边沟，用仪器检测边沟和纵坡。整理后报监理工程师检验，达到规范和监理工程师的要求。

七、路基施工质量控制及检测

根据已认可的填料，由中心试验室做出最大干密度及最佳含水率试验数据，根据规范要求的压实密度系数，选一段路基进行试填，经灌砂法测试，确定保证路基不同部位检测数据达到要求的碾压遍数和最大摊铺厚度。试验结束后，下达作业指导书。作业指导书要规定填料来源、施工机具、压实遍数、断面尺寸和检测方法。按照试验路段取得的参数，区别不同的土质类别配备各类施工机械，并留有一定备用余地。机械要配套，性能和型号符合规定，按试验和规范要求决定路堤填筑层的松铺厚度、最佳含水率和压实遍数，以保证每层都达到规范规定的压实度标准。施工中按透水性大小分层填筑碾压，透水性小的留4%的双向排水坡，不合格填料不用来充作填料。冬季和雨季施工须按照《公路路基施工技术规范》

(JTG F10—2006)的有关规定执行。

严格质量管理,精心组织施工,确保路基的每层压实度和整体刚度、路床高程、宽度线形符合设计要求,表面平整、密实,曲线圆滑,边线顺直,边坡平顺稳定,排水系统无阻水、积水现象。施工中严格按质评标准进行检测和控制。

八、安全文明施工注意事项

1. 施工中严格执行“安全第一,预防为主”的安全生产方针。
2. 作业时严禁高空抛物,确保施工安全。
3. 进入现场必须戴安全帽及相应的安全防护用品。
4. 严禁乱拉、搭接电线。所有电器必须安装漏电保护器。
5. 严格执行安全操作规程、文明施工。
6. 装卸施工信号明确,严格按照装吊操作规程施工。

【任务实施】

任务一:编制路基工程施工组织设计		
能力目标	掌握路堤的施工程序、施工要点、施工质量标准;能根据路基工程的要求合理地选择施工机械的种类及路基的填筑方法;知道路基施工组织设计的流程和具体内容;学生能够完成某一路基工程的施工组织设计,指导路基的施工	
情境设计	实施时间	开工前
	实施地点	项目经理部、施工现场
	实施人员	工程部技术员
	实施内容	1. 利用多媒体教学资源,观看路基工程施工图片、视频,结合现场参观,通过教师讲解,使同学们掌握路堤的施工程序、施工要点、施工质量标准; 2. 讲解案例,使学生熟悉路基工程的施工组织设计的流程和内容组织; 3. 给出工程实例,布置任务,引导学生查阅资料,初步编制路基工程施工组织设计; 4. 分析讨论解决问题; 5. 完成路基工程施工组织设计的编制; 6. 完成任务总结

学习情境四　路基排水工程施工

教学目标

能力目标——能对公路路基进行全面分析，采用合理的排水形式；了解涵洞的类型及结构组成，能根据施工规范进行不同类型涵洞的施工。

知识目标——掌握路基排水工程及涵洞工程的施工方法。

教学内容

1. 路基排水设施的类型及构造；

2. 路基排水设施的施工工艺及质量控制；

3. 涵洞的类型、结构组成及施工方法。

任务描述

利用某在建公路的路基排水工程施工案例、多媒体教学资源，结合图纸、现场教学，通过教师讲解，使学生掌握路基排水工程的施工程序及施工要点、施工质量标准，能够完成某路段路基排水系统的综合设计及某路段地面排水工程施工的工作任务。

项 目 引 导

一、路基湿度的来源

路基的强度与稳定性在很大程度上与路基的湿度以及大气温度引起的路基的水温状况有密切的关系。路基在使用过程中，受到各种外界因素的影响，使湿度发生变化。路基中的水来自为以下几方面(图 4-1)。

1. 大气降水：大气降水通过路面、路肩边坡和边沟渗入路基。

2. 地面水：边沟的流水、地表径流流水因排水不良，形成积水，渗入路基。

3. 地下水：路基下面一定范围内的地下水浸入路基。

4. 毛细水：路基下的地下水，通过毛细管作用上升到路基。

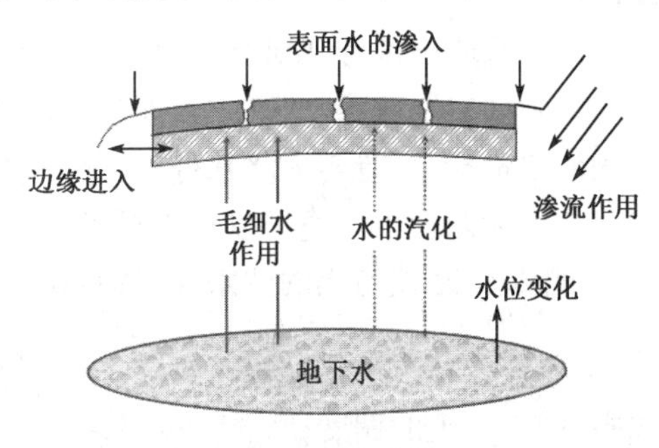

图 4-1　水的来源

5. 水蒸气凝结水:在土的空隙中流动的水蒸气,遇冷凝结成水。

6. 薄膜移动水:在土的结构中,水以薄膜的形式从含水率较高处向较低处流动,或由温度较高处向冻结中心周围移动。

上述各种导致路基湿度变化的水源,其影响程度随当地自然条件和气候特点以及所采取的工程措施等而不同。

二、水对路基路面的影响

1. 对路基的影响

(1)地面水对路基产生冲刷并渗透。

(2)地下水使路基湿软、膨胀、冻胀、翻浆、边坡滑塌、山坡滑坡等。

2. 对路面的影响

(1)降低路面材料强度。

(2)加快路面材料损坏。

(3)唧浆、冲刷。

(4)使路面因支撑不足而出现疲劳损坏。

3. 与水有关的路面损害

与水有关的路面损害可以划分为三类:路面结构层变弱,路面材料性能下降(沥青层的剥离、材料腐蚀、水泥混凝土路面的 D 型开裂)以及层间黏结性能下降(图 4-2)。

图 4-2 水对路基路面造成的破坏

三、路基干湿类型

路基的强度与稳定性同路基的干湿状态有密切关系,并在很大程度上影响路面的结构设计。

1. 路基的干湿类型划分

路基的干湿状态:路基存在四种干湿状态,即干燥、中湿、潮湿和过湿。为了保证路基路面结构的稳定性,一般要求路基处于干燥或中湿状态。过湿状态的路基必须经处理后方可铺筑路面。上述四种干湿类型以分界稠度 w_{c1}、w_{c2} 和 w_{c3} 来划分。稠度 w_c 定义为土的含水率 w 与土的液限 w_L 之差与土的塑限 w_P 和液限 w_L 之差的比值,即:

$$w_c = \frac{w_L - w}{w_L - w_P} \tag{4-1}$$

式中:w_c——土的稠度;

w_L——土的液限;

w——土的含水率；

w_P——土的塑限。

路基干湿类型的划分标准如表 4-1 所示。

路基干湿类型的划分标准 表 4-1

路基干湿类型	路基平均稠度与分界相对稠度的关系	一般特性
干燥	$\overline{w}_c \geqslant w_{c1}$	路基干燥稳定,路面强度和稳定性不受地下水和地表积水影响,路基高度 $H \geqslant H_1$
中湿	$w_{c1} > \overline{w}_c \geqslant w_{c2}$	路基上部土层处于地下水或地表水影响的过渡带区内,路基高度 $H_2 \leqslant H < H_1$
潮湿	$w_{c2} \geqslant \overline{w}_c \geqslant w_{c3}$	路基上部土层处于地下水或地表积水毛细影响区内,路基高度 $H_3 \leqslant H < H_2$
过湿	$\overline{w}_c < w_{c3}$	路基极不稳定,冰冻区春融翻浆,非冰冻区"弹簧",路基经处理后方可铺筑路面,路基高度 $H < H_3$

2. 路基干湿类型的确定方法

在公路勘测设计中,确定路基的干湿类型需要在现场进行勘查。

对于原有公路,求算平均稠度,查表确定干湿类型。原有道路的土基以下 80cm 范围内的平均稠度,应在不利季节测定。如当地有非不利季节与不利季节的路基湿度换算关系时,可在非不利季节测定,再换算为不利季节的数值使用。

对于新建道路,路基尚未建成,无法按上述方法现场勘查路基的湿度状况,可以用路基临界高度为判别标准。

在路基的地下水位或地表积水水位一定的情况下,路基的湿度由下而上逐渐减小,如图 4-3 所示。与分界稠度相对应的路基离地下水位或地表积水水位的高度称为路基临界高度 H,即:

H_1 相对应于 w_{c1},为干燥和中湿状态的分界标准;

H_2 相对应于 w_{c2},为中湿与潮湿状态的分界标准;

H_3 相对应于 w_{c3},为潮湿和过湿状态的分界标准。

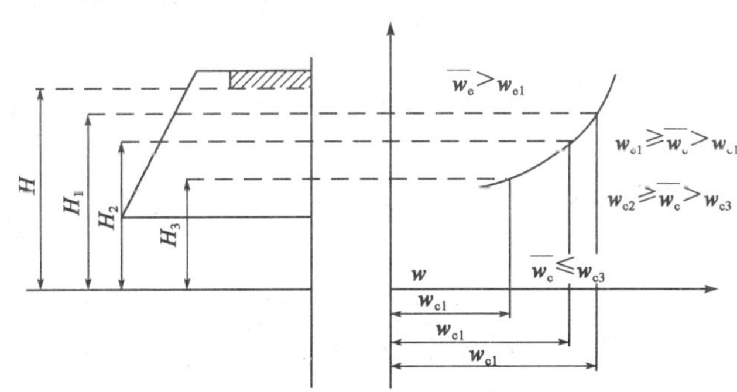

图 4-3 路基临界高度与路基干湿类型

在设计新建道路时,如能确定路基临界高度值,则可以依此作为判别标准,与路基设计高度作比较,由此确定路基的干湿类型,如表 4-1 所示。

为了保证路基的强度和稳定性不受地下水及地表积水的影响,在设计路基时,要求路基保持干燥或中湿状态,路槽底距地下水或地表积水的距离,要大于或等于干燥、中湿状态所对应的临界高度。

四、路基路面排水设计

1. 排水的目的

(1)把降落在路界范围内的表面水有效地汇集并迅速排除出路界。

(2)把路界外可能流向路基的地表水拦截在路界范围以外,以减小对路基路面的危害。

(3)隔断、疏干和降低影响路基稳定性的地下水,并将其引导到路基范围以外。

2. 路基路面排水的一般原则

(1)排水设施要因地制宜、全面规划,合理布局、综合治理,讲究实效、注意经济,并充分利用有利地形和自然水系。

(2)路基排水沟渠的设置,应与农田水利相配合,必要时可适当增设涵管或加大涵管孔径。

(3)设计前必须进行调查研究,重点路段要进行排水系统的全面规划,做到路基路面综合设计和分期修建。

(4)路基排水要注意防止附近山坡的水土流失,尽量不破坏天然水系,尽量选择有利地质条件布设人工沟渠。

(5)路基排水要结合当地水文条件和道路等级等具体情况,就地取材,以防为主。

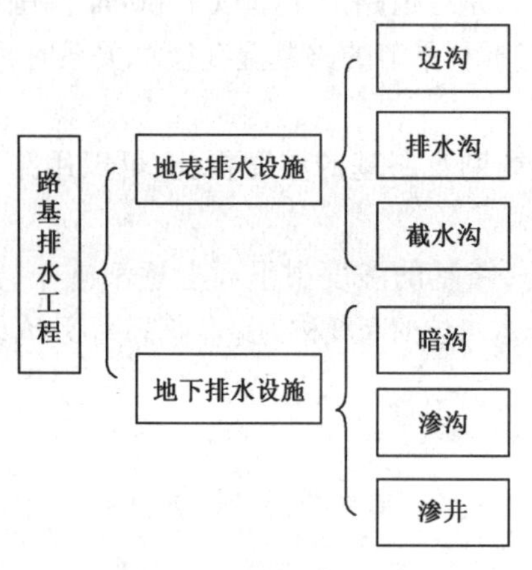

图4-4　路基排水工程设施

(6)为减少水对路面的破坏作用,应尽量阻止水进入路面结构,并提供良好的排水措施,以便迅速排除路面结构内的水,亦可修筑具有能承受荷载和雨水共同作用的路面结构。

3. 路基排水设施

路基内水分过多,会降低土基的承载力。地下水会使路基软化,不但降低土基强度,还会造成边坡坍塌,严重时还会造成整个路基滑塌,严重影响公路的运营和使用。为了保证路基及边坡的坚固和稳定,必须设置必要的排水设施。路基的水包括地表水及地下水,所以路基的排水设施也分为地表排水设施和地下排水设施,见图4-4。

工作任务一　地表排水设施施工

排除地面水的各种设施应充分考虑多方面进入路基范围的水,包括降雨、降雪以及从公路附近地区流向道路范围的水流,还包括路堑边坡排水和农田横跨道路的排水工程,并由此进行排水设施的设置。地表排水设施主要有边沟、截水沟、排水沟等。

一、边沟

1. 边沟的构造形式及适用范围

设置在挖方路基的路肩外侧或低路堤路基的坡脚外侧,用以汇集和排除路基范围内和流向路基的少量地面水的沟槽称为边沟。边沟设置见图4-5和图4-6。

土质边沟一般为梯形、三角形及流线型，石质边沟一般为梯形或矩形。边沟的构造形式及适用范围见表4-2。

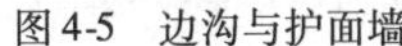

图4-5　边沟与护面墙

图4-6　边沟排水与涵洞

边沟的构造形式及适用范围表　　表4-2

边沟构造形式		边　坡	主要尺寸	特　点	适用范围
梯形边沟	1:n　1:1　H　b	内侧边坡坡度一般为1:1～1:1.5，外侧边坡坡度与路堑边坡坡度相同；当边沟外设碎落台时，外侧边坡坡度同内侧边坡坡度	边沟的深度和宽度一般不小于0.4m，在平曲线处应根据横断面的超高适当调整边沟深度，以保证排水通畅	边坡稳定性好，排水量大	适用于土质和软弱石质边沟
矩形边沟	1:n　1:0.1　H　b	直立或稍有倾斜	深度和宽度一般不小于0.4m，在平曲线处应根据横断面的超高适当调整边沟深度	节约用地	适用于石质边沟或石砌加固边沟
三角形边沟	H　1:n	一般为1:2～1:3	深度不得小于0.4m，当水流量较大时，可适当加深	有利于组织机械化作业	适用于矮路堤或少雨地区浅边沟
流线型边沟	R_1=5.6　R=0.3　0.3～0.5　R=0.3	曲线半径 R 宜采用300mm	深度不得小于0.4m，当水流量较大时，可适当加深	有利于与环境协调	适用于积雪、积沙地区浅边沟

边沟沟底纵坡应衔接平顺,通常与路线纵坡一致。当路线纵坡小于0.25%时,为了排水通畅,应加深边沟及增加边沟的出水口;土质地段的边沟纵坡大于3%时,应采取加固措施。

边沟的长度一般由路线的桥涵或排水沟设置距离决定。

2. 边沟施工工艺流程

各种断面形式的边沟应根据施工条件及尺寸大小,采用不同的方法施工。截水沟、排水沟的施工方法与边沟的施工方法相似,不再重复叙述。

低等级公路或降水量较少地区的土质边沟,设计尺寸较小,通常可采用人工开挖沟槽,测量放样后,先挂线再开挖。高等级公路,或降水量较大地区的土质边沟,设计尺寸较大,为了保证施工质量和工期,可采用人工配合挖掘机开挖,先放样,然后撒石灰线,挖掘机开挖,机械适当欠挖,人工修整到设计断面成型。石质边沟的开挖,不论采用人工还是机械施工,均需首先爆破施工,使石方松动后再开挖成型。

3. 边沟施工要求

(1)挖方地段和填土高度小于边沟深度的填方地段均应设置边沟。

(2)平曲线处边沟施工时,沟底纵坡应与曲线前后沟底纵坡平顺衔接,不允许曲线内侧有积水或外溢现象发生。

(3)认真做好边沟加固。

①土质地段的边沟纵坡大于3%时应采取加固措施;

②采用浆砌片石加固时,砌缝砂浆应饱满,沟身不漏水。

(4)在边沟与填方路基相邻处设置跌水或急流槽,将水流直接引至填方坡脚以外,以免冲刷边坡,影响路基稳定。

(5)当边沟水流向涵洞进水口时,为避免边沟水流的冲刷,应根据地形条件在涵洞进口处设置窨井、跌水或急流槽等构造物,将水流引入涵洞。

(6)当边沟水流向桥梁时,应在桥头翼墙或挡土墙之后设置跌水或急流槽,将水引入河道。

二、截水沟

1. 截水沟的构造形式及适用范围

截水沟是设置在挖方路基边坡坡顶以外或山坡路堤的上方,垂直于水流方向,用以截引路基上方流向路基的地面径流的排水设施。截水沟可以防止地表径流冲刷和侵蚀挖方边坡和路堤坡脚,并减轻边沟的泄水负担。截水沟设置见图4-7和图4-8。

图4-7 设置在上坡路堤上方的截水沟

图4-8 截水沟

截水沟的断面形状一般多为梯形，底宽不应小于0.5m；深度应根据拦截的水流量确定，一般不宜小于0.5m；边坡坡度视土质而定，一般土质可取1:1～1:1.5，见图4-9。截水沟应结合地形合理布置并接顺，沟底纵坡一般宜为1%。

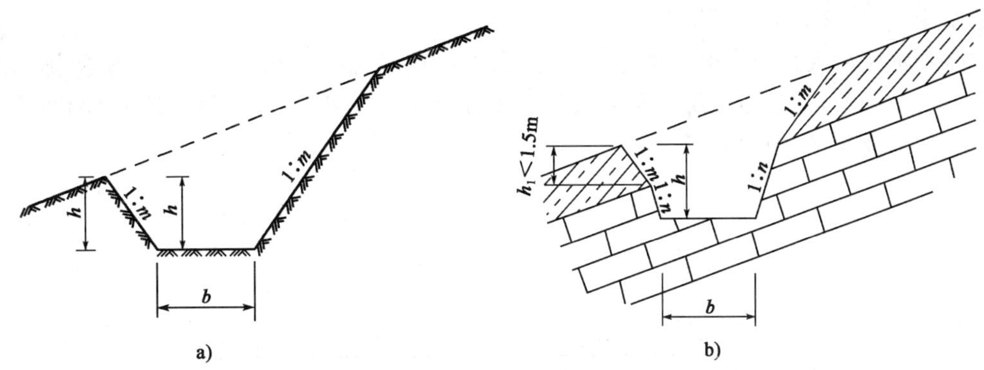

图4-9　截水沟的常见断面形式

a）土质截水沟；b）石质截水沟

2. 截水沟的施工要求

（1）在无弃土堆的情况下，截水沟的边缘离挖方路基坡顶的距离视土质而定，以不影响边坡稳定为原则：如果是一般土质，至少应离开5m，黄土地区不应小于10m并应进行防渗加固。截水沟挖出的土，可在路堑与截水沟之间修成土台并进行夯实，台顶应筑成2%倾向截水沟的横坡。

（2）路基上方有弃土堆时，截水沟应距离弃土堆坡脚1～5m，弃土堆坡脚距离挖方路基坡顶不应小于10m，弃土堆顶部应设2%倾向截水沟的横坡，如图4-10所示。

（3）山坡上路堤的截水沟距离路堤坡脚至少2m，并用挖截水沟的土填在路堤与截水沟之间，修筑向截水沟倾斜坡度为2%的护坡道或土台，使路堤内侧地面水流入截水沟排出，如图4-11所示。

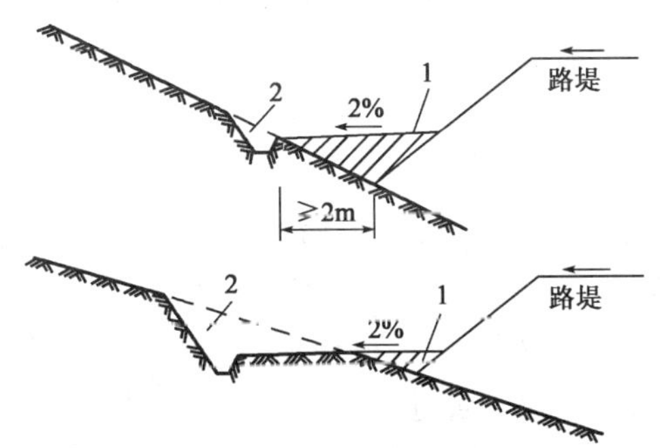

图4-10　填方路段上的截水沟示意图

1-土台；2-截水沟

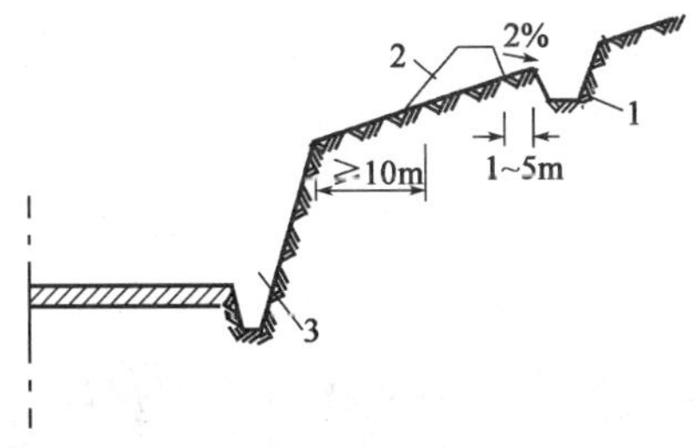

图4-11　挖方路段弃土堆与截水沟关系图

1-截水沟；2-弃土堆；3-边沟

（4）截水沟内的水流应排入所在山坡一侧的自然沟或直接引入桥涵进口处。

（5）截水沟长度超过500m时，应选择适当地点设出水口，必要时需设置排水沟、跌水或急流槽。

三、排水沟

1. 排水沟的构造形式及适用范围

设置排水沟的目的，在于将水流从路基排至路基范围以外的低洼处或排水设施中。在平原微丘区，当原有地面沟渠蜿蜒曲折，并且影响路基稳定时，可用排水沟来改善沟渠线路。有时为了减少涵洞数量，也使用排水沟来合并沟渠。

排水沟多为梯形断面，底宽不小于0.5m，边坡坡度通常为1∶1～1∶1.5。排水沟的沟底纵坡一般不小于0.5%。

排水沟水流注入其他沟渠或水道时，应使原水道不产生冲刷或淤积。通常应使排水沟与原水道两者呈锐角相交，即交角不大于45°，有条件可用半径 $R=10b$（b 为沟顶宽）的圆曲线朝下游与其他水道相接，如图4-12所示。

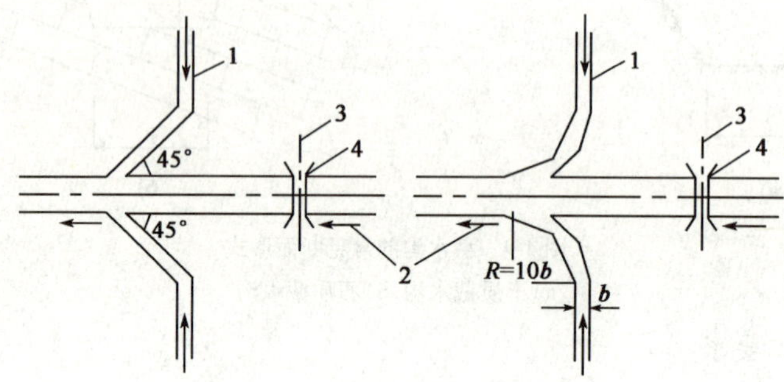

图4-12　排水沟与水道衔接示意图

1-排水沟；2-其他渠道；3-路基中心线；4-桥涵

2. 排水沟施工要求

（1）排水沟的具体位置与地形有关，线形要求平顺。排水沟长度不宜超过500m，以免流量过大造成漫溢。

（2）当排水沟的水流速度大于沟底、沟壁土的容许冲刷流速时，应采取加固措施。

（3）排水沟的出水口，应设置跌水和急流槽将水流引出路基或引入自然排水系统。当排水沟中的水流入河道或沟渠时，应避免产生冲刷或淤积。

四、跌水与急流槽

设置于需要排水的高差较大而距离较短或坡度陡峻地段的阶梯形构筑物，称为跌水。如图4-13所示，其作用主要是降低流速和消减水的能量。急流槽是具有很陡坡度的水槽，如图4-14所示。其作用主要是在很短的距离内，水面落差很大的情况下进行排水。一般在重丘、山岭地区，地形险峻，排水沟渠纵坡较陡，水流湍急，冲刷力强，为减小其流速，降低其能量，防止对路基造成危害，多采用跌水或急流槽。沟底纵坡较陡的桥涵，为使水流稳定而顺利通过，也可将其涵底及涵洞进出水口做成跌水或急流槽。此外，若必须沿高边坡将水流排至坡脚，可将截水沟接向边沟，为避免边坡受到冲刷，以及需要减速消能的排水设施时，均可采用跌水或急流槽，见图4-15。

图4-13　跌水设置图

从水利计算特点出发，跌水和急流槽的构造分为进水、槽身、出水三部分。

图 4-14 急流槽设置图

图 4-15 边沟与急流槽设置

工作任务二 地下排水设施施工

地下排水设施是指处治地下水的工程设施。地下水对路基的危害是很大的，在路基施工时应查清并采取排水措施。排除地下水一般是以导流为主，不宜采取堵塞的办法。

由于地下排水设施设置于地面以下，不易维修，建成后难以查明失效情况，因此在施工及质量检测过程中，应予以高度重视，严格按设计要求施工。

常见的地下排水设施有暗沟、渗沟、渗井等。

一、暗沟

1. 暗沟的构造形式及适用范围

暗沟是设在地面以下引导水流的沟渠，无渗水和汇水的功能。当路基范围内遇有个别泉眼，泉水外涌，路线不能避开时，为将泉水引出路基，需要修建暗沟。

图 4-16 所示为一侧边沟下面所设的暗沟，用以拦截流向路基的层间水，防止路基边坡滑塌和毛细水上升危及路基的强度和稳定性。

图 4-17 所示为路基两侧边沟下面均设暗沟，用以降低地下水位，防止毛细水上升至路基工作区范围内，形成水分积聚而造成冻胀和翻浆，或土基过湿而降低强度等。

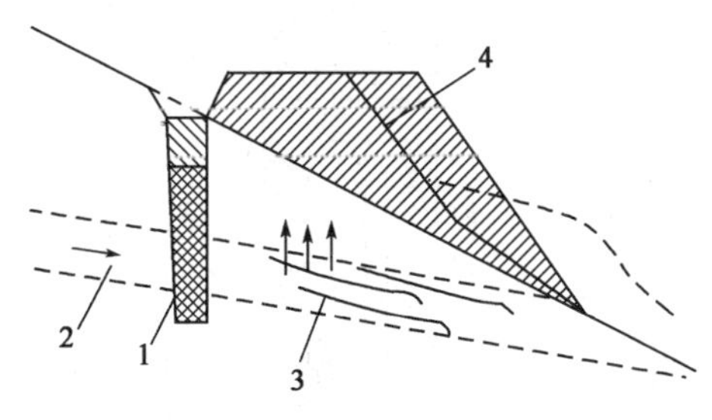

图 4-16 一侧边沟下设暗沟

1-暗沟；2-层间水；3-毛细水；4-可能滑坡线

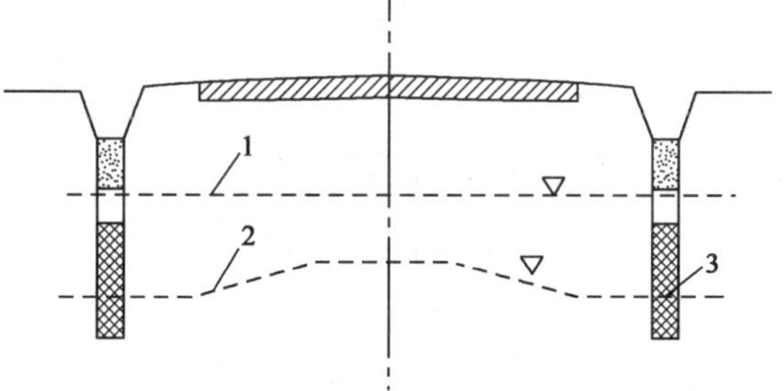

图 4-17 两侧边沟下设暗沟

1-原地下水位；2-降低后的地下水位；3-暗沟

暗沟的构造较简单，在路基填土之前，或挖出泉眼之后，按照泉眼范围大小，剥除泉眼上层浮土，挖出泉井，砌筑井壁与沟壁，上盖混凝土或石盖板。暗沟盖板板顶上填土厚度应大于 500mm。

2. 暗沟施工要求

(1)沟底必须埋入不透水层,沟壁最低一排渗水孔应高出沟底至少 200 mm。

(2)沟底纵坡应大于 0.5%,出水口处应加大纵坡,并高出地表排水沟常水位 200mm 以上。

(3)施工一般由下游向上游进行,并随挖、随撑、随填。

(4)沟壁外侧应填筑粗粒透水性材料或土工合成材料形成反滤层。

(5)沿沟槽底每隔 10 ~ 15m 或在软硬岩层分界处应设置沉降缝和伸缩缝,缝中应填塞沥青麻絮或浸透沥青的木板或土工合成弹性材料,使其不致漏水。

(6)应防止泥土或砂粒落入沟槽或泉眼,以免堵塞。

图 4-18　渗沟设置图

二、渗沟

采用渗透方式将地下水汇集于沟内,并通过沟底通道将地下水排到指定区域的地下排水设施称为渗沟。渗沟的作用是拦截汇集流向路基的地下水,并排至路基范围以外,使路基土保持干燥,如图 4-18 所示。

1. 渗沟的构造形式及适用范围

渗沟可设于路基边沟下面、边坡上或横穿路基。各类渗沟由排水层(或管、洞)、反滤层和封闭层组成。

根据构造的不同,常见的渗沟有填石渗沟(盲沟)、管式渗沟和洞式渗沟等。

(1)填石渗沟(盲沟)

填石渗沟(盲沟)一般用于流量不大、地下引水不长的地段。填石渗沟断面通常为矩形或梯形,构造如图 4-19a)所示。

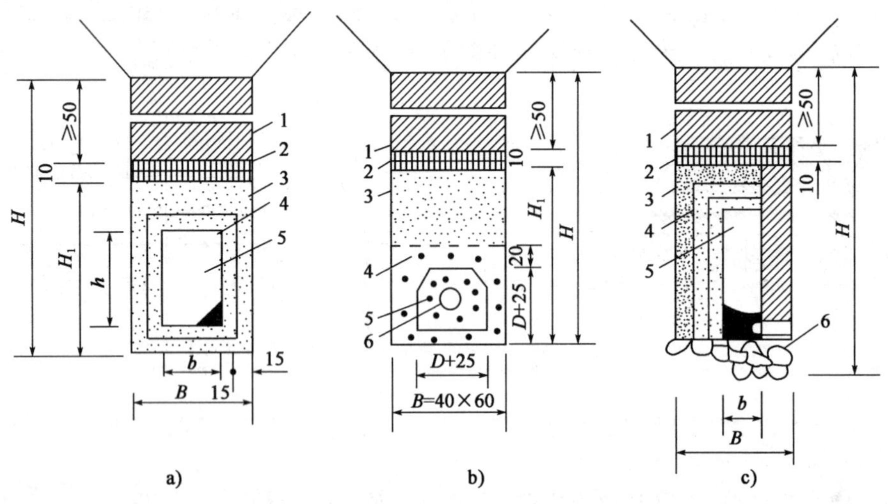

图 4-19　渗沟构造图(尺寸单位:cm)

a)填石渗沟;b)管式渗沟;c)洞式渗沟

1-夯实黏土;2-双层反铺草皮;3-粗砂;4-石屑;5-碎石;6-浆砌片石沟洞

(2)管式渗沟

管式渗沟设于地下引水较长的地段。管式渗沟的构造如图4-19b)所示。管式渗沟的泄水管可用陶瓷、混凝土、石棉、水泥或塑料材料制成，管壁应设泄水孔。泄水孔应在管壁上交错布置，间距不宜大于200mm。

(3)洞式渗沟

洞式渗沟适用于地下水流量较大的地段，构造如图4-19c)所示。洞壁一般采用浆砌片石；洞顶应用盖板覆盖，盖板之间应留有空隙，使地下水能够流入洞内。

2. 渗沟施工工艺

渗沟施工工艺流程如图4-20所示。

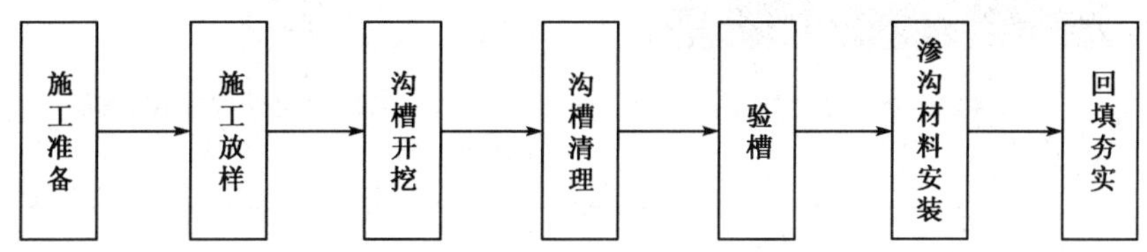

图4-20　渗沟施工工艺流程图

3. 渗沟施工要求

(1)渗沟的基底应埋入不透水层，沟壁的一侧应设反滤层汇集水流，另一侧用黏土夯实或浆砌片石拦截水流。如渗沟沟底不能埋入不透水层时，两侧沟壁均应设置反滤层。

(2)渗沟通常为矩形或梯形，在沟的底部和中部用较大碎石或卵石(粒径30～50mm)填筑，在碎石或卵石额两侧和上部，按一定比例分层(层厚约150mm)，并填较细颗粒的粒料(中砂、粗砂、砾石)，做成反滤层。逐层的粒径比例，大致按4∶1递减。砂石料颗粒小于0.15mm的含量不应大于5%。或用土工合成材料包裹有孔的硬塑料管，管四周填以大于硬塑料孔径的等粒径碎、砾石，组成渗沟。

(3)渗沟顶部应设置封闭层，封闭层宜采用浆砌片石或干砌片石水泥砂浆勾缝；寒冷地区应设保温层，并加大出水口附件纵坡。

(4)渗沟宜从下游向上游开挖，并应随挖随支撑，及时回填，不可暴露太久。

三、渗井

1. 渗井的构造形式及适用范围

当路基附近的地面水或浅层地下水无法排除，而距地面不深处有渗透性土层，且地下水流向背离路基，地面水流量不大时，设置的立式排水设施称为渗井。如图4-21所示。

圆形渗井的结构与布置如图4-22所示，渗井上部为集水结构，下部为排水结构。

2. 渗井施工工艺

渗井施工工艺流程如图4-23所示。

3. 渗井施工要求

(1)渗井直径一般为0.5～0.6m，井深应保证将地面水或浅层地下水引入透水层中。

(2)井内填充砂石料，按单一粒径分层填筑。下层透水层范围内填碎石或卵石，上层不透水范围内填砂或砾石。

(3)渗井顶部四周用黏土填筑围护,井顶应加盖封闭。

(4)渗井开挖应随挖随支撑,及时回填,确保施工安全顺利。

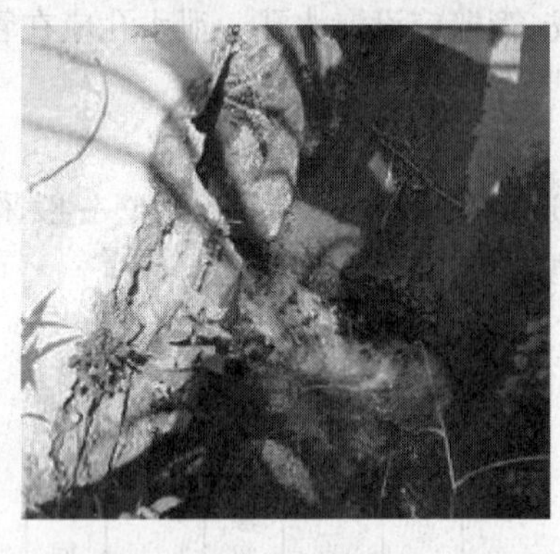

图 4-21 渗井设置图

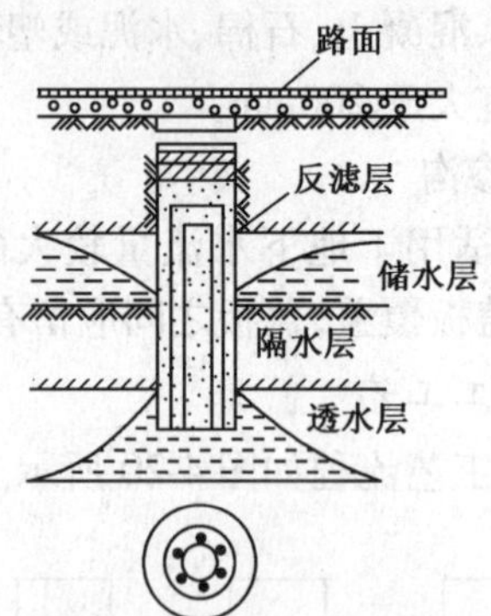

图 4-22 渗井结构与布置实例

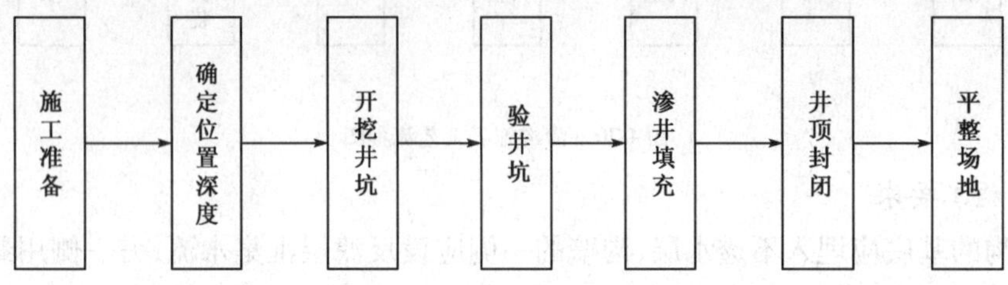

图 4-23 渗井施工工艺流程图

工作任务三 涵 洞 施 工

涵洞是地表排水设施中的重要结构物,它的主要功能见表 4-3。

在路基施工中,常见的涵洞类型有盖板涵、拱涵、圆管涵、箱涵、倒虹吸,这里仅对最常见的盖板涵(图 4-24)的施工方法作介绍,其他类型的涵洞见其他书籍。

涵洞主要功能　表 4-3

功　能	说　明
排水	将排水沟、边沟、截水沟的水流汇入涵洞,排出路基以外
泄洪	将山坡坡面汇水引入涵洞,排出路基以外
灌溉	恢复原有沟渠,灌溉农田,满足农业生产需要

图 4-24 盖板涵

一、盖板涵施工程序

施工顺序:测量放样→基础开挖→清理基底→基础钢筋安装→浇筑基础→浇筑墙身→安装盖板→台背回填→洞口施工,见图 4-25 ~ 图 4-34。

图 4-25　基坑开挖

图 4-26　基底承载力试验

a)

b)

图 4-27　基础浇筑混凝土

图 4-28　绑扎墙身钢筋

二、盖板涵施工方法

1. 准备工作

涵洞开工前应根据设计文件资料进行现场核对，核对时还需注意农用排灌要求。如需要变更设计时,按变更程序进行办理;对地形复杂、陡峻沟谷处的涵洞,斜交涵洞,平曲线和纵坡上涵洞,应先绘制出施工详图,然后再依图放样施工。

图4-29 墙身立模

图4-30 墙身拆模

图4-31 涵洞防腐

图4-32 墙身成型

图4-33 浇筑盖板

图4-34 涵洞成型

2. 测量放样

基础的底宽为基础的尺寸加上两侧预留排水或砌筑站人的宽度,根据土的类别和深度,确定挖基坡度,算出上口宽,画出开挖范围,钉好桩橛。在施工场地附近设置控制桩和照查桩,以便经常核对涵洞位置。涵洞测量放样时应注意以下事项:

(1)注意核对涵洞纵横轴线的地形剖面图是否与设计图相符。

(2)注意涵洞的长度、涵底高程的正确性。

(3)对斜交涵洞、曲线上和陡坡上的涵洞,应考虑交角、加宽、超高和纵坡对涵洞具体位置、尺寸的影响。

(4)注意锥坡、翼墙、一字墙和涵洞墙身顶部和上下调治构造物的位置、方向、长度、高度、坡度,使之符合技术要求。

3. 挖基

根据测量放样出的挖基施工范围,进行开挖(图4-25)。如果基础土石方量很大,则采用人工配合机械施工;如果遇到岩石,则需进行松动爆破,然后人工处理。爆破必须严格采用松动爆破,避免药量过大导致基底岩层被破坏。

4. 清理基础

基础开挖完成后,对基底进行全面清理,石质基底可用水进行清洗,土质基底须清扫干净,然后按照基底设计高程进行复核,同时进行基底承载力试验(图4-26)。

5. 立侧模、线架

基坑测量结果和承载力均达到设计要求后,根据基础钢筋混凝土的形式,做出样板、线架;有关的各部尺寸、变化点的高程,要标定在线架与样板上,施工中可经常检查、核对,能较好地控制施工质量。

6. 浇筑混凝土(基础和墙身)

混凝土采用混凝土搅拌机集中拌和,罐车运输进行浇筑。混凝土应分段分层浇筑,上层混凝土在下层混凝土初凝前完成浇筑。上下层同时浇筑时,上层与下层前后浇筑距离应保持在1.5m以上。混凝土的振捣使用插入式振动器振捣。在振捣过程中,移动的间距不超过振动器作用半径的1.5倍,振动器应插入下层混凝 ±50~100mm,布点要均匀,以保证混凝土的密实性。分段混凝土应一次性连续浇筑,当混凝土浇筑至模板顶后,及时清除表面已离析的混合物和水泥浮浆。浇筑涵洞基础和涵台墙身时,根据现场基底情况每4~10m设置一道沉降缝。沉降缝宽度为2cm,沉降缝两端面应保持竖直、平整、上下不得交错,缝间采用沥青麻絮填塞(图4-27)。

7. 盖板的预制

钢筋混凝土盖板采取集中预制,对正交涵洞预制时仅对底模尺寸进行变换即可。当涵洞为斜交时,将洞口盖板预制为梯形即可。具体施工工艺如下:

(1)对盖板底模和侧模进行打磨,除去锈迹和局部疤痕,然后在模板上涂抹脱模剂,最后安装模板,测量尺寸和角度。

(2)在安装好的模板内绑扎钢筋(图4-28)。安装钢筋时注意将事先制作好的混凝土块(3~4cm)平稳地安放在底层钢筋下,使钢筋保持设计规定的净保护层间距。

(3)钢筋安装完毕后复核盖板长度、宽度及角度,如果符合要求,可以开始浇筑混凝土。浇筑时振捣必须密实,同一块板一次性浇筑完毕,并对表面进行找平清光,对超出侧模的混凝土予以清除,保持盖板厚度一致。

(4)当盖板的强度达到设计强度的90%后方能脱模搬运存放,盖板在存放时采用两点搁置（方木支垫于支撑线位置），不得翻转。

8. 盖板的安装

当涵台的强度达到设计强度的90%时，即可安装盖板。安装时采用汽车吊运安装，施工中注意以下事项：

（1）盖板在装卸和运输过程中，应注意安放平稳，以防碰撞破坏盖板表面和棱角。

（2）安装前，先清扫涵台顶的污物和杂尘，将涵台顶湿润，摊铺一层砂浆，然后将盖板安放就位。

（3）盖板在墙身和基础沉降缝处断开，沉降缝两侧的盖板采用沥青麻絮进行填塞，其余盖板之间采用M30水泥砂浆充填。

（4）盖板安装完毕后采用M30水泥砂浆充填台背与盖板间的空隙。

9. 台背回填和涵顶填土

盖板填缝强度90%后即可进行台背回填。台背回填在不小于2倍台高范围内，采用透水性较好的砂质土和砂粒石土，不得采用含有泥草或冻土块的土。回填土应对称分层夯实、分层检查，每一压实层的松铺厚度不宜超过15cm。回填时，涵洞两侧的填土与压实应对称进行，填土碾压先用小型手扶振动夯或手扶振动压路机碾压，在涵顶以上50cm范围内采用轻型静载压路机碾压。涵洞顶部至路床顶面的压实度均为95%。

10. 洞口工程

洞口工程包括跌水井、八字翼墙、墙锥（一字端）坡等形式，施工时应注意以下事项：

（1）涵洞进出口采用锥坡时，一字翼墙与洞身一起浇筑，采用跌水井、八字翼墙时均应与洞身分开砌筑，连接缝内填充沥青麻絮。

（2）洞口帽石，可按涵洞孔径预制或现场浇筑。

（3）涵洞进出口铺筑，排水设施应做好与路基排水沟、原有沟渠的顺应连接，保持涵洞排水流畅。

三、软土地基涵洞基础的处理

在涵洞基坑开挖后，经检测地基承载能力达不到设计要求时，结合实际情况选用下列处理方案进行地基处理。

1. 基坑超挖

在基坑开挖后，经检测地基承载能力达不到设计要求，可根据检测实际的地质情况进行判定下层的土质情况，在监理工程师的许可下进行基坑的超挖。若以下地基的承载能力满足设计要求，即可进行基础的施工。

2. 换填

在基坑超挖后仍不能满足设计要求时，可扩大基坑的开挖面积，砌筑浆砌片石或干砌片石，再铺设碎石垫层，使涵洞的地基应力扩散。经验算满足地基的承载能力后，可进行基础的砌筑。

3. 钢筋混凝土基础

在砌筑浆砌或干砌片石、铺设碎石垫层后，基底应力仍然满足不了设计要求，可考虑将原浆砌基础变更为钢筋混凝土整体式基础，使路基填筑后涵洞能够均匀沉降。

【工程范例】

衡阳至桂阳高速公路某合同段排水工程施工方案

一、工程概况

1. 概述

本合同段为衡阳至桂阳高速公路某合同段，公路起点顺接第×合同段终点（K3 +620），路线由北往南，在新发村吴古组跨越乡道 Y190，经车江镇高田村、松江镇基趾村，在松江镇矮市村跨越乡道 Y197，而后经松江镇杨楼村，在栗江镇四星村设置衡南停车区，终点桩号 K10 +820，路线全长 7.2km。

2. K8 +000 ~ K10 +820 段排水工程分项工程量

K8 +000 ~ K10 +820 段路基排水工程主要由路堤边沟、路堑边沟、排水沟（指引入近处自然水系的排水沟）、截水沟、急流槽（含桥台急流槽、填挖过渡急流槽、截水沟—边沟处急流槽等）及挖方段渗沟等组成完整排水系统，并与自然河沟顺接。

本路段内共有路堑边沟 1 990m；路堤边沟 1 358m；平台截水沟 1 080m；急流槽 19m/1 处；排水沟 28m/2 处；渗沟 21 990m；边坡平台急流槽 261.58m/29 处。具体工程量见后述统计表。

在实际施工过程中依据现场情况进行适宜的变更，以保证整个排水系统更加合理。

二、施工准备

路基排水工程施工前校核全线排水设计是否完善、合理，必要时应提出补充和修改意见，使全线的沟渠、管道、桥涵组合成完整的排水系统。临时排水设施应尽量与永久排水设施相结合。排水方案应因地制宜、经济实用。

1. 材料准备

（1）石料的准备及技术要求

确定用于排水工程浆砌的片石料场。石料质量符合下列要求：

①石料符合设计或规范规定的类别和强度，石质均匀、不易风化、无裂纹。所有进场用于浆砌工程的石料均必须经由工点施工员、项目经理部试验工程师检验合格后方可使用；本项目工程严禁使用“红砂岩”。

②本项目使用的“片石”，指用爆破或楔劈法开采的石块，厚度不应小于 150mm（卵形和薄片者不得采用）；用做镶面的片石，应选择表面较平整、尺寸较大者，并应稍加修整。

③本项目使用的“块石”，形状应大致方正，上下面大致平整，厚度 200 ~ 300mm，宽度约为厚度的 1.0 ~ 1.5 倍，长度约为厚度的 1.5 ~ 3.0 倍（如有锋棱锐角，应敲除）。块石用做镶面时，应由外露面四周向内稍加修凿，后部可不修凿，但应略小于修凿部。

（2）混凝土预制块

混凝土预制块砌体形状、尺寸应统一，其强度、断面尺寸必须严格符合施工图设计要求，砌块表面应整齐美观。

本合同段小型预制构件已由业主指定由一合同段统一预制。

(3)砂浆的技术要求

①各工点砌筑用砂浆均为 M7.5 水泥砂浆。

②砂浆中所用水泥、砂、水等材料的质量须经项目经理部试验工程师检验合格。砂的最大粒径,当用于砌筑片石时,不宜超过 5mm;当用于砌筑块石、粗料石时,不宜超过 2.5mm。砂的含泥量不应超过 5%;水泥应为业主认可入围厂家的水泥。

③砂浆有良好的和易性,其稠度满足工艺要求。

④砂浆配制应采用质量比;拌制砂浆时,必须严格按配合比用磅秤或经标定的量具进行取料拌制。

⑤砂浆应随拌随用,保持适宜的稠度,一般宜在 3 ~ 4h 内使用完毕;气温超过 30℃时,宜在 2 ~ 3h 内使用完毕。在运输过程或在砂浆池中发生离析、泌水的砂浆,砌筑前应重新拌和;已凝结的砂浆,不得使用。

(4)混凝土的技术要求

①根据路基、路面通用图要求,路堑边沟盖板采用 C30 钢筋混凝土预制,路堑渗沟沟底采用 C15 混凝土。

②混凝土中所用水泥、砂、水等材料的质量须经项目经理部试验工程师检验合格。

③混凝土有良好的和易性,其稠度满足工艺要求。

④混凝土拌和由拌和站集中供应,采用混凝土罐车运送各个施工现场。

(5)回填材料

渗沟及路堑边沟采用透水性良好的砂砾回填。

2. 施工机具准备

(1)砂浆必须使用机械拌制,配备砂浆搅拌机作业。

(2)工点均配置磅秤等计量器具,以对每盘砂浆的拌制材料(砂、水泥、水)进行准确计量(砂称量允许误差 ±2%、水泥及水称量允许误差 ±1%)。

(3)浆砌工程施工常用工器具齐全,满足工艺作业要求,能保证施工质量。

3. 临时设施布置、准备

(1)所有浆砌工点水泥存放时下垫 30 ~ 50cm 墩防潮,上覆防水油布或多层彩条布;且水泥存放处周边应布置排水沟、截水沟。

(2)堆放片石场地先行用砂砾进行铺垫,防止片石被泥土污染;使用砂子时,底部夹有泥渣的均予以废弃。

(3)工点的高基坑或工作面高于 2m 时,工点负责人必须按现场工程师、项目部安全工程师要求设置安全护栏;必要时设置基坑上下台阶或搭设工作走道。

(4)工点应搭设临时工棚,以便看护材料。

(5)工点所有材料、机具堆放整齐划一,生活、施工垃圾及时处理。

(6)工点材料(水泥、砂)应设置材料标识牌。

4. 人员配置及其岗位工作职责

排水浆砌施工人员全部进场,浆砌砌筑作业人员均已到位,以后施工中,视工程进度需要而逐步增加人员。

排水工程施工主要管理责任人一览表(略)。

三、工期进度计划

计划开工日期:2010 年 5 月 1 日,竣工日期:2010 年 11 月 30 日,工期为 214d。

四、施工方案、方法

1. 路堑边沟选形、施工工艺及质量控制要点

路堑边沟:路堑渗沟完成后,方可进行路堑边沟的砌筑。

主线挖方边沟长度小于 300m 路段时,采用 60cm × 80cm 矩形边沟;挖方边沟长度大于 300m 且边坡汇水量较大的路段采用 80cm × 80cm 矩形边沟;沟身均采用 40cm 厚 M7.5 浆砌片石砌筑。沟顶覆盖 C30 混凝土预制盖板。

根据施工图纸要求,路堑边沟均采用 60cm × 80cm 的矩形边沟;路基路面通用图,设计图纸号 S3-37-1-B1 型(部分路段路堑边沟统计见表 4-4)。

K8 + 000 ~ K10 + 820 段路堑边沟统计表 表 4-4

序　号	起点桩号	讫点桩号	位　置	长度(m)	采用图纸编号
1	K8 + 000	K8 + 030	右侧	30	S3-37-I-BI
2	K8 + 320	K8 + 460	左侧	140	
3	K8 + 350	K8 + 390	右侧	40	
4	K8 + 520	K8 + 590	右侧	70	

(1)路堑边沟施工工艺

测量放样→夯实基槽→砌体施工→砌体勾缝→养护→C15 现浇小石子混凝土→养护→C30 混凝土盖板安装→检查验收。

(2)质量控制要点

M7.5 浆砌片石施工质量控制要点同路堤边沟。

C15 现浇小石子混凝土,用竹胶板分段装模,并在伸缩缝处断开,并保证线形顺直美观,结构尺寸满足设计要求,以便于预制盖板的安装。

C30 混凝土预制盖板统一在 3 号拌和站场地预制。预制场地应平整,底模采用薄铁皮铺平,侧模板采用竹胶板制作。预留孔视情况采用木方加工成孔的外形,在其周边包裹铁皮加工制作。

视具体情况,考虑是否在内侧沟身预留横向排水管道出口,以保证挖方段路面排水更顺畅。

2. 路堤边沟选型、施工工艺及质量控制要点

填方路堤一般路段设置 60cm × 60cm 的梯形边沟,采用 30cm 厚 M7.5 浆砌片石铺砌,沟底纵坡坡度不小于 0.3%,边沟出水口的间距应不超过 300m。

(1)路基边沟工程施工工艺

测量放样→基槽开挖→夯实基槽→砌体施工→砌体勾缝→养护→检查验收。

(2)测量放样

仔细对施工图纸进行复查,领会设计意图。根据设计图纸进行施工放样,并应挂线施工,以保证线形和表面平整度。

(3)基坑开挖

边沟基坑开挖采用机械开挖,在距离基底 30cm 时,人工配合开挖、整修并夯实基坑,排水边沟的整修应挂线进行。对各种水沟的纵坡应用仪器检测,修整到符合图纸及规范要求。如果砌体底基面或坡面土层松软,还应对基面的松散土层、浮土进行夯实处理。对于反开挖的路基边沟,土基的压实度应与同层路基土压实度相同,对于培土路基边坡、边沟侧墙应尤其加以夯实,直到土体稳定,否则会因土基下沉而使砌体产生裂缝,影响砌体的整体稳定性。各种水沟的纵坡,应按图纸及规范要求施工,如有少部超挖的地方应用符合要求的填料回填夯实。在雨季施工过程中,为保证坑内积水不影响施工,基坑内每隔一段距离设置集水井一个,并配备抽水机抽水。

基底检查内容为:平面尺寸、轴线、高程是否符合设计要求,开挖过程中有关施工记录及测量资料等。

(4)砂浆的拌和

根据批准的理论配合比和现场砂的含水率确定施工配合比,现场应采用磅秤称量各种材料的质量。砂浆的拌制应采用机械集中拌和,拌和时间一般为 3 ~ 5min。砂浆的运输机械应不漏水,避免砂浆在运输过程中离析、泌水,如发现离析应重新拌和。为保证砂浆有一定的稠度和和易性,已拌和的砂浆应尽快用完;对于已凝结的砂浆,不准加水重新拌和使用。

(5)砌体施工

水沟砌筑时,应按水沟的内轮廓尺寸,每砌筑段最少加工两个检查尺(断面架),并挂线施工,随时校验沟槽砌筑线形质量。

砌筑边沟及排水沟时,应先砌边沟底板,再砌侧墙。砌筑前应先将片石浇水湿润,以便与砂浆较好黏结。如果砌体基面为石质,则在砌筑前还应将基面润湿,然后铺上砂浆坐浆砌筑第一层片石;如果基面为土质或有砂、碎石垫层时,应将基面夯实整平。在砌筑第一层片石时可不采用坐浆,直接砌筑。第一层片石应大面朝向基面,以保证和基面有足够的接触面积;如果片石和基面有空隙,应填以砂浆或小石块。在进行第二层片石砌筑时,必须采用坐浆砌筑,即先在第一层铺适当厚度的砂浆,然后安放第二层片石,并保证片石之间无脱空及石块直接接触的情况。同层内的第一块片石应尽量咬合,不同层间片石错缝应合理,竖缝应错开布置,除沉降缝外,不得上下贯通,砌缝宽度一般不大于 40mm。以砂浆灌缝时,应保证砂浆饱满,并在灌浆过程中用钢钎捣实。片石不宜"立砌"(即将片石垂直于基面的方向摆放),以免因砌缝多而影响砌体的整体强度。

较大的砌块应使用于下层铺垫,砌筑时应选取形状及尺寸较为合适的砌块,尖锐突出部分应敲掉。竖缝较宽时,应在砂浆中塞以小石块,不得在石块下面用高于砂浆砌缝的小石片支垫。

各砌层的砌块应安放稳固,砌块间砂浆饱满,黏结牢固,不得直接贴靠或脱空。砌筑时,底浆应铺满,竖缝砂浆应先在已砌石块侧面铺放一部分,然后于石块放好后填满捣实。边沟、排水沟过长时应分段砌筑,每 10 ~ 15m 设置一道沉降缝,待砌体有一定强度后全断面填塞沥青麻絮。沉降缝应垂直,施工时要防止沉降缝板前后扭曲变形,严格控制每节段的尺寸,沉降缝两侧块石不要相互接触,以免使沉降缝失效。

3. 排水沟布置、施工工艺及质量控制要点

排水沟的主要作用是将路堤边沟水引入附近自然沟。排水沟开挖前应复核路堤边沟沟底高程和相邻自然沟沟底高程,以免形成积水和倒灌。

本段共设置 2 处排水沟，桩号为 K9 +040 左侧和 K9 +840 左侧。排水沟施工图采用 S3-2-27-2（表 4-5）。

K8 +000 ~ K10 +820 段排水沟统计表 表 4-5

序　　号	桩　　号	位　　置	长度（m）	采用图纸编号
1	K9 +040	左侧	8	S3-2-27-2
2	K9 +840	左侧	20	
合计			28	

施工工艺及质量控制要点同路堤边沟。

4. 截水沟（预制件）布置、施工工艺及质量控制要点

（1）平台截水沟的布置

平台截水沟用于拦截上方坡面流水并将其排出边坡外，截水沟尺寸根据汇水量的大小设置为 30cm × 30cm 的矩形；平台截水沟一般每 50m 左右设开口一处（集水井），并埋设 DN160mm 的 PV 塑料管，将水引入骨架护坡的流水槽内。

对于路堑分级边坡，设置平台及平台截水沟，并设置平台急流槽，排除坡面水。土质挖方路段平台截水沟尺寸为 30cm × 10cm，采用 C20 混凝土预制块（壁厚 8cm），其外侧沟壁的边坡率与相应的路堑边坡相同；石质挖方路段采用 30cm × 30cm 的矩形，C20 预制块（壁厚 8cm）。

本合同段主要设置石质平台截水沟，截水沟采用形式为 30cm × 30cm 的矩形 C20 混凝土预制块（壁厚 8cm），图纸号为 S3-37-4-A。

（2）平台截水沟施工工艺

测量放样→基槽开挖→夯实基槽→C20 混凝土预制块安装→预制块勾缝→养护→检查验收。

（3）质量控制要点

①基槽开挖应平整，必要时采用空压机辅以人工凿平红砂岩。流水方向应两侧向边坡平台急流槽汇水。

②在截水沟与边坡平台急流槽接口处，应事先预留出口，并埋设 DN160mm 的 PVC 塑料管。

③预制块的安装应带线，使之直顺。预制块之间用 M10 水泥砂浆勾缝。沟缝应直顺、饱满。

5. 急流槽布置、施工工艺及质量控制要点

（1）急流槽的布置

当水流通过坡度大于 10%，水头高差大于 1.0 m 的陡坡地段时，宜设置急流槽；当地面呈台阶状，或为方便截水沟检修时，宜设置成跌水。急流槽主要设置在截水沟出口、一级路堑边沟与路堤边沟交界处。

急流槽分为 M7.5 浆砌片石急流槽、C20 混凝土预制块急流槽（边坡平台急流槽）、横向排水出口处急流槽。

M7.5 砌片石急流槽主要用于填挖交界处、桥头。M7.5 砌片本段共有一处急流槽，为 K8 +880 ~ K8 +900；右侧为填挖交界处急流槽，形式为 40cm × 70cm 矩形，采用图纸号 S3-37-3。

C20 预制块边坡平台急流槽主要用于平台截水沟的排水，为 30cm×30cm 矩形，采用图纸号 S3-37-4。本段共有 18 处边坡平台急流槽，位置详见工程数量表(略)。

横向排水出口处急流槽主要将路面集水井经横向排水管引入路堤边沟。结构形式为 M7.5 浆砌片石，30cm×40cm 矩形，采用图纸号 S3-37-9。

(2)急流槽施工工艺

①测量放样→基槽开挖→夯实基槽→砌体砌筑→砌体勾缝→养护→检查验收。

②测量放样→基槽开挖→夯实基槽→C20 混凝土预制块安装→预制块勾缝→养护→检查验收。

(3)施工质量控制要点

①横向排水管出口处急流槽接路堤边沟时，应预留路堤边沟缺口，以便相接。急流槽施工时，应自下而上砌筑。砌筑槽身前，先将防滑平台砌筑完成。

②边坡平台急流槽安装 C20 混凝土预制块后，用钢筋将 DN160mmPVC 管固定。

③急流槽槽身每 6～8m 设置一道伸缩缝，缝内用沥青麻絮嵌塞 0.15m。

④槽身底栽卵石使其粗糙。

K8+000～K10+820 段边坡平台排水急流槽统计表(略)。

6. 渗沟布置、施工工艺及质量控制要点

渗沟主要设置在路堑边沟之下，当位置不在边沟下时，也可参照使用。当填挖交界山体渗水严重时，可考虑增设渗沟将地下水排出路基范围内。本段渗沟采用图纸号 S3-37-5-A。

具体工程量(略)。

(1)渗沟施工工艺

测量放样→基槽开挖→夯实基槽→C15 混凝土铺底→安装 ϕ100mmHPDE→养护→铺土工布→回填碎砾石→检查验收。

(2)渗沟施工质量控制要点

①渗沟用回填碎砾石，级配采用 2～4cm，碎砾石应清洁，不含大颗粒泥土、树根等杂物。

②渗沟用土工布包裹，除底部外，全周包裹。回填碎砾石后，两侧合龙。

7. 浆砌体的勾缝、养生及冬期、雨季施工措施

(1)勾缝及养生控制

为保证浆砌片石砌体的整体强度，防止砌体渗水漏水，避免冲蚀，应及时进行勾缝。勾缝前事先要剔缝，将灰缝剔深 20～30mm，墙面用水喷洒湿润，不整齐处应修整。浆砌片石勾缝砂浆为 M10，勾缝形式采用凹缝，勾缝应嵌入到砌缝隙内不小于 2cm，严禁勾“假缝”。砌体砂浆凝固之后即开始养生，养护期限视温度而定，一般不少于 7d。砌体在养生期内，应保温，一般应洒水养护；当温度低于 5℃时，禁止向砌体洒水，只能保温。砌体养护时，可以用沿线土覆盖，养生期后再将土清除。

(2)夏季、雨季和冬期施工措施

砌体在夏天温度较高时施工，应对砂浆进行控制，砂浆拌和后应在 2～3h 内用完，已凝固的砂浆不能二次拌和使用。砌体雨季施工应避免砂浆凝前受雨水冲蚀，工作场地应准备防雨设施。浆砌片石在冬期施工时应避免受冻，因此要做好砌体砌筑和养护的保温措施，必要时可将砂子和水加温或采用抗冻砂浆砌筑。

8. 施工工艺框图

施工工艺框图见图4-35。

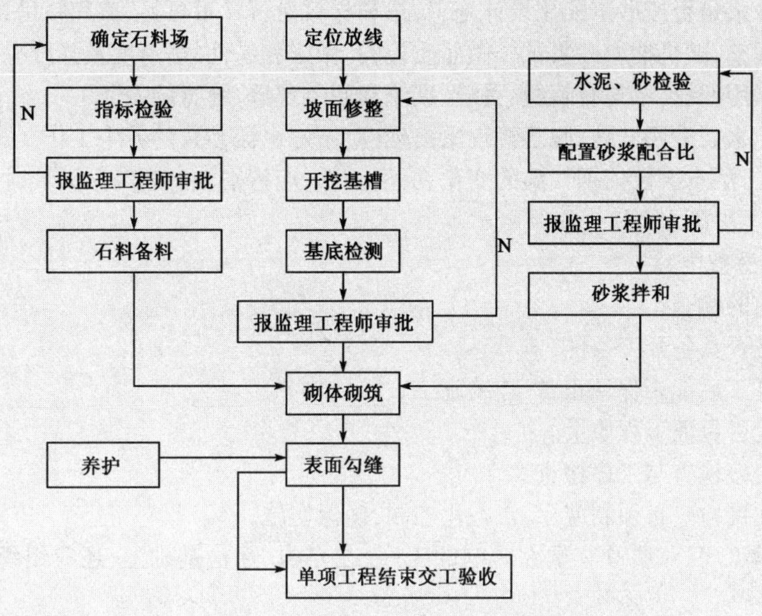

图4-35 浆砌排水工程施工工艺框图

五、质量保证措施

1. 质量管理体系

本项目内部质量管理体系的职能分配及相互关系图(略)。

2. 现场质量检查控制的内容

(1)施工准备阶段质量控制

①坚持"质量第一"、"预防为主"的质量方针，制订详细的施工技术方案，经项目总工程师审核，由施工员向施工班组书面交底。

②对混合材料做好试配设计，待试验结果证明试配可行，并报监理工程师批准后，由试验室以书面方式向施工班组进行文字交底。

③材料进入工地现场时，由试验员查验材料出厂合格证，并汇报监理工程师按规范要求进行取样试验，待试验合格后，由试验室出具书面文件批准使用；对材料供应商建立信誉台账，及时做好合格材料的评审工作；对进场材料按要求进行分类堆放、保管和加工。

④由测量组拟订好施测实施方案，交项目总工程师审核实施，并做好施工放样报监理工程师批准后向施工班组进行文字交底。

(2)施工过程中质量控制方法

①施工过程中，由施工员认真做好施工记录，包括施工进度、地质、水文情况、机械作业状况的有关实测情况、片石的砌筑及勾缝相关记录。

②工序完成后，做好位置、构造尺寸、高程以及长度等方面的检查。水沟按实际地形砌筑，要求线形顺畅，地形无变化时不得出现弯曲。

③做好片石的验收工作。片石不得采用风化石，粒径必须符合设计和规范要求。采用坐浆法进行砌筑，必须保证砌缝内砂浆均匀饱满。

④控制砂浆是否按砂浆配比设计施工，掺和材料是否计量可行；掺和料是否按实进行了现场检测和调整，随机抽取砂浆试样做品质检验，做好和易性、坍落度及强度检查。

⑤勾缝采用凹缝，不得有瞎缝、丢缝、裂纹和脱落现象，缝宽统一。

⑥为避免水泥砂浆开裂、脱落等现象出现，应做好水泥砂浆的养生工作。每日砌筑完毕后，覆盖洒水。洒水次数依据气温的变化，灵活调整，应特别注意遇高温天气时，每日至少洒水4次，连续至少洒水7d。

(3)质量检查内容

①开工前的检查

a.检查是否具备开工条件；

b.检查开工后能否保证正常、连续施工；

c.检查能否保证工程质量。

②工序交接检查与工序检查

a.工序交接检查必须制度化、常态化控制，确保实施；

b.对关键工序、对质量有重大影响的工序，在自检、互检基础上，还应组织专职人员进行交接检查；

③隐蔽工程检查

凡隐蔽工程均应在检验认可后方可掩盖。

④停工后，复工前检查

因质量问题或其他原因停工后再复工时，均应认真检查后方可复工。

⑤工程完工后的检查

分项工程完工后，均应按规定的程序和要求，经检查认可后，签署验收记录，方可进行下一工序项目施工。

⑥成品、材料、设施等的检查

a.检查成品、材料的符合性和有效性；

b.检查设施的技术状态和是否处于良好的状态。

⑦巡视检查

对施工操作质量应进行巡视检查，形成巡查和纠偏记录，必要时进行跟踪检查。

(4)自检和报验程序

①工序、分项完成后，实行“三级自检”。首先由现场质检员进行自检；施工班组在交接班时，进行班组交接检；在二级自检的基础上，由项目部质检部组织相关技术人员进行工序、分项的自检验收。

②在自检的基础上，汇总自检资料，报监理工程师验收。

③工序、分项自检流程见图4-36。

(5)质量检测要求和质量标准

①质量标准

浆砌片石的强度质量以砂浆试件28d强度为依据进行评定，施工要求每工作班应制取不少于1组的砂浆试件，以作为评定强度的依据。浆砌排水沟实测项目见表4-6。

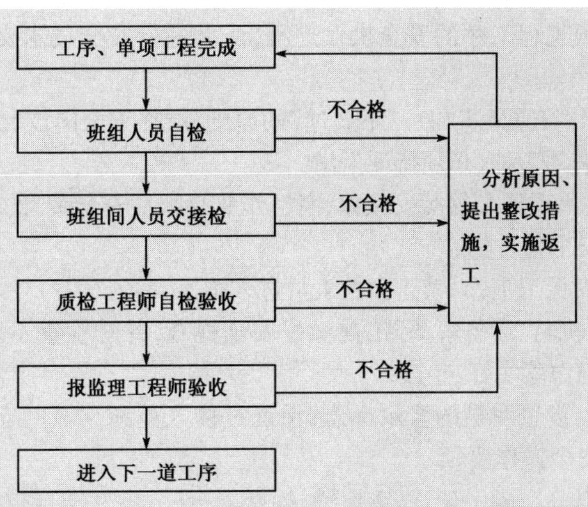

图 4-36　工序、分项自检流程

浆砌排水沟实测项目　　表 4-6

项次	检 查 项 目	规定值或允许偏差	检查方法和频率	权　值
1	砂浆强度(MPa)	在合格标准内	按《公路工程质量检验评定标准》(JTG F80/1—2004)附录 F 检查	3
2	轴线偏位(mm)	50	经纬仪或尺量:每 200m 测 5 处	1
3	沟底高程(mm)	+15	水准仪:每 200m 测 5 点	2
4	墙面直顺度(mm)或坡度	30 或不陡于设计	20m 拉线、坡度尺:每 200m 测 2 处	1
5	断面尺寸(mm)	±30	尺量:每 200m 测 2 处	2
6	铺砌厚度(mm)	不小于设计	尺量:每 200m 测 2 处	1
7	基础垫层宽、厚(mm)	不小于设计	尺量:每 200m 测 2 处	1

②浆砌体质量检查事项

在检查浆砌片石砌筑质量时,应首先查看砌体的外观质量,如果砌体勾缝假缝较多,砌块间砌缝雨水冲蚀后产生空隙,则可能砌体内部砂浆不饱满或砂浆拌和不均匀,水泥用量偏少,强度偏低等;如果发现砌体有渗水现象,表面特别是砌缝处潮湿,则可能砌体内部砂浆不饱满,水泥用量偏少,强度不足,砌体厚度达不到设计要求;进行破坏性检查中,在撬动一块片石时,其相邻片石有随之松动现象,则可能砌体强度较低,砌筑厚度不足,砌体内部片石之间砂浆偏少或黏结不好。对于这些缺陷,根据实际情况予以处理。如果强度很低,应将砌体拆除后重新砌筑;如果问题不严重,可采用灌浆的方法进行补强。对于存在“假缝”现象的路段,应将“假缝”凿除后重新勾缝;对于勾缝脱落的路段,也应将勾缝凿除后重新勾缝。

六、安全施工技术措施

1. 安全保证措施

(1)认真贯彻“安全为了生产、生产必须安全”,“安全第一,预防为主”,“谁管生产,谁管安全”的方针,建立经理部、工区、班组三级安全管理网,设立专职安全员。

(2)加强安全思想和安全技术教育,做好安全技术交底,提高自我保护意识和能力。

(3)制订安全管理制度,按“管生产必须管安全”的原则,由现场施工员配合专职安全员,认真做好施工过程的安全检查,进行安全施工的全过程监控,并认真做好各种安全记录。

(4)制订主要分项工程工序的安全操作规程，认真进行安全技术交底，杜绝违章作业，及时整改隐患。

(5)贯彻安全工作“五同时”和“三不放过”的原则，严格安全岗位责任制，奖罚严明。

(6)规定持证上岗的工种，必须持证上岗。

(7)坚决执行“进入现场必须戴安全帽，高空作业必须系安全带”的规定；配齐必要的安全和消防设备，设置安全警告标志。

(8)加强现场治安保卫工作，禁止无关人员进入施工现场。

(9)对施工现场、机具、设备等，开工前做好安全检查，并对检查不合格的机具、设备进行修整，将安全防护工作落实好、整改好。

(10)在危险地段，设置明显的警示标志，保证过往人员和车辆的安全。对主要机械设施，在操作位张贴好安全操作要领。

(11)高空作业：对高空脚手架、高空设置，挂好安全网，做好安全护栏。登高前，认真检查设施的可靠度。

(12)进入现场的工作人员，必须着装整洁，佩戴安全帽；高空作业，系好安全带、安全绳。

2. 施工安全生产规定

(1)基坑工程

①开挖基坑时，如对邻近建(构)筑物或临时设施有影响时，应采取安全防护措施。

②挖掘机等机械在坑顶进行挖基出土作业、堆放材料及机具时，机身及堆放材料距坑边的安全距离应视基坑深度、坡度、土质情况而定，一般应不小于2.0m。

③开挖中，当坑沿顶面裂缝、坑壁松塌或遇有涌水、涌沙影响基坑边坡稳定时，应立即加固防护。

④基坑需机械抽排水开挖时，须配备足够的抽排水设备，抽水机及管路等要安放牢靠。

⑤基坑边坡应按不同土类，按规范放坡或支护。

(2)砌筑工程

①参加施工的人员，要熟知本工种的安全技术操作规程。

②在操作中，应坚守工作岗位，严禁酒后操作。

③正确使用个人防护用品和安全防护措施。进入施工现场，必须戴安全帽，禁止穿拖鞋或光脚。在没有防护设施的高空、悬崖和陡坡施工，必须系安全带。上下交叉作业有危险的出入口要有防护棚或其他隔离设施。

④施工脚手架、防护设施、安全标志和警告牌，不得擅自拆动；需要拆动时要经施工负责人同意。

⑤施工现场的洞、坑、沟、升降口、漏斗等危险处，应有防护设施或明显标志。

⑥施工现场危险地区要悬挂“危险”或“禁止通行”牌，夜间设红灯示警。

(3)砂浆拌和运输及片石运输安全

①人工手推车上料时，手推车不得松手撒把。运输斜道上，应设有防滑设施。

②机械上料时，在铲斗移动范围内不得站人。铲斗下方严禁有人停留和通过。

(4)用电安全

①发电机组应设置在安全可靠的机房内，其基础应平整坚实，必要时应设置在混凝土基

座上，机房内配备消防设备。

②发电机应设接地保护，接地电阻不得大于4Ω。发电机连接配电盘及通向配电设备的导线，必须绝缘良好，接线牢固。

③发电机电源应与电线路电源联锁，严禁并列运行。

④发电机附近不得放置易燃、易爆物品。

⑤所有用电设施必须一机一闸，并有漏电保护装置。

⑥必须配有专职电工、持证上岗。

七、文明施工和环保措施

1. 文明施工

(1)所有施工人员必须遵守国家的政策、法律、法规。

(2)积极联系当地政府和群众，了解当地民风民俗，尊重其宗教信仰和生活习惯，处理好与当地政府和群众的关系，不与百姓发生冲突。

(3)教育员工严格遵守当地的村规乡约，杜绝偷盗、斗殴等违法现象发生。

(4)施工中挂牌上岗，着装整齐，安全管理员应戴标志袖章。

(5)施工场地布置及所有临建设施，应布置合理，整齐有序，便于施工。机具、材料堆码整齐，场地整洁，无脏乱差现象。

(6)合理调配材料，料场整洁，料具堆码整齐、稳定，各类物资分类堆放，并有明显标识，储备数量适宜，做到工完料净。

(7)所有临建工点及生活区排水畅通，设立必要的卫生设施。

(8)施工要做到规范化、标准化、制度化，杜绝野蛮施工和违章作业。

(9)做到施工文明、语言文明，处理好与地方的关系，树立良好的企业形象。

2. 环境保护措施

(1)工点防、排水措施：在施工期间始终保持良好的排水状态，在工点场地内修建必要的临时排水渠道，并与永久性排水设施相连接，且不得引起淤积和冲刷。施工废水、混水集中排放至附近自然水沟中。

(2)工点水质保护：施工期间，水泥、片石、砂等材料的堆放，采取必要的保护措施。水泥堆放采用架空设置和防水篷布覆盖，防止受潮和水流影响造成水污染；防止施工机械漏油，机械在运转中或维修时产生的油污水，尽可能收集，集中处理，发生油污染时及时进行封闭，防止扩大污染范围，采取相应措施（包括化学处理方法）进行处理；施工人员集中居住点的生活污水、生活垃圾（特别是粪便）要集中处理防治污染水源，厕所需设化粪池。

(3)扬尘控制：配备专用洒水车，对施工现场和运输道路经常进行洒水湿润，减少扬尘。

(4)噪声控制措施：砂浆搅拌机噪声不大，但作业过程中往来材料车噪声较大，施工中注意在中午(12:00～14:00)及夜间(20:00～次日7:00)休息时间内停止在居民附近施工，以免影响居民休息。

(5)绿色植被保护措施：施工中尽量保护公路用地范围之外的现有绿色植被，要保护附近两旁的树木，即使处在公路用地范围内，有可能时也要尽量设法保护。

(6)完工后场地清理及恢复平整的环保措施：工程完工后对临时用地内所有建筑、生活垃圾应进行清理，垃圾运至指定位置处理，场地清理平整合格后，将其恢复原状。

【任务实施】

任务一：某路段路基排水系统综合设计		
能力目标	学生能够在平面图上进行路基排水系统的综合设计，并根据工程需要，绘制主要排水设备的纵、横断面和结构设计图	
情境设计	实施时间	施工前
	实施地点	设计室
	实施人员	技术员
	实施内容	1. 利用多媒体教学资源，观看路基工程排水设施施工图片、视频，结合现场参观，通过教师讲解，使同学们掌握路基排水设施的特点、应用、施工程序、施工要点、施工质量标准； 2. 布置任务，教师给出路基设计平面图，熟悉设计资料； 3. 结合工程实例，进行路基排水系统的综合设计，标识各种路基排水设备的类型、位置、排水方向； 4. 讨论指导答疑； 5. 绘制主要排水设备的纵、横断面和结构设计图； 6. 完成任务总结
参考图例	450 440 430 420 390 380 370 360 l=46m l=84m l=58m l=58m 弃土 弃土 弃土 弃土 2% 2% K277+740 2% 2% K277+630.87 2% 2% K277+506 2% 2% K277+400.1 急流槽 边沟 跌水 截水沟	

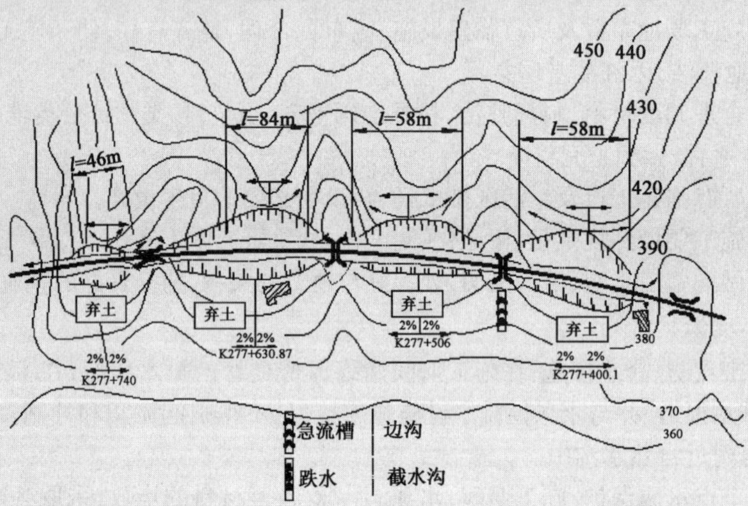

任务二：路基地面排水工程的施工		
能力目标	学生能够在施工现场或实训基地内完成50m路基地面排水工程的施工，编写地面排水施工报告，分析施工过程中出现的问题并制订解决方案，总结施工经验	
情境设计	实施时间	施工过程中
	实施地点	施工现场
	实施人员	测量员、施工员
	实施内容	1. 选取施工路段，准备人工、材料、机械； 2. 熟悉地面排水设施结构、施工工艺流程，熟悉图纸，查看现场； 3. 确定施工组织方案，落实工作分工与人员责任； 4. 编制施工进度计划，制订质量、安全措施； 5. 按工艺流程组织施工，分组分段完成50m路基地面排水工程的施工，解决常见问题； 6. 注重施工安全与环境保护； 7. 编写排水工程施工情况报告，评价施工中出现的技术问题，提出解决措施，总结施工经验； 8. 完成任务总结

学习情境五　路基防护与加固工程施工

教学目标

能力目标——能对公路路基进行全面分析，采用合理的防护与加固形式；能根据施工规范进行路基防护与加固施工。

知识目标——掌握路基防护与加固的施工流程和具体内容。

教学内容

1. 路基防护的形式及构造；
2. 坡面防护工程施工工艺及质量控制；
3. 冲刷防护工程施工工艺及质量控制；
4. 挡土墙施工工艺及质量控制。

任务描述

利用某在建公路的路基施工案例、多媒体教学资源，结合图纸、现场教学，通过教师讲解，使学生掌握公路路基防护常采用的措施及适用条件。针对具体的边坡实例，应能提出切实可行的坡面防护方案，制订出相应的施工工艺流程和施工注意事项，并完成某路段路基边坡防护工程施工的工作任务。

项 目 引 导

一、路基防护与支挡的意义

公路路基在雨水、风、气温变化及水流冲刷的作用下，路基边坡产生一系列的变形，如边坡表土剥落、边坡冲沟及滑塌等，严重影响路基的稳定性和交通安全。为了保证公路的使用通畅，对土质不良的路基边坡和易于受水冲刷的路基进行必要的防护与加固是非常必要的。

路基防护支挡的目的，在于防止自然因素所引起的路基破坏和过量变形，同时稳定路基、美化路容，保证公路的正常使用，提高公路的使用品质。例如植物防护可以消除施工痕迹，使景观协调，形成良好的视觉效果。

二、路基防护与支挡工程的分类

1. 路基防护工程

路基防护工程是防治路基病害，保证路基稳定，改善环境景观，保护生态平衡的重要设施。

路基防护工程分类见图5-1。

坡面防护主要用于防护易受自然因素影响而破坏的土质与岩石边坡。沿河路基防护主要用于防护水流对路基的冲刷与淘刷。

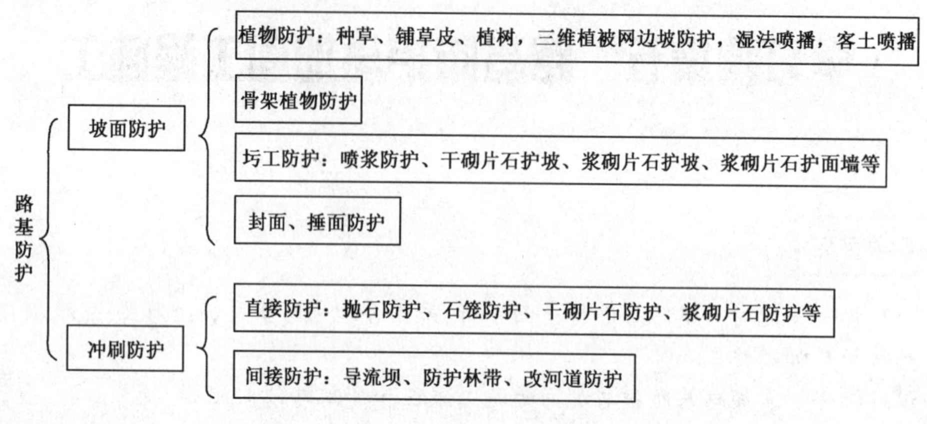

图5-1 路基防护工程分类图

2. 路基支挡工程

路基支挡工程的主要功能是支撑天然边坡或人工边坡以保持土体稳定，以及避免边坡在水温变化条件下遭受破坏。

路基边坡支挡可分为护肩墙、护脚墙及挡土墙。

三、路基防护与支挡的原则

1. 因地制宜

路基边坡的稳定性与工程所在地的气候条件、工程地质条件和水文地质条件有关，不同路段路基边坡应采取有针对性的防护或支挡措施。

2. 措施有效

防护工程与支挡工程的作用不同。防护工程不能承受土侧压力作用，防护前边坡的稳定性满足要求后才能施行防护工程。当边坡可能失稳或边坡已经失稳，则必须采取边坡支挡加固措施。

3. 经济适用

边坡的坡度不同，其稳定性不同，防护、支挡的方式也不同，造价也有很大的差别。边坡坡度和防护或支挡要求确定后，应根据经济指标确定边坡防护、支挡方式，采用技术可行、经济合理的边坡防护、支挡结构。

4. 环保协调

采用植物防护时，必须根据工程所在地的特点，选择适合于本地区生长并有耐生性的植物品种。

四、路基防护与支挡的基本要求

1. 公路路基应采取工程防护与植物防护相结合的综合防护措施，保证路基稳定，并与路基景观相协调。

2. 深挖、高填路基边坡路段，必须查明工程地质情况，针对其工程特性进行路基防护与支挡设计。对存在稳定性隐患的边坡，应进行稳定性分析，采用防护、支挡措施，保证边坡的稳定。

3. 沿河路段必须查明河流特性及其演变规律，采取相应防护措施，防止冲刷路基。凡侵占、改移河道的地段，必须做出路基防护专门设计。

4. 路基防护与支挡工程宜与路基挖填方工程合理衔接，开挖一级防护一级，并及时进行养护。各类防护和支挡工程应置于稳定的基础上。

工作任务一　坡面防护工程的施工

坡面防护，主要是保护路基边坡表面免受雨水冲刷，减少温度及湿度的影响，防止和延缓软弱岩土表面的风化、碎裂及剥蚀，从而保护路基边坡的整体稳定性，还可起到兼顾路容、美化和协调环境作用。

路基坡面防护包括植物防护（图 5-2）、骨架植物防护、圬工防护和封面捶面防护等方法。边坡绿化可美化环境，涵养水源，防止水土流失和滑坡，净化空气。

一、植物防护

（一）植被防护

1. 种草

（1）作用

种草是一种施工简单、造价经济而有效的坡面防护措施。草能覆盖表土，防止雨水冲刷，调节土的温度，防止裂缝产生，固结表面土壤，防止坡面风化剥落，加强路基的稳定性（图 5-3）。

图 5-2　边坡植物防护

图 5-3　种草

坡面可允许缓慢流水（0.4～0.6m/s）的短时冲刷。种草防护能绿化、美化环境，使公路具有安全、舒适、美观、与环境相协调等特点。

（2）适用条件

①适用于草类生长的土质路堑和路堤边坡上，且边坡坡度较缓、边坡高度不高的路基。

②对边坡土层不宜于种草者，可先铺一层有利于草生长的种植土，铺土厚度 10～15cm。为使种植土与边坡结合牢固，可沿边坡坡面每隔 100cm 的距离挖 20cm 宽的台阶。

③对于经常浸水或长期浸水的路基边坡，草不易生长，不宜采用此种防护。

(3)草种的选择

选用的草籽要适合当地土质和气候条件,通常应选择易成活、根系发育强、茎干低矮、枝叶茂盛、生长能力强的多年生草种,如白茅草、毛鸭咀、鱼肩草及两耳草等。

(4)施工流程

种草施工流程如图5-4所示。

(5)施工注意事项

①优选草种,通常应选用适合当地土质和气候条件的易成活、根系发育、茎干低短、枝叶茂盛、生长能力强的多年生草种。

②种草施工,草籽应撒布均匀,同时做好保护措施。采用撒播法时,草种应均匀撒布在已清理好的土质边坡上,同时做好保护措施。对于不利于草类生长的土质,坡面上应先铺一层0.10~0.15m厚的种植土。采用行播法时,草籽埋入深度应不小于10~20mm,且行距应均匀。

③播种时间一般应在春季、秋季,不可在干燥的风季和暴雨季节播种。

④加强管理,经常检查成活率,必要时应进行补充播种。

2. 铺草皮

(1)作用

铺草皮对坡面的防护作用同种草防护,但效果更好,并可用在较高、较陡和坡面冲刷较重的边坡上,铺草皮比种草防护收效快。

(2)适用条件

铺草皮适用于坡面缓于1:1的各种土质边坡及严重风化的软质岩石边坡。为防止表水冲刷产生冲沟、流泥等病害,在种草成活率低,且附近草皮来源较易的情况下,可用铺草皮防护。

(3)草皮选择与要求

①草皮应选择根系发达、茎矮叶茂的耐旱草种,如白茅草、假俭草、绊根草等。

②草皮规格:草皮宜选用带状或块状。挖草皮时草皮的两端最好斜切,横断面呈扁平四边形,长30cm,宽20cm,厚10cm。干燥和炎热地区,厚度可增加到15cm。

(4)施工流程

铺草皮施工流程图如图5-5所示。

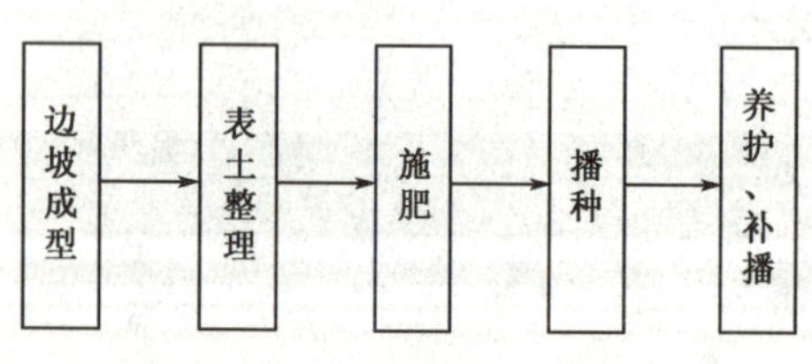

图5-4 种草施工流程图

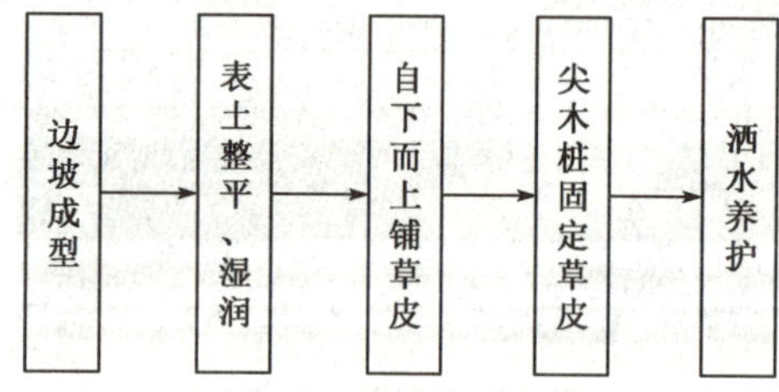

图5-5 铺草皮施工流程图

(5)施工注意事项

①铺草皮需预先备料。草皮切成整齐的块状或带状,草皮厚度宜为100mm。

②铺草皮在施工时,应将边坡表面挖松整平,随挖随铺,必要时还应加铺种植土。

③铺设时,应自下而上铺钉,且用尖木桩固定于边坡上,使之稳定。草皮应铺过路堑顶部至少1m,或铺至截水沟。

④铺草皮施工一般应在春季或秋季进行,气候干旱地区则应在雨季进行。

⑤铺种的草皮应洒水养护,使坡面湿润,直至草皮成活。

3. 植树防护

植树防护适用于坡率缓于1∶1.5的路基边坡，还可用在堤岸边的河滩上，用来降低流速，促使泥沙淤积，防止水流直接冲刷路堤。

树木的品种与种植位置及宽度，应根据防护要求、流水速度等因素，结合当地经验综合考虑。

施工注意事项：

(1)植树防护宜选用在当地土壤与气候条件下，能迅速生长、根系发达、枝叶茂密的树种，用于冲刷防护时宜选用生长较快的杨柳类，或不怕水淹的灌木类。高等级公路边坡上严禁种植乔木。

(2)边坡土若不利于植物生长，则应将树坑内的土换填为适宜植物生长的种植土。

(二)三维植被网防护

植被网防护是土工织物复合植被防护坡面的一种典型形式。三维植被网用热塑料树脂为原料制成，其结构由上、下两层网包组成。网包能降低雨滴的冲蚀能量，并通过网包阻挡坡面雨水，同时网包能很好地固定充填物(土、营养土、草籽)不被雨水冲走，为植被生长创造良好条件。另外，三维网固定于坡面上，直接对坡面起固筋作用。当植物生长茂盛后，根系与三维网盘错、连接、纠缠在一起，坡面与土相接，形成一个坚固的绿色保护整体，起到复合护坡的作用。

三维植被网防护施工要点：

1. 三维植被网中的回填土应采用客土，或土、肥料及腐殖质土的混合物。
2. 网前应将坡面杂物清理干净，平整坡面，如果边坡干燥应洒水润湿。
3. 三维植被网的搭接宽度不宜小于100mm。

(三)湿法喷播

湿法喷播是将植物种子、肥料、土壤稳定剂和水按一定比例混合均匀，用专门的设备(喷播机)喷射到边坡上，种子在较稳定的时间内萌芽、生长成株、覆盖坡面，达到迅速绿化、稳固边坡的目的，见图5-6和图5-7。

图5-6　湿法喷播(密关路马头山近2 000m^2的裸露山体进行生态绿化工程。工程采用生态袋护坡，结合湿法客土喷播综合技术，通过喷播含草本、灌木、花草种子的基质材料，达到岩体绿化与周围地貌融为一体的效果)

图5-7　湿法喷播景观(潭衡高速的土质边坡，采用湿法喷播技术和厚层基材喷播技术进行防护绿化，这种生态防护不仅多样、美观，还能较好地体现当地自然风貌)

湿法喷播适用于边坡坡率缓于1:0.5的土质边坡、土夹石边坡、严重风化岩石边坡，不适宜于硬质岩石边坡。这种方法特别适合在人力不可及的陡峭高边坡和含石的边坡上种植植被。

(四)客土喷播

客土喷播是将客土(提供植物生育的基盘材料)、纤维(基盘辅助材料)、侵蚀防止剂、缓效肥料和种子按一定比例，加入专用设备中充分混合后，用喷射机均匀地喷涂到坡面上，使植物获得必要的生长基础，达到快速绿化的目的。

客土喷播主要用于岩石边坡、贫瘠土质边坡和硬土边坡，其主要目的是保护边坡的稳定、安全，同时又能最大限度地恢复自然生态，见图5-8。

图5-8 客土喷播（将土木工程与生物工程有机结合起来，通过科学配制的客土与种子的混合料，采用高压喷射的方式使其附着在山体边坡上，利用植物根系的盘结力，达到稳固山体、保持水土、美化环境的效果）

二、骨架植物防护

骨架植物防护边坡是在片块石或混凝土等形成的骨架内种草、铺草皮进行防护。

骨架结构形式主要有方格形、人字形、拱形及多边形混凝土空心块等。

浆砌片石(混凝土块)骨架植草防护既能稳定路基边坡，又能节省材料，造价较低，施工方便，造型美观，能与周围环境自然融合，是目前高速公路边坡防护的主要形式之一，被广泛推广应用，如图5-9和图5-10所示。

图5-9 方格形骨架植物防护

图5-10 拱形骨架植物防护景观

三、圬工防护

圬工防护用于路堑边坡防护时，应注意与边坡渗沟或排水孔配合使用，防止边坡产生变形破坏。污工防护施工时应注意与周围环境的协调。

(一)喷浆(喷射混凝土)防护与锚杆挂网喷浆(喷射混凝土)防护

1.适用条件

喷浆(喷射混凝土)防护适用于易风化、有裂隙和节理发育、坡面不平整的较干燥、无流水浸入的岩石路堑边坡,如图 5-11 所示,且边坡较干燥,无流水侵入。对于高而陡的边坡,当需大面积防护时,采取此类型更为经济。

当坡面岩体风化破碎严重时,为了加强防护的稳定性,则采用锚杆挂网喷浆(喷射混凝土)防护。

喷护初期强度高、抗雨水冲蚀能力强,但造价高,缺乏景观效果,不符合“绿色环保”的要求。

2. 施工注意事项

(1)喷射作业顺序应自下而上进行,喷枪嘴应垂直坡面,并与坡面保持 0.6 ~ 1.0m 的距离。

(2)喷浆完成后,应及时对喷浆层顶部进行封闭处理。

(3)坡脚岩石风化比较严重时,应设高 1 ~ 2m、顶宽 40cm 的浆砌片石护裙。

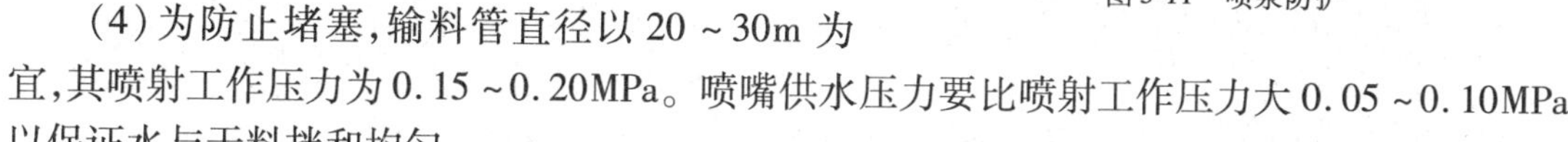

图 5-11　喷浆防护

(4)为防止堵塞,输料管直径以 20 ~ 30m 为宜,其喷射工作压力为 0.15 ~ 0.20MPa。喷嘴供水压力要比喷射工作压力大 0.05 ~ 0.10MPa,以保证水与干料拌和均匀。

(5)喷浆施工严禁在结冰季节或大雨中进行作业。

(6)为保证施工安全,喷枪手应佩戴防护面罩,穿防尘服,其他参加施工人员应戴防尘口罩。

(7)喷射作业时应按要求制取试件,在标准条件下养护 28d 后试压,作为喷浆或喷射混凝土的强度标准。

(8)喷护工程应经常检查维修,有杂草及时拔除,开裂处要及时灌浆勾缝,脱落处要及时补喷。

(二)干砌片石防护

1. 适用条件

干砌片石护坡的主要作用是防止水流冲刷边坡。干砌片石护坡要求被防护的边坡自身应基本稳定,适用于易受水流侵蚀的土质边坡、严重剥落的软质岩石边坡、周期性浸水及受冲刷轻且流速为 2 ~ 4m/s 的河岸路基及边坡。根据护坡的厚度常分为单层干砌片石和双层干砌片石两种。

2. 一般规定

(1)石料应选用未风化的坚硬岩石。

(2)干砌片石时,不得大面平铺,石块应彼此交错搭接,不得松动。

3. 施工注意事项

(1)为了防止边坡内的细粒土被水流冲淘出来和增加护坡的弹性,以抵抗外力的冲击作用,在干砌护坡面层与边坡土之间设置 1 ~ 2 层砂砾垫层,垫层厚度为 10 ~ 15cm。

(2)干砌片石护坡砌筑前应先夯实整平边坡,砌筑石块要互相嵌紧,以增强护坡的稳定性(图 5-12)。

(3)干砌护坡顶的高度应为路基设计洪水位高加可能的壅水高、波浪侵袭高,再加 0.5m 的安全高度。

(4)护坡基础应按可能的最大冲刷深度处理。当冲刷深度为 1.0m 时,可采用块石铺砌基础,其断面常用倒梯形,表面宽度不小于冲刷深度的 1.5 倍。块石铺砌表层石块宜选用比护坡石块宽度更大尺寸的。当冲刷深度大于1.0m时，宜用浆砌片石脚墙基础并埋置在冲刷深度线以下。

(5)干砌护坡厚度等于或大于35cm时，应采用双层铺砌。双层铺砌时应注意上下层之间的石块要很好地咬合嵌紧，上层石块的尺寸应大于下层石块的尺寸。

(三)浆砌片石防护

1.适用条件

浆砌片(卵)石护坡(图5-13)适用于经常浸水的受水流冲刷或受较强烈的波浪作用的路基边坡防护和河岸及水库边岸防护，亦可用于有流冰及封冻的河岸边坡防护。对于严重潮湿或严重冻害的土质边坡，在未进行排水措施以前，则不宜采用浆砌片(卵)石护坡。

图5-12　干砌片石防护

图5-13　浆砌片石防护

2.一般规定

(1)砌筑护坡的石料宜选用坚硬、耐冻、未风化的石料，其抗压强度不小于30MPa。

(2)用于冲刷防护的浆砌片石护坡的最小厚度一般不小于35cm，并采用双层浆砌，在非严寒地区可使用M7.5砂浆，在严寒地区应使用M10砂浆。

(3)浆砌片石护坡应设适当厚度的垫层。当护坡厚度较大时，可采用厚度为15~25cm的砂砾垫层。砌筑前坡面应整平拍实。

(4)用于冲刷防护的浆砌片石护坡基础以脚墙为好。当冲刷深度小于3.5m时，可将基础直接埋置在冲刷深度线以下0.5~1.0m，并考虑基础底面置于河槽最深点以下。当冲刷深度更深时，可将基础埋置在冲刷深度线以上、较稳定且有足够承载力的地层内，而在基脚前采用适当的平面防淘措施。

(5)护坡沿线路方向每隔10~15m应设伸缩缝一道，缝宽20~30mm。在基底地质有变化处，应设沉降缝，可将伸缩缝与沉降缝合并设置，用沥青麻筋或沥青木板填塞。

(6)为了排除护坡可能的积水，应在护坡的中下部设置交错排列的泄水孔，可采用10cm×15cm的矩形孔或直径为10cm的圆形孔，孔的间距为2~3m。泄水孔后附近范围内应设反滤层，以防淤塞。

3.施工注意事项

(1)当用于路堤边坡，应待路堤完成沉降后再施工。

(2)当护坡面积大，且边坡较陡或坡面变形较严重时，为增强护坡自身稳定性，可采用肋式护坡。

(3)砂浆终凝前，砌体应覆盖，砂浆初凝后，立即进行养生。

(4)在冻胀变化较大的土质边坡上，护坡底面应铺设10~15cm厚的碎石或砂砾垫层。

(四)浆砌片石护面墙

1. 适用条件

护面墙是一种浆砌片石覆盖物,多用于覆盖各种软质岩石层和较破碎岩石的挖方边坡防护,以防止自然因素的影响继续风化破坏,如图5-14所示。

图5-14　浆砌片石护面墙

浆砌片石护面墙在高速公路路堑边坡防护中应用比较普遍,且边坡稳定,效果较好。

浆砌片石护面墙分类及适用条件见表5-1。

2. 施工注意事项

(1)护面墙施工应先清除边坡风化层至新鲜岩面。对风化迅速的岩层,清挖到新鲜岩面后立即修筑护面墙。

(2)护面墙背必须与路基坡面密贴,边坡局部凹陷处,应挖成台阶后用与墙身相同的圬工砌补,不得回填土石或干砌片石。

(3)各式护面墙墙顶均应设置25cm厚的墙帽,并使其嵌入边坡20cm,以防雨水灌入。

(4)护面墙每10~20m应设伸缩缝一道。护面墙基础建在不同地基上时,在相接处应设沉降缝。沉降缝及伸缩缝的宽度为2cm,可用沥青麻筋或沥青木板填塞。

浆砌片石护面墙分类及适用条件　　表5-1

分类要素	名　　称	适用条件	备　　注
根据边坡的高度、坡度及岩石破碎情况	实体护面墙	土质及破碎岩石边坡	分等截面和变截面两种形式
	窗孔式护面墙	边坡缓于1:0.75时	窗孔内采用捶面或干砌片石
	肋式护面墙	边坡岩层较完整且坡度较陡时	
	拱式护面墙	边坡下部岩层较完整而需防护上部边坡时	

(5)在施工护面墙防护过程中,如果坡面中地下水不能顺利排出,则会严重影响护面墙的稳定和使用寿命。因此,坡体内有地下水的路段,应采取有效排水措施,设置并施工好倾斜排水孔或边坡渗水沟。护面墙应设10cm×10cm或直径为10cm的泄水孔,泄水孔上下左右间隔3m交错布置,泄水孔纵坡5%,孔后应设碎石和砂砾反滤层。

(6)护面墙高度等于或大于6m时,应设置检查梯和拴绳环,多级护面墙还应在上下检查梯之间的错台上设置安全栏杆,以便于养护维修。

(7)护面墙施工应重视洒水养生工作。

四、封面、捶面防护

(一)封面防护

1. 适用条件

封面防护适用于尚未严重风化的各种易风化岩石的路堑边坡,如页岩、泥岩、泥灰岩、千枚岩等。

2. 一般要求

(1)封面防护的坡度不受限制,但坡面应较干燥。封面厚度 3 ~ 7cm,分为 2 ~ 3 层,使用年限 8 ~ 10 年。

(2)封面不能承受荷载,不能承受土压力,要求边坡必须平整、干燥、稳定。

(3)封面工程的周边及未防护的坡面衔接处应严格封闭。可在边坡顶部做断面为 20cm × 20cm 的小型截水沟,沟底及沟帮可用砂浆封面,厚度为 10cm;也可在坡顶凿槽,槽深不小于 10cm,并和相衔接边面平顺;坡脚宜设 1 ~ 2cm 高的浆砌片石护坡。

(4)在软石岩层相间的边坡上,仅对软岩层封面时,在软硬分界处,封面应嵌入硬岩层至少 10cm。

(5)大面积封面时,每隔 5 ~ 10m 应设伸缩缝一道,缝宽 1 ~ 2cm,缝内用沥青麻筋或油填充。

(6)根据当地气候条件,若需增强封面的抗冲蚀能力和防止表面开裂而对外观要求不高时,可在表面涂沥青保护层。

(7)封面材料的配合比,可根据当地的材料情况选择。水泥砂浆为 1∶3 ~ 1∶4(体积比),水泥石灰砂浆为 1∶2.9(体积比)。

3. 施工注意事项

(1)封面前岩体表面要冲洗干净,土体表面要平整、密实、湿润。

(2)封面前边坡上大的凹陷应用浆砌片石嵌补,宽的裂缝应灌浆。

(3)对岩石较坚硬而不易风化的挖方边坡,为防止水分渗入岩石裂隙造成病害,可视裂隙的深浅与宽窄,分别予以灌缝与勾缝。

(4)封面不宜在严寒季节、雨天及日照强烈时施工,其适宜的气温为 4 ~ 30℃。

(5)封面工程应经常检查维修,如发现裂纹或脱落,要及时灌浆修补。

(二)捶面防护

1. 适用条件

捶面防护适用于易受冲刷的土质边坡或易受风化剥落的岩石边坡,边坡坡度不大于 1∶0.5,使用年限为 10 ~ 15 年。

2. 一般要求

(1)捶面厚度为 10 ~ 15cm,一般采用等厚截面。当边坡较高时,采用上薄下厚截面。

(2)捶面护坡与未防护坡面衔接处应封闭,措施与封面相同。

(3)捶面材料及配合比:

①捶面材料常用水泥、石灰、砂子、炉渣、黏土等。

②材料配合比应根据材料的情况选择,一般情况下为水泥∶石灰∶砂子∶炉渣 = 1∶3∶6∶9(质量比);石灰∶黏土∶砂子∶炉渣 = 1∶2.5∶5∶9(质量比);水泥∶砂子∶炉渣 = 1∶3∶7(质量比);石灰∶黏土∶炉渣 = 1∶1∶4(体积比)。

(4)捶面不能承受荷载,不能承受土压力,要求边坡必须平整、干燥、稳定。

3. 施工注意事项

(1)捶面前应清理坡面,当边坡有坑凹时,应填补处理。在土质边坡上,为使捶面与坡面贴牢,可在坡面挖小台阶或锯齿,齿深 5 ~ 10cm,间隔 50 ~ 100cm。

(2)捶面施工时先洒石灰水润湿坡面,捶面夯拍用力要均匀,提浆要及时,提浆后 2 ~ 3h,

进行洒水养护3～5d。

(3)伸缩缝设置、边坡封顶、排水、养生方法、气候要求与封面防护施工要求相同。

工作任务二　冲刷防护工程的施工

山区公路沿河路线或傍水库线路，因河流的天然演变，路基及岸坡会经常地或周期性地受到水流的冲刷作用。为了保证公路路基及岸坡的稳固和安全，必须采取有效的冲刷防护措施，对路基进行防护。

沿河路基防护一般分直接和间接防护两种，各种防护措施见表5-2。

路基冲刷防护方法　　表5-2

序号	防护方法	方法名称	说明
1	直接防护	抛石防护	主要用于水下边坡，应用很广
2		干砌片石防护	适用于周期性浸水、位于河滩或台地边缘的路基边坡
3		浆砌片石防护	适用于经常浸水、受主流冲刷或受较强烈波浪作用的路基边坡和河岸及水岸边岸
4			
5		石笼防护	具有较好的强度和柔性，采用垒砌形式
6		浸水挡土墙防护	适用于峡谷急流的河段
7	间接防护	导流坝	常用的有挑水坝和顺水坝
8		防护林带	适宜于被防护的路基外侧有宽阔的河滩或仅在洪水时才被淹没的台地
9		改河道	适用于山区及半山区河道弯曲不规则的河段

一、直接防护

所谓直接防护就是对边坡直接加固，以抵抗水流的冲刷及淘刷作用。

堤岸直接防护措施，包括植物防护、石砌防护或抛石与石笼防护，以及必要时设置的支挡结构物(驳岸等)。其实植物防护与石砌防护，同坡面防护所述基本类同，但堤岸的冲刷主要原因是洪水急流，水位变迁不定，水流速度较大，相应的防护要求更高。盛产石料的地区，当水流速度达到3.0m/s或更高，植树与石砌防护无效时，可采用抛石防护。当水流速度达到或超过5.0m/s时，则改用石笼防护，也可就地取材，用竹笼防护，必要时可以采用土工织物软体沉排护坡。

图5-15　抛石防护

(一)抛石(或堆石)防护

1. 适用条件与作用

抛石防护(图5-15)应用范围很广，主要用于稳固水下边坡。对于经常浸水且水较深地段的路基边坡防护及洪水季节防洪抢险更为常用。抛石可以防止水下边坡遭受水流冲刷和波浪对路基边坡的破坏，以及淘空坡脚。

2. 一般规定

(1)石料选取。抛石防护类似在坡脚处设置护脚，所抛石料应选用坚硬不易风化的石料。

抛石的粒径大小与水流速度、水深、浪高及边坡坡度有关，石料粒径一般为300～500mm。为了使抛石有一定的密实度，宜用大小不同的石块掺杂抛投。

(2)抛石坡度。抛石切忌乱抛，抛石坡度应根据水深、流速和波浪情况确定。抛石边坡坡度值见表5-3。

抛石边坡坡度值关系表 表5-3

水文条件	采用边坡
水浅，流速较小	1:1.25～1:2
水深2～6m，流速较大	1:2～1:3
水深大于6m，在急流中施工	缓于1:2

(3)抛石厚度。宜为粒径的3～4倍；用大粒径时，不得小于2倍。

(4)抛石类型。常用的抛石类型有普通抛石和带反滤层抛石。反滤层的作用是为了在洪水退走后，使路堤本身迅速干燥，减少路基土被冲走，适用于黏质土路堤并应在枯水时施工。反滤层一般分层设置，从里向外第一层可用10～15cm厚的粗中砂；第二层可用厚10～20cm，粒径为1～3cm的砾石；第三层可用厚度为20cm的碎石或卵石。

3.施工注意事项

(1)抛石防护石堆的顶面高程，应为设计水位加上波浪侵袭、壅水高度及0.5m的安全高度。基底埋设在冲刷深度以下不小于1.0m或嵌入基岩内。顶部宽度应不小于1.0m，底部尺寸由抛石顶外侧，按抛石外侧坡度放坡与河底的交点到边坡坡脚的距离确定。

(2)对于波浪很强烈的水库边岸防护或海岸防护，当需要的石块尺寸及质量过大时，可采用混凝土预制的异形块体作为护面抛投或铺砌材料。

(3)除特殊情况外，抛石防护宜在枯水季节施工。

图5-16 石笼防护

(二)石笼防护

1.适用条件

石笼是河床加固和路堤防止冲刷效果较好的柔性体防护。铁丝石笼能经受较高流速的冲刷，一般可抵抗4～5m/s的流速，体积大的可抵抗5～6m/s的流速，允许波浪高1.5～1.8m的水流。因此，石笼防护适用于水流含有大量泥沙及基底地质良好的路基边坡，如图5-16所示。

2.石笼防护的优缺点

石笼防护的优点是具有较好的强度和柔性，而且可利用较小的石料。当水流中含有大量泥沙时，石笼中的空隙能很快淤满，而形成一个整体的防护层。缺点是铁丝网易锈蚀，使用年限一般只有8～12年。当水流中带有较多的滚石时，容易将铁丝网冲破，此时一般不宜采用。

3.石笼制作

(1)石笼形状的选用

根据设计要求或根据不同情况和用途，合理选用石笼形状。石笼的外形一般为箱形、圆柱形、扁形、柱形等几种。

(2)笼内填石要求

笼内填石的粒径,一般为 50 ~ 200mm,选用浸水不崩解、不易风化的石料。石笼内外层填塞大石块,并使石块棱角突出网孔,内层可用小石块。

4. 一般规定

(1)应选用浸水不崩解、不易风化的石料。

(2)基底应大致整平,必要时用碎石或砾石垫层找平。

(3)石笼应做到位置正确,搭叠衔接稳固、紧密,确保整体性。

5. 施工注意事项

(1)石笼防护用于防护岸时,一般采用垒砌形式,只有当边坡坡度等于或缓于 1:2 时才采用平铺形式。

(2)用于防护基础淘刷时,一般采用平铺于河床并与坡脚线垂直安放,同时将与基础连接处钉牢固定,其铺设长度不宜小于河床冲刷深度的 1.5 ~2 倍。

(3)贴近网孔的外层应用较大的石块仔细码砌,并使石块的棱角突出网孔以外,以利保护铁丝网;内层可用较小的石块填充。

(4)为了施工方便,石笼防护应在枯水季节施工。

二、间接防护

间接防护是用导流或阻流的方法来改变水流的性质,或者迫使主流流向偏离被防护的地段,或者改变河槽中冲刷和淤积的部位,以间接地防护河岸路基。

间接防护的适用条件为河床较宽、冲刷和淤积大致平衡、水流性质较易改变的河段;有些地方可以顺河势布置横向导流建筑物时,可采用挑水坝;当防护地段较长时,则更适宜。其优点是防护效果好,而且工程费用也比直接防护少。对于不宜过多侵占河槽的情况,则宜采用顺水坝使水流偏转,以达到防护的目的。

采用间接防护时,或多或少地侵占了一部分河床断面,因而不同程度地压缩和紊乱了原来的水流,加重了其他地方的冲刷和淘刷作用。所以应特别注意修建这类防护建筑物后对被防护地段上下游及对岸的影响,应防止对农田水利、居民点及重要建筑物造成损害而引起纠纷。

(一)导流坝

常用的导流坝有挑水坝和顺水坝,是以改变水流方向为主的水工建筑物,挑水坝也叫丁坝,见图 5-17 和图 5-18。

图 5-17　挑水坝

图 5-18　挑水坝绿化

1. 挑水坝

挑水坝的作用是迫使水流改变方向离开被防护的河岸。挑水坝压缩水流断面较多，能强烈地扰乱原来的水流。单个挑水坝起不到防护作用，必须是成群布置。

挑水坝由坝头、坝身和坝根三部分组成，其横断面为梯形。

挑水坝施工应注意以下问题：

(1)施工前应制订合理的施工方案，合理安排工期，避免因工期过长引起农田、村庄、上下游路基冲刷。

(2)坝头的基础必须深埋，而且还需做平面防护。平面防护一般宜选用浆砌片石、石笼等坚固耐用的防护类型。平面防护有长防护和坝头防护两种方法。

(3)挑水坝坝头附近尤其第一节丁坝受强烈局部冲刷和漂浮物强烈撞击更为严重，必须严格控制施工质量。

(4)应处理好坝根与相连接的地层或其他防护设施的衔接。当岸坡土较易冲刷或渗透系数较大时，坝根处应开挖基槽，将坝根嵌入岸内，并在上、下游铺设护坡。

2. 顺水坝

顺水坝常与水流平行，导流建筑物的轴线大体沿导治线的边缘线布置。顺水坝的作用是使水流较匀顺、和缓地改变方向，偏离被防护的河岸，见图5-19。

图5-19 顺水坝

顺水坝压缩水流断面较少，并不扰乱或很少扰乱原来的水流，不致引起过大的冲刷，坝体和基础的防护均可较轻。但坝的全长与被防护地段的长度相等，故造价较高。

顺水坝的结构，大体与挑水坝相同。坝头受力比挑水坝小，一般无需加宽，顶宽1～2m，迎水面边坡为1∶1.5～1∶2.5，背水边坡为1∶1～1∶1.5。坝的长度为防止冲刷河岸长的2/3。

顺水坝的起点应选择在水流匀顺的过渡地段，坝根应牢固嵌入河岸3～5m，终点可与河岸连在一起，下游端与河岸留有缺口，以宣泄坝后水流。顺水坝一般以漫水式居多，坝顶与中水位齐平。

(二)防护林带

植林须有适宜的条件，主要应该有利于林带的成活和快速生长，适宜于被防护的路基外侧有宽阔的河滩或仅在洪水时才被淹没的台地，河滩及台地的土质适宜树木生长，有洪水时其流速不大于3.0m/s。

防护林带的作用是洪水期使流速降低，减缓冲刷，泥沙沉积，从而起到防护的效果。

防护林带最适宜栽植杨柳类的乔木和灌木。其特点是生长快，对土的要求低，根系发达，枝梢茂密，较长期经受水淹而仍能成活。栽培时宜成行，行列可与水流方向成正交或逆水方向斜交约45°。当水流流速小于1.0m/s时，可用单棵插枝法；当流速大于1.0m/s时，宜用成束插枝法，每束5～6棵。插枝时应插在预先挖好的小圆穴内并注意培土。林带的边缘部分易受水流冲击，应采用编笆插枝法。在预先挖好的引水沟内成束插枝并按棵距钉入木桩，用长1.5～2.0m的柳条组成编笆。林带的行距宜为0.8～1.5m，棵距0.4～0.8m。

沿河岸或路基护脚，宜采用灌木与乔木间植，并每隔 10 ~ 20m 的相等间距设置编笆一道，以促使泥沙淤积，防止坡脚冲刷。

植树宜在秋末季节进行。

防护林带的布置应按导流堤原理设计，即应为顺上游流势的圆顺曲线。由水流的边缘轮廓线至被防护的河岸或路基坡脚之间，按规定的行距和棵距整片栽植，行列的方向宜逆水方向倾斜 45°。

（三）改河道防护

改河道防护适用于山区及半山区河道弯曲不规则的河段，通过改弯取直或将急转弯改圆顺，以达到路基防护的目的。

改沟道防护时，挖河道的工程量较大，施工时应组织机械设备赶在洪水期之前完成，以保证已施工路基的安全。

改河施工时，应按设计要求开挖河道及处理弃方。

工作任务三　挡土墙施工

一、挡土墙概述

挡土墙是为防止路基填土或山坡土体坍塌而修筑的，能够抵挡侧向土压力，保持土体稳定的墙式构造物。挡土墙是公路路基中常见的一种支挡结构形式，其应用十分广泛。当山区地面横坡过陡，常在下侧边坡设置挡土墙；或在靠山侧，由于刷坡过多，不仅土石方工程数量大，而且破坏了天然植被容易引起灾害，因此设置挡土墙以降低路堑高度；在平原地区多为良田，为了节约用地，往往也在路基一侧或两侧设置挡土墙；当高路堤、深路堑土石方数量大，取、弃土困难时，也可设置挡土墙以减少土石方数量；挡土墙还经常用来整治崩塌、滑坡等路基病害等（图 5-20）。

1. 挡土墙的基本构造

挡土墙基本构造及各部分名称如图 5-21 所示。靠回填土（或山体）一侧为墙背，外露临空一侧为墙面（也称墙胸），墙的顶面称为墙顶，墙的地面称为基底。挡土墙的底部，称为基础或基脚，根据需要可与墙身分开建造，也可整体建造成为墙身的一部分。基底的外侧前缘部分称为墙趾，基底的内侧后缘部分称为墙踵。

图 5-20　绿化生态挡土墙

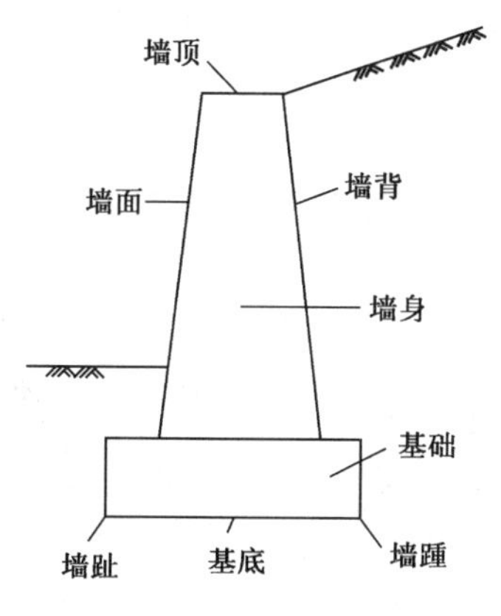

图 5-21　挡土墙组成示意图

2. 挡土墙的类型及用途

根据在路基横断面上的位置，挡土墙可分为路肩墙、路堤墙及路堑墙。当墙顶置于路肩时，称为路肩式挡土墙；若挡土墙支撑路堤边坡，墙顶以上尚有一定的填土高度，则称为路堤式挡土墙，又称坡脚式挡土墙；如果挡土墙用于稳定路堑边坡，称为路堑式挡土墙；设置在山坡上用于防止山坡覆盖层下滑的挡土墙，称为山坡挡土墙，各类挡土墙的图式和使用场合见表5-4。

挡土墙图式和使用场合 表5-4

序号	名　称	示 意 图	使 用 场 合
1	路肩挡土墙	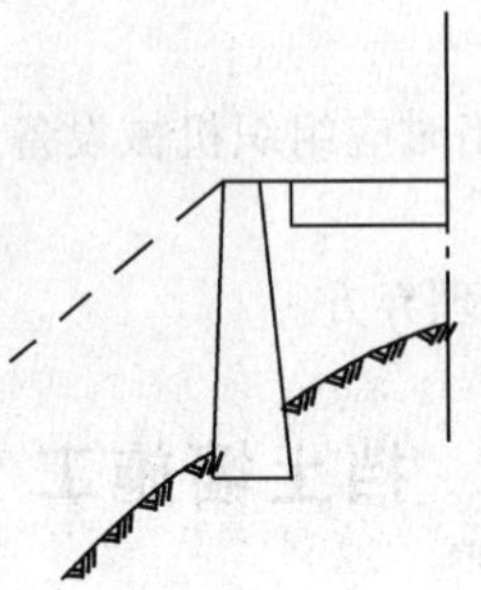	陡山坡上，为保证路堤稳定，收缩坡脚； 压缩路堤坡脚，减少占用土地或避免与其他建筑物干扰； 防止沿河路堤水流冲刷、淘刷
2	路堤挡土墙	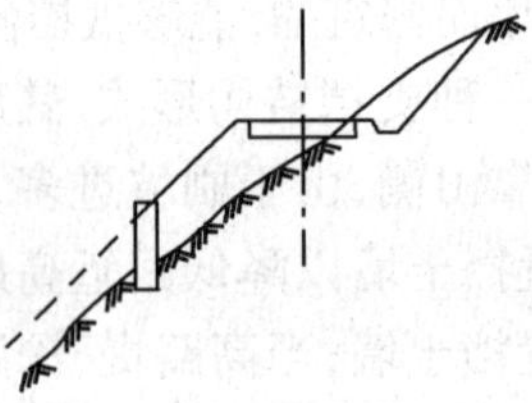	受地形限制或其他建筑物干扰，必须约束坡脚时； 防止陡坡路肩下滑
3	路堑挡土墙	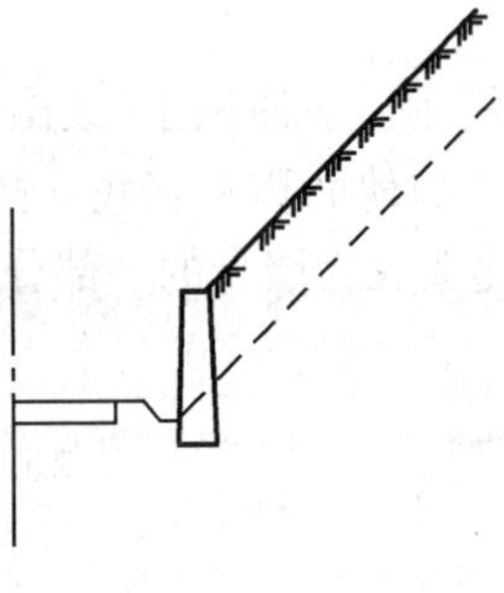	山坡陡峻，用以降低边坡高度，减少山坡开挖，避免破坏山体平衡； 地质不良，用以支挡可能坍塌的山坡土体
4	山坡挡土墙	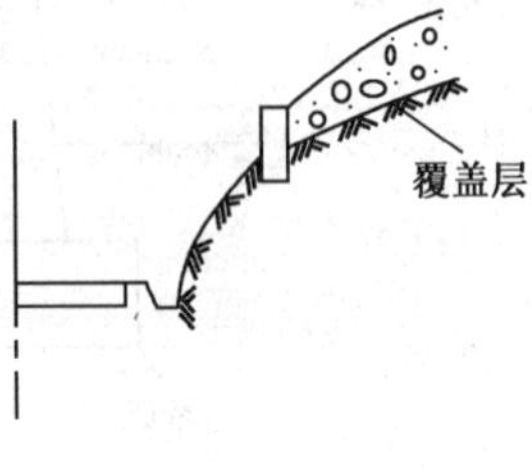 覆盖层	用以支挡山坡上有可能滑塌的覆盖层土体或破碎岩层； 根据山坡情况可分设数道，以满足实际需要

根据墙体材料的不同，挡土墙有石砌挡土墙、砖砌挡土墙、混凝土块砌挡土墙、混凝土挡土墙、钢筋混凝土挡土墙及木质挡土墙；根据挡土墙的结构，常见的形式有：重力式、衡重式、悬臂式、扶壁式、加筋土式、锚杆式、锚定板式和桩板式，此外还有柱板式、垛式、竖向预应力锚杆式及土钉式等类型。下面介绍常见的浆砌重力式挡土墙的施工。

二、重力式挡土墙

重力式挡土墙依靠自重支撑土压力来维持其稳定(图5-22)。一般多用片(块)石砌筑，在缺乏石料的地区可用混凝土修建。重力式挡土墙结构简单，施工方便，取材容易，但由于墙背侧向土压力主要是依靠墙身的自重来保持平衡，故墙身断面尺寸较大，圬工量较大，对地基承载力要求也较高。

图5-22　重力式挡土墙

(一)重力式挡土墙的构造

常用重力式挡土墙一般由墙身、基础、排水设施和沉降缝、伸缩缝等几部分组成。

1. 墙身

为适应不同地形、地质条件及经济要求，重力式挡土墙具有多种墙背形式。其中，墙背为直线形的是普通重力式挡土墙，如图5-23a)、b)、c)所示，其断面形式最简单，土压力计算简便。带衡重台的挡土墙，称为衡重式挡土墙，如图5-23e)所示，衡重式挡土墙由上墙、下墙和衡重台三部分组成，其主要稳定条件仍凭借于墙身自重，但由于衡重台上填土的重力使全墙重心后移，增加了墙身的稳定，且因其墙前胸坡很陡，下墙背仰斜，所以可以减小墙的高度，减少开挖工作量，避免过分牵动山体的稳定，有时还可以利用台后净空拦截落石。衡重式挡土墙在山区公路中常采用，但由于其基底面积较小，对地基承载力要求较高，故应设置在坚实的地基上。不带衡重台的折线形墙背挡土墙，则介于上述两者之间，如图5-23d)所示。

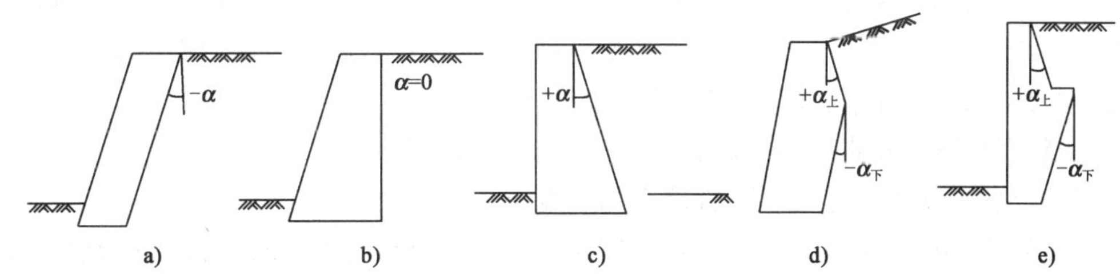

图5-23　重力式挡土墙的断面形式

a)仰斜式；b)垂直式；c)俯斜式；d)折线式；e)衡重式

挡土墙的墙面一般为平面，墙面坡度除应与墙背的坡度相协调外，还应考虑墙趾处地面的横坡度。墙顶最小宽度，浆砌片石时不应小于500mm，干砌片石时不应小于600mm。

2. 基础

挡土墙大多数都是直接砌筑在天然地基上，常采用扩大基础。

3. 排水设施

挡土墙应设置排水设施，疏干墙后土体和防止地面水下渗。排水措施主要包括：

(1)设置地面排水沟,引排地面水。

(2)夯实回填土顶面和地面松土,防止雨水及地面水下渗,必要时可加设铺砌。

(3)对路堑挡土墙墙趾前的边沟应予以铺砌加固,以防边沟水渗入基础。

(4)设置墙身泄水孔,排除墙后水。

浆砌片(块)石墙身应在墙前地面以上设一排泄水孔。墙体较高时,可在墙上部加设一排泄水孔。泄水孔的尺寸一般为方孔或圆孔,孔眼间距一般为 2 ~ 3m,渗水量大时可适当加密,孔眼上下错开布置。下排排水孔的出口应高出墙前地面 0.3m,若为路堑墙,应高出边沟水位 0.3m。泄水孔应在砌筑墙身过程中设置,确保排水畅通,并应保证墙背反滤、防渗设施的施工质量。

4. 沉降缝与伸缩缝

为避免因地基不均匀沉陷而引起墙身开裂,需根据地基地质条件及墙高、墙身断面的变化情况,设置沉降缝。为了防止圬工砌体因收缩硬化和温度变化而产生裂缝,应设置伸缩缝。沉降缝与伸缩缝合并设置,沿路线方向每隔 10 ~ 15m 设置一道,缝宽 20 ~ 30mm。伸缩缝和沉降缝内两侧壁应竖直、平齐,无搭叠,缝中防水材料应按设计要求施工。

(二)重力式挡土墙材料要求

1. 石料

石砌挡土墙石料可采用片石、块石和粗料石三种,要求强韧、密实、坚固与耐久,技术指标必须满足设计和规范要求,并应满足以下要求:

(1)石料应挑选结构密实、石质均匀、无裂缝、不易风化的硬质石料。在冰冻地区,还应具有耐冻性。

(2)石料的抗压强度不低于 25 MPa。在地震区及严寒地区,应不低于 30 MPa。

(3)片石应只有两个大致平行的面,其厚度不宜小于 15cm(卵形薄片者不得使用),镶面石料应选择尺寸稍大并具有较平整表面,且应稍加粗凿。在角隅处应使用较大石料,大致粗凿方正。

(4)块石一般形状大致方正,上下面也大致平整,厚度不小于 20cm,宽度宜为厚度的 1 ~ 1.5 倍,长度约为厚度的 1.5 ~ 3.0 倍,如有锋棱锐角,应敲除。块石用做镶面石时,应由外露面四周向内加以修凿,后部不修凿,但应略小于修凿部分。

(5)粗料石应修凿并修整到大致形成六面体,其厚度为 200 ~ 300mm,宽度为 1 ~ 1.5 倍厚度,长度为 2.5 ~ 4 倍厚度,表面凹陷深度不超过 20mm。

粗料石砌体的镶面石,其丁石长度应比同层顺石宽度至少大 150mm。镶面石的外露面和所有垂直于外露面的表面应修凿。

2. 砂浆

砂浆按其用途不同可分为砌筑砂浆和抹面砂浆两类。

(1)砂浆所用水泥、砂及水应符合规范要求。砂浆用砂宜用中砂或粗砂。

(2)砌筑砂浆强度等级应符合设计要求,一般不低于 M5。

(3)勾缝砂浆强度等级对于主体工程不低于 M10,附属工程不低于 M7.5,且均不低于砌筑砂浆的强度等级。

(4)砂浆拌制一般要求采用机械拌和。

（三）重力式挡土墙施工

重力式挡土墙施工工艺流程如图5-24所示。

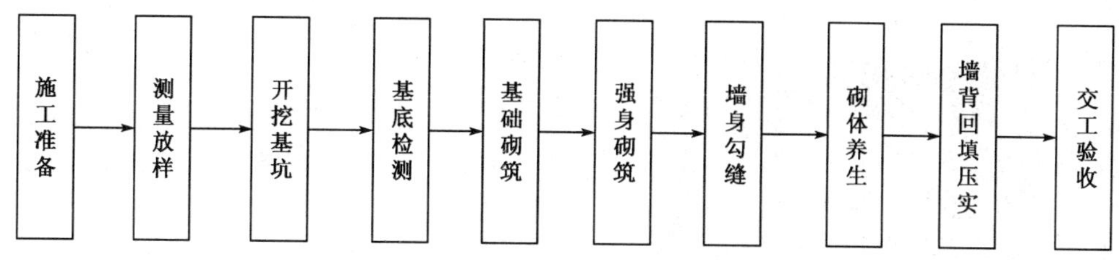

图5-24　重力式挡土墙施工工艺流程图

1. 开挖基坑

(1)开挖施工前，应做好截、排水及防渗设施。施工过程中，基坑内积水应随时排干。

(2)施工过程中应对地质情况进行核对，与设计不符时，应及时处理。

(3)基坑开挖宜分段进行，以防基坑坍塌。

(4)基坑开挖不得破坏基底土的结构，如有超挖或扰动，应将原土回填夯实或做换填处理。

(5)采用倾斜基底时，应严格按照基底坡度、基底高程开挖，保持地基土的天然结构，不得超挖填补。

2. 基底检测

开挖基坑后，应按规范要求对基底进行检测。基底经检验合格后，才能进行基础砌筑施工。任何土质基坑挖至设计高程后不得因长时间暴露、扰动或浸泡而削弱其承载能力。一般土质基坑挖至接近设计高程时，保留10～20cm的厚度，在基础施工前以人工突击挖除。因此，基坑开挖完成后，应及时对基底进行承载力检验，检验合格后，应及时进行下道工序施工。当基底土质为碎石土、砂砾土、砂性土、黏性土等时，将其整平夯实。当遇有基底软弱或土质不良地段时，应根据实际情况进行处治，如基坑土换填、扩大基础等。

3. 基础砌筑

基坑完成后，按基底纵轴线结合横断面放线复验，确认位置、高程正确无误后，方可进行基础砌筑，砌筑方法同墙身。基础砌筑应注意以下问题：

(1)砌筑前，应将基底表面风化、松散土石清除干净。

(2)砌筑基础的第一层砌块时，如基底为岩层或混凝土基础，应先将基底表面清洗、湿润，再坐浆砌筑，这样可使第一层砌块与基底黏结牢固，保证砌体与基底间的抗弯能力和抗剪能力；如基底为土质，可直接坐浆砌筑。

(3)对于土质基坑或风化软岩基坑，在雨季施工时，应于基坑挖至设计高程，立即满铺砌筑一层。

(4)硬质岩石基坑，基础宜紧靠坑壁砌筑，并插浆塞满间隙，使之与岩层形成整体。

(5)采用台阶式基础时，台阶转折处不得砌成竖向通缝，砌体与台阶壁间的缝隙应插浆塞满。

(6)砌筑基础时，应保证砌体砂浆不受水冲刷。

(7)在岩层破碎、土质松软或有水的地段，宜择旱季分段集中施工。

(8)基础完成后，应立即回填，以小型压实机械分层夯实，并在表面留3%的向外斜坡，防止积水渗入基底。

4. 墙身砌筑

墙身要分层错缝砌筑（图 5-25），砌筑上层时，不应振动下层。砌筑工艺分为浆砌、干砌两种。

图 5-25 墙身砌筑

(1)浆砌

浆砌是利用砂浆胶结砌体材料，使之成为整体的人工构筑物。一般浆砌砌筑方法有：坐浆法、抹浆法、挤浆法和灌浆法四种。

①坐浆法，又称铺浆法。砌筑时先在下层砌筑面上铺一层厚薄均匀的砂浆，压下砌石，借石料自重将砂浆压紧，并在灰缝上加以必要的插捣和用力敲击，使砌石完全稳定在砂浆层上，直至灰缝表面出现水膜。

②抹浆法。用抹灰板在砌石面上用力涂上一层砂浆，尽量使之贴紧，然后将砌石压上，辅助以人工插捣或用力敲击，使砂浆挤出后灰缝平实。

③挤浆法。该方法是坐浆法与抹浆法综合运用的砌筑方法。除基底为土质的第一层砌体外，每一块石料，均应先铺底浆，再放石块，经左右轻轻揉动几下后，再轻击石块，使灰缝砂浆被压实。在已砌筑好的石块侧面砌筑时，应在相邻侧面先抹砂浆，后砌石，并向下及侧面用力挤压砂浆，使灰缝挤实，砌体贴紧。

④灌浆法。把砌石分层水平铺放，每层高度均匀，空隙间填塞碎石，在其中灌以流动性较大的砂浆，边灌边捣实，至砂浆不能渗入砌体空隙为止。

浆砌砌体时应立杆挂线或样板挂线，要求墙面坡线应顺直整齐，逐层收坡，墙背坡线可大致适顺，在砌筑过程中应经常校正线杆，以保证砌体各部尺寸符合设计要求。

①浆砌片石挡土墙，浆砌片石应分层进行。较长的砌体除分层外，还应分段砌筑，两相邻段的砌筑高差不应超过 1.2m，分段处应设置沉降缝或伸缩缝。

浆砌片石一般采用挤浆法和灌浆法砌筑。砌体外侧面石与转角石应选择表面较平且尺寸较大的石块。浆砌时，应长短相间并与里层石块咬紧，石块应大小搭配、相互错叠、咬接紧密，片石与片石之间均应有砂浆隔开，不得直接接触。上下层石块应交错排列，避免竖缝重合，砌缝宽度一般不应大于 40mm。

②浆砌块石挡土墙，浆砌块石多用坐浆法和挤浆法。先铺底层砂浆并淋湿石块，安砌底层。块石应分层平砌，大面向下，先角石，再面石，后腹石，上下竖缝错开，错缝距离不应小于 100mm。镶面石的垂直缝应用砂浆填实饱满，不能用稀浆灌注。

块石应根据墙高进行层次配料，每层石料高度大致齐平。镶面石表面四周应加以修整，使尾部略小，以利于安砌。为使面石与腹石边连接紧密，可采用一丁一顺或两丁一顺的相间排列。

③浆砌料石挡土墙，浆砌料石应按规定的灰缝宽度及错缝要求配好石料，再用铺浆法顺序砌筑，边砌边填立缝，并应先砌角石。每层料石均应采用一丁一顺排列，沟缝横平竖直，水平缝为通缝。

(2)干砌

干砌是不用胶凝材料仅靠石块间的摩擦力和挤压力相互作用，使砌体的砌石互相咬紧的施工方法。

干砌片石施工应注意以下几点：

①选择的片石应尽量大，铺砌时大面向下。

②干砌顺序应先外后里，并要求外高内低，以防石块下滑。

③要考虑上、下、左、右间的接砌，应将面石的棱角修整，以利砌筑和美观。

④干砌时应错缝且应使石块相互咬紧。接触面积应尽可能多，空隙用小石块嵌填紧密。

5. 墙身勾缝

圬工表面勾缝具有防止有害气体和风、雨、雪等侵蚀砌体内部，延长构筑物使用寿命及装饰外形美观等作用。在设计无特殊要求时，勾缝宜采用凸缝或平缝，勾缝宜用1:1.5~1:2的水泥砂浆，并应嵌入砌缝内约2cm。勾缝前，应先清理缝槽，用水冲洗湿润，砌体勾缝应牢固、美观，横平竖直，深浅一致，不应有瞎缝、丢缝、裂纹和黏结不牢等现象，片石砌体的勾缝应保持砌后的自然缝。

6. 墙顶处理

路肩式浆砌挡土墙墙顶宜用粗料石或现浇混凝土（C15）做成顶帽，其厚度通常为40cm，顶部帽檐悬出的宽度为10cm；不做墙帽的路肩墙或路堤墙和路堑墙，墙顶面宜以大块石砌筑，采用M5.0以上砂浆勾缝和抹平顶面，厚2cm。

7. 沉降缝、伸缩缝砌筑

沉降缝、伸缩缝的宽度一般为2~3cm。为保证接缝的作用，两种接缝均须垂直，并且缝两侧砌体表面需要平整，不能搭接，必要时缝两侧的石料须加修凿。

砌筑接缝砌体时，最好根据设计规定的接缝位置设置，采用跳段砌筑的方法，使相邻两段砌块高度错开，并在接缝处挂线砌筑，使外露面又直又平。

接缝中尚需填塞防水材料，防止砌体漏水。当用胶泥作填缝料时，应沿墙壁内、外、顶三边填塞并捣实；当填缝材料为沥青麻筋或沥青木板时，可贴置在接缝处已砌墙段的端面，也可在砌筑后再填塞，但均需沿填壁内、外、顶三边填满、挤紧。不论填哪种材料，填塞深度均不得小于15cm，以满足防水要求。

8. 砌体养生

对浆砌砌体应加强养生，以便砌体砂浆强度的形成和提高。养生时，应注意以下几点：

（1）不可在砌体上抛掷或凿打石块。已砌好但砂浆尚未凝结的砌体，不可使其承受荷载。

（2）如所砌石块在砂浆凝结后有松动现象，应予拆除，刮净砂浆，清洗干净后，重新安砌。拆除和重砌时，不得撞动邻近石块。

（3）新砌圬工前一段落或收工时，须用浸湿的草帘、麻袋等覆盖物将砌体盖好。一般气温条件下，在砌完后10~12h以内，炎热天气在砌完后2~3h以内即须洒水养生。养生时间一般不少于7~14h。

（4）养生时须使覆盖物经常保持湿润，在一般条件下（气温在15℃及以上），最初的3d内，昼间至少每隔3h浇水一次，夜间至少浇水一次；以后每昼夜至少浇水3次。

（5）新砌圬工的砂浆，在硬化期间不应使其受雨水冲刷或水流淹浸。

（6）在养生期间，除抗冻砂浆外，一般砂浆在强度尚未达到设计强度的70%以前，不可使其受力。

9. 墙背回填

当墙身的强度达到设计强度的75%时，才能进行墙背回填等工作，并应优先选择渗水性好、抗剪强度高且稳定、易排水的砂砾土填筑。严禁使用腐殖质土、盐渍土、淤泥、白垩土和硅藻土作为填料，填料中不得含有机物、冰块、草皮、树根等杂物和生活垃圾。如确有困难需采用不透水土壤时，必须做好砂砾反滤层，并与砌体同步进行。浸水挡土墙背应全部用水稳性和透水性较好的材料填筑。

墙背回填要均匀摊铺平整，并设不小于3%的横坡逐层填筑，逐层夯实，不允许向着墙背斜坡填筑，严禁使用膨胀性土和高塑性土。每层压实厚度不宜超过20cm，碾压机具和填料性质应进行压实试验，确定填料分层厚度及碾压遍数，以便正确指导施工。路肩挡土墙顶面高程应略低于路肩边缘高程2～3cm，挡土墙顶面做成与路肩一致的横坡度，以排除路面水（图5-26）。

图5-26　墙背回填压实

压实时应注意勿使墙身受较大的冲击影响，在距墙背0.5～1.0m以内，不宜用重型振动压路机碾压，应采用小型压实机具碾压。

三、挡土墙常见病害

挡土墙常见病害和破坏的形式有：滑移、倾覆、沉陷、墙身竖向开裂和横向断裂等，如图5-27和图5-28所示。此外，还有勾缝脱落、表面破损、墙背填土沉陷、基础冲刷淘空、变形缝破损等病害形式。

图5-27　浸水挡土墙倾覆

图5-28　挡土墙沉陷

1. 勾缝脱落

勾缝脱落是砌体挡土墙比较普遍的一种病害。砂浆勾缝在雨水表面径流作用下，砂浆被冲刷散失，水泥混凝土预制块或片（块）石砌缝外露。

2. 裂缝

裂缝是挡土墙比较常见的病害之一。挡土墙裂缝根据严重程度有两种：贯通裂缝和未贯通裂缝。当发生了贯通裂缝，则墙体可能发生断裂，很可能已失去支挡作用，危害程度较大，应加以处理。

3. 表面破损

表面破损主要是指浆砌片（块）石或预制砌块破碎松动、砂浆脱落，如维修不及时，使雨水冲刷下渗，导致大面积散失、脱空和剥落，使得挡土墙的支挡作用降低甚至丧失。

4. 墙背填土沉陷变形

挡土墙背填土发生沉降变形是一种比较普遍的严重病害。由于填料选择不当，加之施工压实不足，在墙背排水不利情况下，地表径流汇集、雨水下渗，在潜蚀作用下引起沉陷变形。当墙体泄水孔畅通时，土颗粒将随下渗水流移动，被水流带走，逐渐形成陷穴，使墙背脱空，影响行车舒适性和安全性；若泄水孔被堵塞，则墙背将积水，填土含水率增大，强度大大减弱，土压力增大，极易使墙背填土发生沉陷变形，甚至会使土体发生溜坍、滑坡，导致挡土墙失稳和破坏。

5. 泄水孔堵塞

挡土墙中设置合理的泄水孔，有利于排除墙背填土积水，降低孔隙水压力，维持其稳定性。但由于施工质量问题，如反滤层设置不合理，或泄水孔结构施工不符合设计要求等，在使用过程中随水流的作用，可能使泄水孔的排水通道被细颗粒材料堵塞，从而形成墙背填土积水，容易导致冻胀、湿陷、滑塌等严重病害的产生。

6. 基础冲刷淘空

基础冲刷淘空是公路水毁的一种主要形式，且危害较大。处于暴雨集中、雨水冲刷严重或沿河、冲沟地段的挡土墙，常因雨水急速局部冲刷基础，使底部材料被形成的涡流冲蚀、卷起带走，随着冲刷深度和范围的增大，导致基础脱空，如不及时处理，则会进一步导致结构物失稳破坏。

7. 沉降缝、伸缩缝破损变形

沉降缝、伸缩缝破损变形主要是指缝在施工中未按要求完全封闭，设计中设置位置不合理或设置数量不足，从而在自然因素和人为因素作用下，导致缝被颗粒材料填充、变形量不足而被挤裂或拉开。

【工程范例】

青临高速公路某合同段挡土墙开工报告

一、工程概况

青临高速公路某合同段挡土墙主要砌筑于仰斜式路堤上，桩号为：K112 + 625 ~ K112 + 850（左侧）、K112 + 655 ~ K112 + 770.8（右侧），边沟采用矩形和蝶形两种。

二、施工人员进场及现场准备情况

本工程项目部安排富有施工经验的工程队施工，并按要求进驻施工现场，管理人员进场情况见表5-5。

管理人员进场情况　　表5-5

队　名	路基施工二处	队　名	路基施工二处
队长	×××	质检员	××
技术负责人	×××	安全员	×××

三、施工机械、设备及材料进场情况

施工用机械设备均已进场，并已安装调试好。本工程砂浆采用圆筒式砂浆搅拌机现场拌制。

该段挡土墙工作量包括：M7.5浆砌片石5 581.76m^3，M7.5浆砌片石355.50m^3，20mm碎石14.3m^3，1~4mm粒径的砂砾21.4m^3，300g/m^2反滤土工布595.4m^2，基础挖方1 518.69m^3。施工用的各种材料已按要求进场，并已能满足先期施工的需要，以后随着工程的进展，材料将根据工程进度陆续进场。该工程使用水泥为山东沂州水泥，用砂产地为沂水县武家洼西古城村，片石产地为沂水杨庄镇孟母村，块石产地为五莲。

已进场机械设备情况表(略)。

四、技术准备

1.测量放样

根据设计图纸提供的中桩坐标及轴线方向，已将轴线测放出来，并经监理工程师审核无误，轴线上的控制桩已列出并已保护好，可随时复核其平面位置。

2.试验

水泥、砂、石料等各项原材料，工地试验室已经对其各项指标进行了检验，均符合规范要求，施工用配合比已批复，可用于施工。

在施工中将严格按照驻地办试验室同意的材料进行购料、进料。进场的材料已按规范要求的频率和方法进行了自检，均符合要求。随着工程的进展，相继进场的材料仍将严格自检，对不合格的材料坚决清除出场。

3.检测工具

按规范要求的水准仪、全站仪、钢尺等检测工具均已齐备。

五、施工工艺及方法

1.基坑

基础开挖前，把轴线控制桩引至基坑外加以固定，土方开挖采用人工配合挖掘机开挖。挖掘机开挖时预留30cm使用人工开挖整平，若基坑有水时，在基坑底四周设排水沟，将水汇流至集水井内再用水泵集中抽出。

2.地基承载力要求

挡土墙地基允许承载力随着路基填土和墙的高度的变化而变化，若承载力不满足要求则应进行换土或采用其他监理工程师认可的方法进行处理。

3.基础施工工艺

浆砌砌体实测项目质量检验标准见表5-6。

挡土墙基础采用M7.5浆砌片石。浆砌片石的总体要求如下：

砂浆饱满、接缝交错、表面平整、勾缝严密、及时养护；严禁通缝、叠砌、贴砌和浮塞。

(1)石料应符合设计规定的类别和强度，石质应均匀、不易风化、无裂纹。

(2)片石：一般指用爆破或楔劈法开采的石块，厚度不应小于15cm(卵形和薄片者不得采用)。用做镶面的片石，应选择表面较平整、尺寸较大者，并应稍加修整，外观颜色要一致。禁止使用山皮、水锈、裂纹及风化石。

(3)砂浆必须采用机械设备拌和，拌和时间宜为3~5min，具有良好的和易性，其稠度以标准圆锥体沉入度表示，用于石砌时宜为50~70 mm，气温较高时可适当增大。零星工程用砂浆的稠度,也可用直观法进行检查,以用手能将砂浆捏成小团,松手后既不松散、又不由灰铲上流下为度。

浆砌砌体实测项目质量检验标准 表 5-6

项次	检 查 项 目		规定值或允许偏差	检查方法和频率	权值
1	砂浆强度(MPa)		在合格标准内	《公路工程质量检验评定标准》(JTG F80/1—2004)按附录 F 检查	3
2	顶面高程(mm)	料、块石	±15	水准仪:每 20m 检查 3 点	1
		片石	±20		
3	竖直度或坡度	料、块石	0.3%	吊垂线:每 20m 检查 3 点	2
		片石	0.5%		
4	断面尺寸(mm)	料石	±20	尺量:每 20m 检查 2 处	2
		块石	±30		
		片石	±50		
5	表面平整度(mm)	料石	10	2m 直尺:每 20m 检查 5 处	2
		块石	20		
		片石	30		

(4)砂浆配制应采用质量比,砂浆应随拌随用,保持适宜的稠度,一般宜在 3 ~ 4h 内使用完毕;气温超过 30℃时,宜在 2 ~ 3h 内使用完毕。在运输过程或在储存器中发生离析、泌水的砂浆,砌筑前应重新拌和;已凝结的砂浆,不得使用。对砂浆的取样应按不同强度等级、不同配合比分别制取试样,重要及主体砌筑物,每工作班应取试件 2 组。其余各取 1 组,强度应符合设计要求。

(5)砌筑前应将石块逐一洗净,并使其饱和,其垫层也应干净、湿润。

(6)砌筑采用坐浆、挤浆法,并用扁钢或其他工具捣实,应保证砂浆饱满。

(7)砌筑前应做好支架模具,并挂线施工,使砌体坡度、竖直度、大面积平整度、断面尺寸等均达到规范要求。

(8)砌缝宽度、错缝距离符合规定,勾缝坚固、整齐,深度和形式符合要求。

(9)砌筑方法正确,片石应分层砌筑,一般 2 ~ 3 层组成一个工作层,每层大致找平。上下层竖缝应错井,半竖缝宽度应控制在 4cm 以内;任何层次石块与临层石块搭接不小于 8cm,平竖缝宽度不应大于 3cm。

(10)砌筑过程及结束后一定要随时洒水、覆盖,做好养生工作。砂浆初凝后,洒水覆盖养生 7 ~ 14d。

(11)砌体沉降缝、伸缩缝、泄水孔及防水层的设置均应符合设计要求,不超过允许偏差。

(12)勾缝要求:所有砌体勾缝一律采用凹缝,在砂浆凝固前应将外露勾缝勾好,勾缝深度不小于 3cm,严禁勾凸缝或平缝,否则按不合格工程处理。勾缝要求直、顺、光,勾缝完成后要经常洒水、覆盖养生,防止干裂脱落。

4. 墙身施工工艺

挡土墙墙身采用 M7.5 浆砌片石,并用 M7.5 浆砌块石镶面,具体施工工艺及步骤如下:

(1)石料应符合设计规定的类别和强度,石质应均匀、不易风化、无裂纹。

(2)片石:一般指用爆破或楔劈法开采的石块,厚度不应小于15cm(卵形和薄片者不得采用)。用做镶面的片石,应选择表面较平整、尺寸较大者,并应稍加修整,外观颜色要一致。禁止使用山皮、水锈、裂纹及风化石。

(3)块石:用于镶面的块石其厚度为20~30cm,宽度为厚度的1.0~1.5倍,长度为厚度的1.5~3.0倍。外观颜色要一致,大致方正、上下面平行,应由外露面四周向内加以修凿,表面凹陷深度不能大于2cm。角隅石或沉降缝处应根据需要修凿成设计所需形状。

(4)砂浆必须采用机械设备拌和,拌和时间宜为3~5min,具有良好的和易性,其稠度以标准圆锥体沉入度表示,用于石砌时宜为50~70 mm,气温较高时可适当增大。零星工程用砂浆的稠度,也可用直观法进行检查,以用手能将砂浆捏成小团,松手后既不松散、又不由灰铲上流下为度。

(5)砂浆配制应采用质量比,砂浆应随拌随用,保持适宜的稠度,一般宜在3~4h内使用完毕;气温超过30℃时,宜在2~3h内使用完毕。在运输过程或在储存器中发生离析、泌水的砂浆,砌筑前应重新拌和;已凝结的砂浆,不得使用。对砂浆的取样应按不同强度等级、不同配合比分别制取试样,重要及主体砌筑物,每工作班应取试件2组。其余各取1组,强度应符合设计要求。

(6)砌筑前应将石块逐一洗净,并使其饱和,其垫层也应干净、湿润。

(7)砌筑采用坐浆、挤浆法,并用扁钢或其他工具捣实,应保证砂浆饱满。

(8)砌缝宽度、错缝距离符合规定,勾缝坚固、整齐,深度和形式符合要求。

(9)砌筑方法正确,片石应分层砌筑,一般2~3层组成一个工作层,每层大致找平。上下层竖缝应错开,平竖缝宽度应控制在4cm以内;用块石镶面时,应按一丁一顺或一丁两顺砌筑。任何层次石块与临层石块搭接不小于8cm,平竖缝宽度不应大于3cm。

(10)砌筑过程及结束后一定要随时洒水、覆盖,做好养生工作。砂浆初凝后,洒水覆盖养生7~14d。

(11)砌体沉降缝、伸缩缝、泄水孔及防水层的设置均应符合设计要求,不超过允许偏差。

(12)勾缝要求:所有砌体勾缝一律采用凹缝,在砂浆凝固前应将外露勾缝勾好,勾缝深度不小于3cm,严禁勾凸缝或平缝,否则按不合格工程处理。勾缝要求直、顺、光,勾缝完成后要经常洒水、覆盖养生,防止干裂脱落。

5. 沉降缝

根据设计图纸要求,挡土墙采用纵向每隔10m设置一道沉降缝,缝宽2~3cm,缝内沿墙的内、外、顶三变填塞沥青麻筋,塞入深度不小于20cm。

六、注意事项

1. 墙身要分层砌筑,砌出地面后基坑应及时回填夯实,并完成其顶面排水、防渗设施。

2. 当墙身的强度达到设计强度的75%时,方可进行回填工作。在距墙背0.5~1.0m以内,不宜用重型振动压路机碾压。

3. 挡墙墙背应采用透水性填料填筑,要求填料内摩擦角不小于35°。

4. 挡墙基础埋深不小于100cm,墙趾顶部的土层厚度不小于30cm,挡墙基底应压实,基底承载力应满足设计要求。

5. 基坑开挖应注意地表排水，修设拦水带，挖好排水沟，配备抽水设施。

6. 施工过程中，及时、正确地填写施工原始记录和质量检测记录。

7. 泄水孔孔径10cm，间距2～3cm，按梅花形布置，泄水孔向外坡度5%，最低一排泄水孔应高出地面不小于20cm。泄水孔应保持直通无阻。泄水孔后应设置反滤包，反滤包纵向长度不小于30cm/处。

七、雨季施工

1. 做好场地排水工作，设置排水沟和汇水井及时排除积水。

2. 施工便道设置路面横坡，确保施工便道正常通车。

3. 混凝土拌和站与现场砂石料堆放场搭建雨棚，及时测定砂石料的含水率调整混凝土与砂浆的配合比，确保混凝土与砂浆的质量，混凝土泵车配备防雨罩。

4. 混凝土浇筑点配备足量的防雨布，对受雨水冲刷的混凝土及时采取补救措施。

5. 合理安排工作计划，尽量避开雨天施工。

八、质量控制措施

1. 完善质检制度，严格把握质量检验关，在施工中实行三级检验质量管理制度。

2. 切实做好技术交底工作：项目部对现场技术人员、施工队长及各施工班组组长进行技术交底，施工班组组长对现场施工人员进行二次技术交底，确保交底到现场每一位工作人员。

3. 建立健全质量保证体系，成立以项目经理为组长、项目总工为副组长、各部门和施工队负责人为组员的质量管理小组，进行明确的分工，做到质量工作人人有责。

4. 加强质量教育，提高全员的质量意识，做到人人关心质量工作。

5. 遵守监理大纲的要求，每道工序开工前报请监理工程师审批，经监理工程师检查同意后，方可施工；本工序完成经自检合格后，再报请监理工程师对该工序检查验收。对监理签发的有关文件，要认真整改落实。

6. 建立质量信息反馈制度，通过自检、互检、专检、抽检，将质量情况及时反馈到有关部门，重要质量信息要上报项目总工，对反馈的质量信息要组织技术人员进行攻关，分析原因，制订改进措施。

7. 实行目标管理：建立工序质量控制点，严把各分部、分项工程质量检查监督关，实行质量跟踪检查，对关键部位实行旁站监督，确保各部位工程质量优良。在施工准备阶段，制订各部位工程的质量控制标准及实施控制计划，并将该计划报监理工程师，以便监理工程师对工程质量进行控制与监督。

8. 认真执行技术复核制、质量三检制（自检、互检、专业检），建立工序交接检验制度，做到已完工序不合格，下道工序不开工，优良工序不成优，下道工序不施工。

9. 施工资料必须与施工同步。施工资料及报验单填写应规范，字迹工整清晰，杜绝错报、漏报及不经复检报验的现象。

10. 组织各部室、分部、施工队人员加强技术业务培训和学习，并建立一整套切实可行的技术业务考核制度，将其与项目部各级技术管理人员工资奖金挂钩，有奖有罚，从而做到认真、准确地执行质量法规和监理程序。

九、安全控制措施

1. 成立安全管理小组，负责施工路段进出车辆的交通管理及施工过程中进行安全检查监督。

2. 建立健全安全管理组织机构，成立各施工队长为组长的安全领导小组，各班组均设专职安全员，全面负责安全管理工作，责任到人，使安全工作上有专人抓，下有专人管，落到实处。确立明确的安全目标；坚持“安全第一，预防为主，教育开路，制度确保”的方针，坚决杜绝人为重大伤亡事故。

3. 建立一整套行之有效的安全保证规章制度。

(1)人人建立安全保证责任状，实行单位连续安全天数累进奖励和事故当事人与单位领导责任追究制，采用行政和经济相结合的奖罚办法。

(2)各专业作业班组都必须结合工程特点，制订完善的安全施工规章制度。施工的人员必须遵守呼唤应答制或建立有效的信号联络，必须确认安全方可操作。

(3)各种机械设备均由经考核合格的专职人员操作，严格执行操作规程。未经培训考核的无证人员严禁擅自操作，实行单机包机制，安全责任到人。

4. 加强安全知识教育，提高员工的安全保护业务素质。

(1)所有专业工种都必须结合工种和施工现场地形特点，加强岗前培训，系统掌握有关安全知识，并通过考核合格后持证上岗。

(2)利用一切机会开展普遍的安全知识教育，提高职工对自然灾害知识的认识和在险情下的应对能力。

5. 加强安全工作的物质保障。

(1)特殊环境下作业人员必须配发有关的劳动保护用品，如安全帽、安全带、防滑劳动鞋等。

(2)定期对施工人员进行体检，对从事特殊条件操作人员要给予营养补助，保持身体健康。

十、环境保护措施

1. 成立环境保护领导机构，项目部设环保小组，全面负责该项目施工期间的环境保护工作，制定环保规划，检查监督和考核评比。

2. 建立学习制度。施工中，结合技术交底，组织全体职工认真学习《环境保护法》等政策法规，学习业主对环境保护方面的有关规定，提高广大职工的环保意识，做到自觉主动地保护环境。

3. 根据本工程特点，采取具体的环保措施。

(1)防止水土流失和废料废方的处理。

①在施工期间始终保持工地的良好排水状态；

②建立废旧物品回收、保管和处理制度，设废物收集箱，生活区设化粪池、污水沉淀池；

③施工过程中的废弃物，要在工程完工时及时清除干净，以免堵塞河道和妨碍交通；

④施工区域、砂石料场在施工期间和完工以后要及时清理。

(2)防止和减轻水、大气污染。

①施工废水、生活污水不得直接排放，施工现场与驻地设置污水集水池，污水在集水池滤清后排放。

②施工期间，施工物料应堆放整齐，防止物料随雨水经流排入附近水域造成污染。

③施工机械要防止漏油，禁止机械在运转中产生的油污水与维修施工机械时的油污水未经处理直接排放。

④施工现场与施工机械经过的道路，要随时进行洒水抑尘，易于引起粉尘的细料或松散料要予以遮盖或适当洒水润湿，运输时用帆布或塑料布覆盖。

(3)积极动员全体职工，充分发挥他们的技术经验，定期召开施工会，对施工中有关施工方法和施工技术要求及操作过程中有关质量、进度、节约、文明施工各方面的改进提出合理意见。

【任务实施】

<table>
<tr><td colspan="3">任务一：路基边坡浆砌片石护坡施工</td></tr>
<tr><td>能力目标</td><td colspan="2">学生能够在施工现场或实训基地内完成50m现有边坡浆砌片石护坡施工，编写浆砌片石施工报告，分析施工过程中出现的问题与解决措施，总结施工经验</td></tr>
<tr><td rowspan="4">情境设计</td><td>实施时间</td><td>施工过程中</td></tr>
<tr><td>实施地点</td><td>施工现场</td></tr>
<tr><td>实施人员</td><td>测量员、施工员</td></tr>
<tr><td>实施内容</td><td>1. 布置任务，分组分段完成50m现有边坡浆砌片石护坡施工；
2. 熟悉浆砌片石施工工艺流程、设计文件；现场查看坡面情况、施工场地条件；制订施工比选方案；
3. 确定施工方案，落实工作分工与人员责任；
4. 编制施工进度计划，制订质量、安全措施；
5. 准备工作(片石运送到位、砂浆拌制)，按工艺流程组织施工，解决常见问题，安全与环境保护；
6. 检查护坡坡率、垫层厚度、伸缩缝和泄水孔设置、砂浆饱和度；
7. 编写片石护坡程施工情况报告，评价施工中出现的技术问题，提出解决措施，总结施工经验；
8. 完成任务总结</td></tr>
<tr><td colspan="3">任务二：路基边坡浆砌挡土墙施工</td></tr>
<tr><td>能力目标</td><td colspan="2">学生能够在施工现场或实训基地内完成50m现有边坡浆砌挡土墙施工，编写浆砌挡土墙施工报告，分析施工过程中出现的问题与解决措施，总结施工经验</td></tr>
<tr><td rowspan="4">情境设计</td><td>实施时间</td><td>施工过程中</td></tr>
<tr><td>实施地点</td><td>施工现场</td></tr>
<tr><td>实施人员</td><td>测量员、施工员</td></tr>
<tr><td>实施内容</td><td>1. 布置任务，分组分段完成50m现有边坡浆砌挡土墙施工；
2. 熟悉浆砌挡土墙施工工艺流程、设计文件；现场查看坡面情况、施工场地条件；制订施工比选方案；
3. 确定施工方案，落实工作分工与人员责任；
4. 编制施工进度计划，制订质量、安全措施；
5. 准备工作(测量放样、石料运送到位、地基承载力检测、砂浆拌制)，按工艺流程组织施工，解决常见问题，安全与环境保护；
6. 检查挡土墙坡率、墙后填料、伸缩缝和泄水孔设置、砂浆饱和度、外表美观度；
7. 编写浆砌挡土墙施工情况报告，评价施工中出现的技术问题，提出解决措施，总结施工经验；
8. 完成任务总结</td></tr>
</table>

学习情境六　路基整修与交工验收

教学目标

能力目标——能够进行路基整修和交工验收工作。

知识目标——掌握路基整修施工内容与施工方法，掌握路基交工验收的现场检测方法及质量评定方法。

教学内容

1. 路基整修施工内容与施工方法；
2. 路基交工验收准备内容；
3. 路基交工验收现场检测方法；
4. 路基质量检验及等级评定。

任务描述

通过一体化教学，利用施工现场或实训基地，使学生熟悉路基工程的整修和交工验收的程序，掌握路基工程现场检测的方法及数据的记录、结果的评定、资料的整理，应能完成1km土方路基的分项工程现场检测及质量评价。

项 目 引 导

交工验收是依据施工技术标准和设计文件，对路基工程最终的施工质量作出评定，以评价工程是否可以移交下一阶段施工或是否满足通车要求。

一、交工验收的基本程序

公路工程交工验收工作应当做到公正、真实和科学。验收要严格按照规定的程序进行。

1. 施工单位完成合同约定的全部工程内容，且经施工自检和监理检验评定均合格后，提出合同段交工验收申请报监理单位审查。交工验收申请应附自检评定资料和施工总结报告。

2. 监理单位根据工程实际情况、抽检资料以及对合同段工程质量评定结果，对施工单位交工验收申请及其所附资料进行审查并签署意见。监理单位审查同意后，应同时向项目法人提交独立抽检资料、质量评定资料和监理工作报告。

3. 项目法人对施工单位的交工验收申请、监理单位的质量评定资料进行核查，必要时可委托有相应资质的检测机构进行重点抽查检测，认为合同段满足交工验收条件时，应及时组织交工验收。

4. 对若干合同段完工时间相近的，项目法人可合并组织交工验收。对分段通车的项目，项目法人可按合同约定，分段组织交工验收。

5. 通过交工验收的合同段，项目法人应及时颁发“公路工程交工验收证书”。

6. 施工单位、监理单位完成本合同段的工作总结报告。

二、路基的检查与验收

1. 当每一分项工程、分部工程、单位工程完成时，应按批准的设计图纸、设计文件、技术规范要求，对施工质量进行中间检查。中间检查验收是保证工程质量的重要环节。出现的质量事故、质量问题要按规定程序进行处理，发现的质量缺陷根据规范要求或设计要求进行返工或者处理。

2. 路基施工过程中如有下列情况，应进行中间检查：

(1) 地基准备工作完成后，以及在斜坡上完成台阶后(清除地面杂草、淤泥等)。

(2) 边坡加固前，应对其加固方法、形式、填挖方边坡加固的适用性，以及边坡坡度是否适当进行检查。

(3) 发现已完工的土方工程及竣工后的路基被地面水浸淹损坏时。

(4) 取土坑及弃土堆超过原设计的数量时。

(5) 遇意外的填土下陷及填挖方的边坡坍塌需增加土方及边坡加固工程数量时。

(6) 在进行计划以外的附加土方工程(排水沟、截水沟、疏导工程等)时。

(7) 遇下列隐蔽工程时，必须按照设计要求和规范的有关规定进行中间检查验收；凡不符合有关规定的项目，不得进行下一工序。

①路基渗沟回填土以前；

②填方或挖方地段，按设计规定所做的换土工作完成后；

③对需采取特殊措施才能保证填方稳定的路基，在地基处理后(如泉水、溶洞、地下水处理后)；

④路基隔离层上填土以前。

3. 各类防护加固工程基础开挖后，应检查基底地质、高程、地下水情况。

4. 交工验收前，应恢复施工段内的导线点、水准点，以及验收中要求和可能需要的其他标志桩。

5. 交工验收前，应按路基施工技术规范和《公路工程质量检验评定标准》(JTC F80/1—2004)的要求进行自检，自检合格后，编制符合要求的交工资料，申请进行交工验收。

6. 交工竣工验收时，应对下列项目进行检查、验收：

(1) 路基的平面位置。

(2) 路基宽度、高程、横坡和平整度。

(3) 边坡坡度及边坡加固。

(4) 边沟和其他排水设施的尺寸及底面纵坡。

工作任务一　路 基 整 修

路基整修包括自检后的整修和交工验收后的整修。整修的目的是通过对路基的外观质量和局部缺陷进行修补或处理，使路基工程达到或者优于设计文件、规范规定的技术标准和质量标准。

路基整修由施工单位会同监理单位按设计文件和施工规范要求，检查路线中线、高程、宽度、边坡、防护与支挡、排水系统和临时工程等，根据检查结果制订整修计划并进行整修。整修工作应在检查结果及整修计划经监理工程师核查与批准后方能动工。

1. 路基整修的要求

(1)路基表面平整，不得松散、起皮。

(2)边坡坡面应顺适、美观、稳定，坡度符合设计要求。

(3)防护与支挡工程无石料风化情况，泄水孔通畅，结构物没有变形位移。

(4)排水系统的沟槽表面整齐，沟底平整，排水通畅无渗漏。

2. 路基顶面表层整修

一般情况下，由于路面与路基施工的不连续性，路基顶面表层在多种因素下会产生不同类型的局部质量缺陷。为保证路床与路面的整体性，防止出现“夹层”，故应有针对性的处理措施。表层的整修，应根据质量缺陷的具体情况采用合理的方案、工艺进行。

(1)土质路基表面应用人工或机械刮土或补土的方法整修，并配合压路机械碾压，补填的土层压实厚度应不小于100mm，压实后表面应平整，不得有松散、起皮现象。石质路基表面应用石屑嵌缝且紧密、平整，不得有坑槽和松石。

(2)土质路基表面达到设计高程后应采用平地机或推土机刮平。铲下的土不足以填补凹陷时，应采用与路基表面相同的土填平夯实。

(3)修整的路基表层厚在150mm以内，松散的或半埋的尺寸大于100mm的石块，应从路基表面移走，并按规定填平压实。

3. 路基边坡整修

(1)深路堑土质边坡整修应按设计要求坡度，自上而下进行边坡整修，不得在边坡上以土贴补。

(2)边坡需要加固地段，应预留加固位置和厚度，使完工后的坡面与设计边坡一致。当填土不足或路堑边坡受雨水冲刷形成小冲沟时，应将原边坡挖成台阶，分层填补，仔细夯实。如填补的厚度很小(10～20cm)，而又非边坡加固地段时，可用种草整修的方法，以种植土来填补，但应顺适、美观、牢靠。石质路基边坡，应达到设计要求的边坡比，坡面的松石、危石应及时清除。

(3)填方路基边坡受雨水冲刷形成冲沟或坍塌缺口时，应自下而上，分层挖台阶加宽填补夯实，再按设计坡面削坡，弯道内侧路肩边缘，应修建路肩拦水带。

(4)填土路基两侧超填的宽度应予切除，如遇边坡缺土时，必须挖成台阶，分层填补夯实。

4. 排水系统及其他整修

(1)边沟的整修应挂线进行。对各种水沟的纵坡(包括取土坑纵坡)应用仪器检测，修整到符合图纸及规范要求。各种水沟的纵坡，应按图纸及规范要求处理，不得随意用土填补。

(2)截水沟、排水沟及边沟的断面、边坡坡度，应按设计要求处理。沟的表面应整齐、光滑。填补的凹坑应拍捶密实。

(3)在路面铺筑完成后或铺筑时，应立即填筑土路肩，同时按设计要求进行加固。

(4)路基整修完毕后，堆于路基范围内的废弃土料应予清除。

(5)修整过的路基，应继续维修养护，直到缺陷责任期满为止。

工作任务二　路基压实度检测与评定

一、灌砂法检测路基工程压实度

(一)目的和适用范围

本试验适用于在现场测定细粒土、砂类土和砾石土路基压实度检测，但不适用于填石路堤等有大孔洞或大孔隙材料的压实度检测。

用挖坑灌砂法测定密度和压实度时，应符合下列规定：

1. 当集料的最大粒径小于15mm、测定层的厚度不超过150mm时，宜采用ϕ100mm的小型灌砂筒测试。

2. 当集料的最大粒径等于或大于15mm，但不大于40mm，测定层的厚度超过150mm，但不超过200mm时，应用ϕ150mm的大型灌砂筒测试。

图6-1　灌砂筒

(二)仪器设备

1. 灌砂筒：有大小两种，根据需要采用，形式和主要尺寸见表6-1。当尺寸与表中不一致，但不影响使用时，亦可使用。储砂筒筒底中心有一个圆孔，下部装一倒置的圆锥形漏斗，漏斗上端开口，直径与储砂筒的圆孔相同。漏斗焊接在一块铁板上，铁板中心有一圆孔与漏斗上开口相接。在储砂筒筒底与漏斗顶端铁板之间设有开关。开关为一薄铁板，一端与筒底及漏斗铁板铰接在一起，另一端伸出筒身外。开关铁板上也有一个相同直径的圆孔，见图6-1。

灌砂筒的主要尺寸　　表6-1

结　构		小型灌砂筒	大型灌砂筒
储砂筒	直径(mm)	100	150
	容积(cm^3)	2 120	4 600
流砂孔	直径(mm)	10	15
金属标定罐	内径(mm)	100	150
	外径(mm)	150	200
金属方盘基板	边长(mm)	350	400
	深(mm)	40	50
	中孔直径(mm)	100	150

注：如集料的最大粒径超过40mm，则应相应地增大灌砂筒和标定罐的尺寸。如集料的最大粒径超过60mm，灌砂筒和现场试洞的直径应为200mm。

2. 金属标定罐:用薄铁板制作的金属罐,上端周围有一罐缘。

3. 基板:用薄铁板制作的金属方盘,盘的中心有一圆孔。

4. 玻璃板:边长约 500 ~ 600mm 的方形板。

5. 试样盘:小筒挖出的试样可用饭盒存放。大筒挖出的试样可用 300mm × 500mm × 400mm 的搪瓷盘存放。

6. 天平或台秤:称量 10 ~ 15kg,感量不大于 1g。用于含水率测定的天平精度,对细粒土、中粒土、粗粒土宜分别为:0.01g、0.1g、1.0g。

7. 含水率测定器具:如铝盒、烘箱等。

8. 量砂:粒径 0.3 ~ 0.6mm 或 0.25 ~ 0.5mm 清洁干燥的均匀砂,约 20 ~ 40kg,使用前须洗净、烘干,并放置足够的时间,使其与空气的湿度达到平衡。

9. 盛砂的容器:塑料桶等。

10. 其他:凿子、改锥、铁锤、长把勺、长把小簸箕、毛刷等。

(三)试验方法与步骤

1. 灌砂法的标定方法

在进行灌砂法试验前,应先对量砂的单位质量和灌砂筒下部的圆锥体的体积进行标定,为灌砂法试验作准备。

(1)标定灌砂筒下部圆锥体内砂的质量

①在灌砂筒中装满砂。筒内砂的高度与筒顶的距离不超过 15mm。称取装入筒内砂的质量 m_1,准确至 1g。以后每次标定及试验都应该维持装砂高度与质量不变。

②将开关打开,使灌砂筒筒底的流砂孔、圆锥形漏斗上端开口圆孔及开关铁板中心的圆孔上下对准,让砂自由流出,并使流出砂的体积与工地所挖坑内的体积相当(或等于标定罐的容积),然后关上开关。

③不晃动储砂筒的砂,轻轻地将罐砂筒移至玻璃板上,将开关打开,让砂流出,直到筒内砂不再下流时,将开关关上,并细心地取走灌砂筒。

④收集并称量留在玻璃板上的砂或称量筒内的砂,准确至 1g。玻璃板上的砂就是填满筒下部圆锥体的砂(m_2)。

⑤重复上述测量三次,取其平均值。

(2)标定量砂的单位质量 γ_s(g/cm^3)

①用水确定标定罐的容积 V,准确至 $1cm^3$。

②在储砂筒中装入质量为 m_1 的砂,并将灌砂筒放在标定罐上,将开关打开,让砂流出。在整个流砂过程中,不要碰动灌砂筒,直到储砂筒内的砂不再下流时,将开关关闭。取下灌砂筒,称取筒内剩余的质量(m_3),准确至 1g。

③计算填满标定罐所需砂的质量 m_a(g):

$$m_a = m_1 - m_2 - m_3 \tag{6-1}$$

式中:m_a——标定罐中砂的质量,g;

m_1——装入灌砂筒内的砂的总质量,g;

m_2——灌砂筒下部圆锥体内砂的质量,g;

m_3——灌砂入标定罐后,筒内剩余砂的质量,g;

④重复上述测量三次,取其平均值。

⑤计算量砂的单位质量 γ_s

$$\gamma_s = \frac{m_a}{V} \tag{6-2}$$

式中:γ_s——量砂的(质量)密度,g/cm^3;

V——标定罐的体积,cm^3。

注意:由上述标定的原理可知,在以下情况下,必须进行仪器的标定。

①量砂密度已知的情况下,首次使用某灌砂筒时,必须进行锥体内砂的质量标定。

②在灌砂筒不变的情况下,量砂发生变化时,必须进行锥体内砂的质量和量砂密度标定。

因此,量砂和灌砂筒无论哪个发生变化都应该进行标定。为了保证试验精度,应加强对仪器标定工作的管理。

2. 现场灌砂试验步骤

(1)在试验地点,选一块平坦表面,并将其清扫干净,其面积不得小于基板面积。

(2)将基板放在平坦表面上,当表面的粗糙度较大时,则将盛有量砂(m_5)的灌砂筒放在基板中间的圆孔上,将灌砂筒的开关打开,让砂流入基板的中孔内,直到储砂筒内的砂不再下流时关闭开关。取下灌砂筒,并称量筒内砂的质量(m_6),准确至1g。

注意:当需要检测厚度时,应先测量厚度后再进行这一步骤。

(3)取走基板,并将留在试验地点的量砂收回,重新将表面清扫干净。

(4)将基板放回清扫干净的表面上(尽量放在原处),沿基板中孔凿洞(洞的直径与灌砂筒一致)。在凿洞过程中,应注意不使凿出的材料丢失,并随时将凿松的材料取出装入塑料袋中,不使水分蒸发;也可放在大试样盒内。试洞的深度应等于测试层厚度,但不得有下层材料混入,最后将洞内的全部凿松材料取出。对土基或基层,为防止试样盘内材料的水分蒸发,可分几次称取材料的质量。全部取出材料的总质量为 m_w,准确至1g,见图6-2。

(5)从挖出的全部材料中取有代表性的样品,放在铝盒或洁净的搪瓷盘中,测定其含水率(w,以%计)。样品的数量如下:用小灌砂筒测定时,对于细粒土,不少于100g;对于各种中粒土,不少于500g。用大灌砂筒测定时,对于细粒土,不少于200g;对于各种中粒土,不少于1 000g;对于粗粒土或水泥、石灰、粉煤灰等无机结合料稳定材料,宜将取出的全部材料烘干,且不少于2 000g,称其质量(m_d),准确至1g。

注意:当为沥青表面处治或沥青贯入式结构类材料时,则省去测定含水率步骤。

(6)将基板安放在试坑上,将灌砂筒安放在基板中间(储砂筒内放满砂到要求质量 m_1),使灌砂筒的下口对准基板的中孔及试洞,打开灌砂筒的开关,让砂流入试坑内,在此期间,应注意勿碰动灌砂筒。直到储砂筒内的砂不再下流时,关闭开关,仔细取走灌砂筒,并称量筒内剩余砂的质量(m_4),准确至1g。

(7)如清扫干净的平坦表面的粗糙度不大,也可省去(2)和(3)的操作。在试洞挖好后,将灌砂筒直接对准放在试坑上,中间不需要放基板。打开筒的开关,让砂流入试坑内。在此期间,应注意勿碰动灌砂筒。直到储砂筒内的砂不再下流时,关闭开关。仔细取走灌砂筒,并称量剩余砂的质量(m_4'),准确至1g。

(8)仔细取出试筒内的量砂,以备下次试验时再用。若量砂的湿度已发生变化或量砂中混有杂质,则应该重新烘干、过筛,并放置一段时间,使其与空气的湿度达到平衡再用,见图6-3。

图 6-2　挖坑取土

图 6-3　回收量砂

(四)资料整理

1. 计算填满试坑所用的砂的质量 m_b(g)

灌砂时,试坑上放有基板时:

$$m_b = m_1 - m_4 - (m_5 - m_6) \tag{6-3}$$

灌砂时,试坑上不放基板时:

$$m_b = m_1 - m'_4 - m_2 \tag{6-4}$$

式中:m_b——填满试坑的砂的质量,g;

m_1——灌砂前灌砂筒内砂的质量,g;

m_2——灌砂筒下部圆锥体内砂的质量,g;

m_4、m'_4——灌砂后,灌砂筒内剩余砂的质量,g;

$(m_5 - m_6)$——灌砂筒下部圆锥体内及基板和粗糙表面间砂的合计质量,g。

2. 计算试坑材料的湿密度 ρ_w(g/cm³)

$$\rho_w = \frac{m_w}{m_b} \times \gamma_s \tag{6-5}$$

式中:m_w——试坑中取出的全部材料的质量,g;

γ_s——量砂的密度,g/cm³。

3. 计算试坑材料的干密度 ρ_d(g/cm³)

$$\rho_d = \frac{\rho_w}{1 + 0.01w} \tag{6-6}$$

式中:w——试坑材料的含水率,%。

当为水泥、石灰、粉煤等无机结合料稳定土的场合,可计算干密度 ρ_d(g/cm³)。

$$\rho_d = \frac{m_d}{m_b} \times \gamma_s \tag{6-7}$$

式中:m_d——试坑中取出的稳定土的烘干质量,g。

4. 计算施工压实度 K(%)

$$K = \frac{\rho_d}{\rho_c} \times 100 \tag{6-8}$$

式中:K——测试地点的施工压实度,%;

ρ_d——试样的干密度,g/cm³;

ρ_c——由击实试验得到的试样的最大干密度,g/cm³。

注意：当试坑材料组成与击实试验的材料有较大差异时，可以试坑材料作标准击实，求取实际的最大干密度。

（五）操作注意事项

1. 灌砂筒内的量砂在重复使用时，应烘干，处理一致，否则影响量砂的松方密度。若更换量砂，必须重测其松方密度。

2. 在进行标定罐容积标定时，罐外的水一定要擦干。

3. 在挖坑时试坑周壁应笔直，避免出现上大下小或上小下大的情形，且不得使凿出的试样丢失，以免检测密度偏大或偏小。

（六）灌砂法报告

各种材料的干密度均应准确至 0.01g/cm^3。

二、压实度的评定

压实度的评定方法详见附录 B。

工作任务三　路基弯沉检测与评定

国内外普遍采用回弹弯沉值来表示路基路面的承载能力，回弹弯沉值越大，承载能力越小，反之则越大。回弹弯沉值在我国已广泛使用且有很多试验和研究成果，它不仅用于路面结构的设计中（设计回弹弯沉），而且用于施工控制及施工验收中（竣工验收弯沉值），同时还用于旧路补强设计中。它是公路工程的一个基本参数。

弯沉值是指在规定的标准轴载作用下，路基或路面表面轮隙中心处产生的总垂直变形（总弯沉），或垂直回弹变形值（回弹弯沉），以 0.01mm 为单位。通常所说的回弹弯沉是指后轴载轮隙中心处的最大回弹弯沉值。

一、贝克曼梁测定路基回弹弯沉

（一）目的和适用范围

本方法利用杠杆原理制成杠杆式弯沉仪测定轮隙弯沉，适用于测定各类路基路面的回弹弯沉，用以评定其整体承载能力，可供路面结构设计使用。沥青路面的弯沉以路表温度 20℃ 时为准，在其他温度测试时，对厚度大于 5cm 的沥青路面，弯沉值应予温度修正。

（二）仪器设备

1. 标准车：双轴、后轴双侧 4 轮的载货汽车，其标准轴荷载轮胎尺寸、轮胎间隙及轮胎气压等主要参数应符合表 6-2 的要求。测试车应采用后轴 10t 的 BZZ—100 标准车。

测定弯沉用的标准车参数　　表 6-2

标准轴载等级	BZZ—100	标准轴载等级	BZZ—100
后轴标准轴载 P(kN)	100 ±1	单轮传压面当量圆直径(cm)	21.30 ±0.5
一侧双轮荷载(kN)	50 ±0.5	轮隙宽度	应满足能自由插入弯沉仪测头的测试要求
轮胎充气压力(MPa)	0.70 ±0.05		

2. 路面弯沉仪：由贝克曼梁、百分表及表架组成。贝克曼梁由合金铝制成，上有水准泡，其前臂（接触路面）与后臂（装百分表）长度比为2∶1。弯沉仪长度有两种：一种长3.6m，前后臂分别为2.4m和1.2m；另一种加长的弯沉仪长5.4m，前后臂分别为3.6m和1.8m。当在半刚性基层沥青路面或水泥混凝土路面上测定时，宜采用长度为5.4m的贝克曼梁弯沉仪测定。弯沉采用百分表量得，也可用自动记录装置进行测量。

3. 接触式路表温度计：端部为平头，分度不大于1℃。

4. 其他：皮尺、口哨、白油漆或粉笔、指挥旗等。

（三）检测方法

1. 检测前的准备工作

（1）检查并保持测定用标准车的车况，制动性能要良好，轮胎符合规定充气压力。

（2）向汽车车槽中装载（铁块或集料），并用地中衡称量后轴总质量，符合要求的轴重规定，汽车行驶及测定过程中，轴重不得变化。

图6-4　测定轮胎接地面积

（3）测定轮胎接地面积：在平整光滑的硬质路面上用千斤顶将汽车顶起，在轮胎下方铺一张复写纸及方格纸，轻轻落下千斤顶，即在方格纸上印上轮胎印痕，用求积仪数方格的方法测算轮胎接地面积，准确至0.1cm²，见图6-4。

（4）检查弯沉仪百分表测量灵敏情况。

（5）当在沥青路面上测定时，用路表温度计测定试验时气温及路表温度（一天中气温不断变化，应随时测定），并通过气象台了解前5d的平均气温（日最高气温与最低气温的平均值）。

（6）记录沥青路面修建或改建时材料、结构、厚度、施工及养护等情况。

2. 测试步骤

（1）在测试路段布置测点，其距离随测试需要而定。测点应在路面行车车道的轮迹带上，并用白油漆或粉笔画上标记。

（2）将试验车后轮轮隙对准测点后3～5cm处的位置上。

（3）将弯沉仪插入汽车后轮之间的缝隙，与汽车方向一致（图6-5）。梁臂不得碰到轮胎，弯沉仪测头置于测点上（轮隙中心前方3～5cm处），并安装百分表于弯沉仪的测定杆上。百分表调零，用手指轻轻叩打弯沉仪，检查百分表是否稳定回零（图6-6）。弯沉仪可以是单侧测定，也可以是双侧同时测定。

（4）测定者吹哨发令指挥汽车缓缓前进，百分表随路面变形的增加而持续向前转动。当表针转动到最大值时，迅速读取初读数 L_1。汽车仍在继续前进，表针反向回转，待汽车驶出弯沉影响半径（约3m以上）后，吹口哨或挥动指挥红旗，汽车停止。待表针回转稳定后，再次读取终读数 L_2。汽车前进的速度宜为5km/h左右。

（四）资料整理

1. 数据记录

将各测点读取的读数记录到回弹弯沉试验记录表中。

2. 回弹弯沉值计算

路面测点的回弹弯沉值按式(6-9)计算：

$$L_T = (L_1 - L_2) \times 2 \tag{6-9}$$

式中：L_T——在路面温度T时的回弹弯沉值，0.01mm；

L_1——车轮中心临近弯沉仪头时百分表的最大读数，0.01mm；

L_2——汽车驶出弯沉影响半径后百分表的终读数，0.01mm。

图6-5　安放贝克曼梁

图6-6　检查百分表

二、弯沉检测结果评定

按式(6-10)计算每一个评定路段的代表弯沉：

$$L_r = \bar{L} + Z_a S \tag{6-10}$$

式中：L_r——一个评定路段的代表弯沉，0.01mm；

$\bar{L}$——一个评定路段内经各项修正后的各测点弯沉的平均值，0.01mm；

S——一个评定路段内经各项修正后的全部测点弯沉的标准差，0.01mm；

Z_a——与保证率有关的系数，采用下列数值：高速公路、一级公路，对于基层采用 Z_a = 2.0，对于沥青混凝土面层采用 Z_a = 1.645；二、三级公路对于路基采用 Z_a = 1.645；对于沥青混凝土面层采用 Z_a = 1.5。

三、弯沉的评定

弯沉的评定方法详见附录B。

工作任务四　路基几何尺寸检测

一、目的与适用范围

本方法适用于路基路面各部分的宽度、高程、横坡及中线偏位等几何尺寸的检测，以供道路施工过程、路面交工验收及旧路调查使用。

二、仪具与材料

本方法使用下列仪具与材料。

1. 长度量具:钢尺。

2. 经纬仪、全站仪、精密水准仪、塔尺。

3. 其他:粉笔等。

三、检测方法与步骤

1. 检测准备工作

(1)在路基或路面上准确恢复桩号。

(2)根据有关施工规范或工程质量检验评定标准的要求,按公路路基路面随机取样选点的方法,在一个检测路段内选取测定的断面位置及里程桩号,在测定断面作标记。通常将路面宽度、横坡、高程及中线偏位选取在同一断面位置,且宜在整数桩号上测定。

(3)根据道路设计的要求,确定路基路面各部分的设计宽度边界位置,在测定位置上用粉笔作记号。

(4)根据道路设计的要求,确定设计高程的纵断面位置,在测定位置上用粉笔作记号。

(5)根据道路设计的要求,在与中线垂直的横断面上确定成型后路面的实际中心线位置。

(6)根据道路设计的路拱形状,确定曲线与直线部分的交界位置及路面与路肩(或硬路肩)的交界处,作为横坡检验的基准;当有路缘石或中央分隔带时,以两侧路缘石为横坡测定的基准点,用粉笔作记号。

2. 检测路基路面各部分的宽度及总宽度

用钢尺沿中心线垂直方向水平量取路基路面各部分的宽度,以米(m)表示,对高速公路及一级公路,准确至0.005m;对其他等级公路,准确至0.01m。测量时量尺应保持水平,不得将尺贴紧路面量取,也不得使用皮尺。

3. 检测纵断面高程

(1)将精密水平仪架设在路面平顺处调平,将塔尺竖立在中线的测定位置上,以路线附近的水准点高程作为基准,测记测定点的高程读数,以米(m)表示,准确至0.001m。

(2)连续测定全部测点,并与水准点闭合。

4. 检测路面横坡度

(1)对设有中央分隔带的路面:将精密水准仪架设在路面平顺处调平,将塔尺分别竖立在路面与中央分隔带分界的路缘带边缘 d_1 及路面与路肩交界处(或外侧路缘石边缘)的标记 d_2 处。d_1与 d_2两测点必须在同一横断面上,测量 d_1 与 d_2 处的高程,记录高程读数,以米(m)表示,准确至0.001m。

(2)对无中央分隔带的路面:将精密水平仪架设在路面平顺处调平,将塔尺分别竖立在路拱曲线与直线部分的交界位置 d_1 及路面与路肩交界处(或硬路肩)的交界位置 d_2 处。d_1 与 d_2 两测点必须在同一横断面上,测量 d_1 与 d_2 处的高程,记录高程读数,以米(m)表示,准确至0.001m。

(3)用钢尺测量两测点的水平距离,以米(m)表示,对高速公路及一级公路,准确至0.005m;对其他等到级公路,准确至0.01m。

5. 检测中线偏位

测量实际路面中心线与设计路面中心线的距离作为中心偏位 Δ_{cL},以毫米(mm)表示,对高速公路及一级公路,准确至5mm;对其他等到级公路,准确至10mm。

四、计算

1. 按式(6-11)计算各个断面的实测宽度 B_{1i} 与设计宽度 B_{0i} 之差。总宽度为路基路面各部分宽度之和。

$$\Delta B_i = B_{1i} - B_{0i} \tag{6-11}$$

式中：B_{1i}——各断面的实测宽度，m；

B_{0i}——各断面的设计宽度，m；

ΔB_i——各断面的宽度和设计宽度的差值，m。

2. 按式(6-12)计算各个断面的实测高程 H_{1i} 与设计高程 H_{0i} 之差：

$$\Delta H_i = H_{1i} - H_{0i} \tag{6-12}$$

式中：H_{1i}——各个断面的纵断面实测高程，m；

H_{0i}——各个断面的纵断面设计高程，m；

ΔH_i——各个断面的纵断面高程和设计高程的差值，m。

3. 各测定断面的路面横坡按式(6-13)计算，准确至1位小数。按式(6-14)计算实测横坡 i_{1i} 与设计横坡 i_{0i} 之差：

$$i_{1i} = \frac{d_{1i} - d_{2i}}{B_{1i}} \tag{6-13}$$

$$\Delta i_i = i_{1i} - i_{0i} \tag{6-14}$$

式中：i_{1i}——各测定断面的横坡，%；

B_{1i}——各断面测点 d_1 与 d_2 之间的水平距离，m；

i_{0i}——各断面的设计横坡，%；

Δi_i——各断面的横坡和设计横坡的差值，%。

五、报告

1. 以评定路段为单位，列出桩号及宽度、高程、横坡以及中线偏位测定的记录表，注明不符合规范要求的断面。

2. 纵断面高程测试报告中应报告实测高程与设计高程的差值。低于设计高程为负，高于设计高程为正。

3. 路面横坡测试报告中应报告实测横坡与设计横坡的差值。小于设计横坡为负，大于设计横坡为正。

工作任务五　3m 直尺检测路基工程平整度

一、目的和适用范围

本方法规定用3m 直尺测定距离路表面的最大间隙来表示路基路面的平整度，以毫米(mm)计。

本方法适用于测定压实成型的路面各层表面的平整度，以评定路面的施工质量及使用质量，也可用于路基表面成型后的施工平整度检测。

二、仪器设备

1. 3m 直尺：硬木或铝合金钢制，底面平直，长3m。

2. 楔形塞尺：木或金属制的三角形塞尺，有手柄，塞尺的长度与高度之比不小于0，宽度不大于15mm，边部有高度标记，刻度精度不小于0.2mm，也可使用其他类型的量尺。

3. 其他：皮尺或钢尺、粉笔等。

三、检测方法与步骤

1. 准备工作

(1)按有关规范的规定选择测试路段。

(2)在测试路段路面上选择测试地点：当为施工过程中质量检测需要时，测试地点根据需要确定，可以单杆检测；当为路基路面工程质量检查验收或进行路况评定需要时，应连续测量10尺。除特殊需要者外，应以行车道一侧车轮迹(距车道线80~100cm)作为连续测定的标准位置。对旧路已形成车辙的路面，应取车辙中间位置为测定位置，用粉笔在路面上作做标记。

图6-7　3m直尺测平整度

(3)清扫路面测定位置处的污物。

2. 测试步骤

(1)在施工过程中检测时，按根据需要确定的方向，将3m直尺摆在测试地点的路面上。

(2)目测3m直尺底面与路面之间的间隙，确定间隙为最大的位置。

(3)用有高度标记的塞尺塞进间隙处，量记其最大间隙的高度(mm)，准确至0.2mm(图6-7)。

(4)施工结束后检测时，按现行《公路工程质量检验评定标准》(JTG F80/1—2004)的规定，每1处连续检测10尺，按上述(1)~(3)的步骤测记10个最大间隙。

四、结果整理

单杆检测路面的平整度计算，以3m直尺与路面的最大间隙为测定结果。连续测定10尺时，判断每个测定值是否合格，根据要求计算合格百分率，并计算10个最大间隙的平均值。

工作任务六　公路工程质量检验与等级评定

一、一般规定

1. 根据建设任务、施工管理和质量检验评定的需要，应在施工准备阶段按附录A将建设项目划分为单位工程、分部工程和分项工程。施工单位、工程监理单位和建设单位应按相同的工程项目划分进行工程质量的监控和管理。

(1)单位工程：在建设项目中，根据签订的合同，具有独立施工条件的工程。

(2)分部工程：在单位工程中，应按结构部位、路段长度及施工特点或施工任务划分为若干个分部工程。

(3)分项工程：在分部工程中，应按不同的施工方法、材料、工序及路段长度等划分为若干个分项工程。

2. 工程质量检验评分以分项工程为单元，采用100分制进行。在分项工程评分的基础上，逐级计算各相应分部工程、单位工程、合同段和建设项目评分值。

3. 工程质量评定等级分为合格与不合格，应按分项、分部、单位工程、合同段和建设项目逐级评定。

4. 施工单位应对各分项工程按《公路工程质量检验标准》（JTG F80/1—2004）所列基本要求、实测项目和外观鉴定进行自检，按附录D中“分项工程质量检验评定表”及相关施工技术规范提交真实、完整的自检资料，对工程质量进行自我评定。

5. 工程监理单位应按规定要求对工程质量进行独立抽检，对施工单位检评资料进行签认，对工程质量进行评定。建设单位根据对工程质量的检查及平时掌握的情况，对工程监理单位所做的工程质量评分及等级进行审定。质量监督部门、质量检测机构可依据标准对公路工程质量进行检测评定。

二、工程质量评分

1. 分项工程质量评分

分项工程质量检验内容包括基本要求、实测项目、外观鉴定和质量保证资料四个部分。只有在其使用的原材料、半成品、成品及施工工艺符合基本要求的规定，且无严重外观缺陷和质量保证资料真实并基本齐全时，才能对分项工程质量进行检验评定。涉及结构安全和使用功能的重要实测项目为关键项目（在文中以“Δ”标识），其合格率不得低于90%（属于工厂加工制造的桥梁金属构件不低于95%，机电工程为100%），且检测值不得超过规定极值，否则必须进行返工处理。实测项目的规定极值是指任一单个检测值都不能突破的极限值，不符合要求时该实测项目为不合格。

采用附录B所列方法进行评定的关键项目，不符合要求时则该分项工程评为不合格。分项工程的评分值满分为100分，按实测项目采用加权平均法计算。存在外观缺陷或资料不全时，须予减分。

$$\text{分项工程得分} = \frac{\sum[\text{检查项目得分} \times \text{权值}]}{\sum \text{检查项目权值}} \tag{6-15}$$

$$\text{分项工程评分值} = \text{分项工程得分} - \text{外观缺陷减分} - \text{资料不全减分} \tag{6-16}$$

（1）基本要求检查

分项工程所列基本要求，对施工质量优劣具有关键作用，应按基本要求对工程进行认真检查。经检查不符合基本要求规定时，不得进行工程质量的检验和评定。

（2）实测项目计分

对规定检查项目采用现场抽样方法，按照规定频率和下列计分方法对分项工程的施工质量直接进行检测计分。检查项目除按数理统计方法评定（数理统计方法评定见附录B）的项目以外，均应按单点（组）测定值是否符合标准要求进行评定，并按合格率计分。

$$\text{检查项目合格率}(\%) = \frac{\text{检查合格的点（组）数}}{\text{该检查项目的全部检查点（组）数}} \times 100 \tag{6-17}$$

$$\text{检查项目得分} = \text{检查项目合格率} \times 100 \tag{6-18}$$

(3)外观缺陷减分

对工程外表状况应逐项进行全面检查,如发现外观缺陷,应进行减分。对于较严重的外观缺陷,施工单位须采取措施进行整修处理。

(4)资料不全减分

分项工程的施工资料和图表残缺,缺乏最基本的数据,或有伪造涂改者,不予检验和评定。资料不全者应予减分,减分幅度可按下述质量保证资料所列条款逐款检查,视资料不全情况,每款减1~3分。

2. 分部工程和单位工程质量评分

附录A所列分项工程和分部工程区分为一般工程和主要(主体)工程,分别给予1和2的权值。进行分部工程和单位工程评分时,采用加权平均值计算法确定相应的评分值。

$$\text{分部(单位)工程评分值} = \frac{\sum[\text{分项(分部)工程评分值} \times \text{相应权值}]}{\sum \text{分项(分部)工程权值}} \tag{6-19}$$

3. 合同段和建设项目工程质量评分

合同段和建设项目工程质量评分值按《公路工程竣(交)工验收办法》计算。

4. 质量保证资料

施工单位应有完整的施工原始记录、试验数据、分项工程自查数据等质量保证资料,并进行整理分析,负责提交齐全、真实和系统的施工资料和图表。工程监理单位负责提交齐全、真实和系统的监理资料。质量保证资料应包括以下六个方面:

(1)所用原材料、半成品和成品质量检验结果;

(2)材料配比、拌和加工控制检验和试验数据;

(3)地基处理、隐蔽工程施工记录和大桥、隧道施工监控资料;

(4)各项质量控制指标的试验记录和质量检验汇总图表;

(5)施工过程中遇到的非正常情况记录及其对工程质量影响分析;

(6)施工过程中如发生质量事故,经处理补救后,达到设计要求的认可证明文件等。

三、工程质量等级评定

1. 分项工程质量等级评定

分项工程评分值不小于75分者为合格,小于75分者为不合格;机电工程、属于工厂加工制造的桥梁金属构件不小于90分者为合格,小于90分者为不合格。

评定为不合格的分项工程,经加固、补强或返工、调测,满足设计要求后,可以重新评定其质量等级,但计算分部工程评分值时按其复评分值的90%计算。

2. 分部工程质量等级评定

所属各分项工程全部合格,则该分部工程评为合格;所属任一分项工程不合格,则该分部工程为不合格。

3. 单位工程质量等级评定

所属各分部工程全部合格,则该单位工程评为合格;所属任一分部工程不合格,则该单位工程为不合格。

4. 合同段和建设项目质量等级评定

合同段和建设项目所含单位工程全部合格,其工程质量等级为合格;所属任一单位工程不合格,则合同段和建设项目为不合格。

【工程范例】

某高速路基中间交工验收实施办法

一、编制依据

为保证路基工程质量并及时为路面施工提供工作面，特编制本办法。主要依据的规范、文件如下：

1.《公路工程竣（交）工验收办法》（交通部2004年第3号令）；

2. 本项目建设管理文件汇编及监理规划；

3.《公路工程质量检验评定标准》（JTG F80/1—2004）；

4.《路基施工技术规范》（JTG F10—2006）；

5.《公路桥涵施工技术规范》（JTG F50—2011）；

6.《公路路基路面现场测试规程》（JTG E60—2008）

7.《公路工程施工监理规范》（JTG G10—2006）；

8.《公路工程标准施工招标文件》（2003年版）；

9. 某高速公路两阶段施工图设计文件（路基、路面工程）；

10. 某高速公路土建工程施工、监理、检测有关合同文件等。

二、路基中间交工必须具备的条件

1. 所有交工路段的路基宽度、压实度、弯沉值、中线偏位、路基顶面高程、横坡度、平整度、边坡坡率及边坡修整必须满足设计文件、招标文件及有关技术规范的要求。

2. 交验路段已按要求经过强夯（冲碾）处理，路基整型后表面平整，边坡平顺、稳定，没有亏坡；边坡坡面设置具有防冲刷的临时排水设施。

3. 结构物台背回填符合质量要求，资料齐全，并经监理工程师签认。如监理工程师认为台背回填存在质量隐患应在交工确认单中明确处理措施，处理措施符合项目公司相关文件要求等。

4. 根据实际情况，每次路床交工段一般以挖方、填方连续自然段落划分，但应与分部分项划分相对应。交工路基长度建议不少于3km，最少不能少于1km，并宜安排连续、整段交工，小桥、涵洞、通道另行组织交验。

5. 承包人所提出的交工路段的自检、评定资料必须齐全完整并经监理签字，同时监理的抽检资料也必须完整齐全。

三、交工验收检测项目

依据《公路工程质量检验评定标准》（JTG F80/1—2004）的规定，路床交工验收的实测项目包括：压实度、弯沉、纵断高程、中线偏位、宽度、厚度（防冻砂垫层）、平整度、横坡、边坡和路基外观质量鉴定，详见土方路基实测项目表（表6-3）。

四、交工程序

承包人在完成路基施工后，按规范和中间交工有关技术文件要求的项目和频率进行自检，自检要有监理人员参加。自检合格后具备交工条件时，由路基施工单位向高驻办递交书面交工申请。高驻办收到交工申请后，应对其交工路段的施工检验资料、自检评定资料是否完整、规范进行审查，按合同文件规定的中间交工抽检项目和频率进行抽检，确认符合交工条件并签署交工申请表上报工作站签署意见后，报项目公司质量监督部，质量监督部及时组织第三方检测单位（中心试验室）、工作站、高驻办、施工单位等各方代表参加的交验工作并签认。

土方路基实测项目表 表 6-3

项次	检查项目			规定值或允许偏差			检查方法和频率	权值
				高速公路 一级公路	其他公路			
					二级公路	三、四级公路		
1	压实度（%）	零填及挖方（m）	0～0.30	—	—	94	按《公路工程质量检验评定标准》（JTG F80/1—2004）附录 B 检查。 密度法：每 200m 每压实层测 4 处	3
			0～0.80	≥96	≥95	—		
		填方（m）	0～0.80	≥96	≥95	≥94		
			0.80～1.50	≥94	≥94	≥93		
			>1.50	≥93	≥92	≥90		
2	弯沉（0.01mm）			不大于设计要求值			按《公路工程质量检验评定标准》（JTG F80/1—2004）附录 I 检查	3
3	纵断高程（mm）			+10，-15	+10，-20		水准仪：每 200m 测 4 断面	2
4	中线偏位（mm）			50	100		经纬仪：每 200m 测 4 点，弯道加 HY、YH 两点	2
5	宽度（mm）			不小于设计			米尺：每 200m 测 4 处	2
6	平整度（mm）			15	20		3m 直尺：每 200m 测 2 处×10 尺	2
7	横坡（%）			±0.3	±0.5		水准仪：每 200m 测 4 个断面	1
8	边坡			不陡于设计值			尺量：每 200m 测 4 处	1

五、路基交工前的准备工作

1. 资料准备

路基施工单位准备好水准点一览表、导线点一览表、逐桩坐标表、路基顶面高程计算表（纵向按 20m 间距，并加设 ZH、HY、QZ、YH、HZ 点，横向按高程检测布设点进行计算）等资料，并准备足够的空白检测表格，供路基交工验收时使用。

2. 现场准备

路基施工单位须对拟交工路段全面恢复路线中桩、边桩，包括整公里桩和百米桩，中桩埋设必须牢固，确保能重复使用。供交验时使用的中桩间距 20m，ZH、HY、QZ、YH 和 HZ 点各加设一桩，横断面按设计车道线布设高程测点（整体式路基同一断面左右幅各至少 4 点，加中桩总 9 个点，分别按距中桩 1m、5.5m、9.25m、13m 布设，分离式路基同一断面左右幅各至少 4 点，分别按测设线、距测设线 1 m、4.5m、8.25m、12m 布设）。路基施工单位须提前放线，用石灰线明确标识上述线位和点位。

3. 仪器及试验设备准备

(1)水准测量(全自动水准仪)仪具:第三方检测单位和路基施工单位各1套,可共用路基施工单位的水准测量尺。

(2)导线及中线等放线仪器,路基施工单位必备全站仪1套(含标尺等)。

(3)弯沉测试设备:

①弯沉仪由第三方检测单位提供(弯沉仪长度5.4m,至少1套,百分表必备4个)。

②弯沉车:采用黄河BZZ—100型标准车,由第三方检测单位统一安排调度并负责标定,路基施工单位承担相应费用,同时弯沉车应相对固定。

(4)压实度检测仪具:路基施工单位必备灌砂法现场检测压实度的设备2套(含辅助材料)。

(5)其他测量设备:路基施工单位必备30m钢尺、5m钢卷尺、3m直尺、塞尺、坡度尺、水平尺等测量设备。

(6)其他要求:

①所有仪器、仪具须按规定经检验单位校验合格,并提供检校合格证。

②第三方检测单位可以自备上述的试验检测设备独立检测。

4. 主要工作人员准备

第三方检测单位、各高驻办及施工单位应成立路基交工小组。路基交验的各项检测、记录人员以第三方检测单位为主,驻地办、路基施工单位人员为辅,共同开展工作。

六、路床交工验收

1. 路基施工单位自检

交接路床之前,路基施工单位应首先对拟交接路段按《公路工程质量检验评定标准》(JTG F80/1—2004)要求的项目和频率进行自检,并做好相应记录。高驻办现场监理人员参与自检并实施抽检。

2. 现场交接验收

现场进行路床交工验收时,检测工作由高驻办组织路基、路面单位实施,并采集相关数据,管理部、总监办中心试验室派人参加。数据采集完毕后,由高驻办组织路基交验小组,路基、路面施工单位召开交接验收小结会议。对会上提出的问题,原则上24h内处理完毕。路床现场交验一般分三个小组,即试验组、测量组和内业组;单个小组的工作职责与工作内容如下。

(1)试验组

主要工作是负责检测压实度、厚度和弯沉。第三方检测单位牵头负责,每检测项目至少安排3人,施工单位有关人员配合。

①压实度、厚度检测

根据规范,压实度采用灌砂法测定,按照双车道200m检测4处的频率进行检测。压实度检测完成后,应按《公路工程质量检验评定标准》(JTG F80/1—2004)计算该路段的压实度代表值,并按评定标准要求对交工路段进行评定。

②路基弯沉值检测

弯沉检测采用后轴重100kN的标准车(单后轴双轮的载货汽车,其后轴轴载为100kN ±1kN,一侧双轮荷载为50kN ±0.5kN,轮胎接地压强为0.70MPa ±0.05MPa,单轮传压面当量直径为213mm ±0.5mm,轮隙宽度应满足弯沉仪测头伸入的要求)进行测量。检测频率为每车道每50m测2点,相邻车道检测断面应错开设置。弯沉车检测平面位置为:弯沉车测定位置为边轮距中心桩1.5m处，或路基外缘（边桩）1.5m处。弯沉代表值（弯沉代表值=测量弯沉值的平均值+2×标准差）不得超过设计要求弯沉值。

评定时，以每一验收段落的弯沉代表值是否大于规定值来判定该路段是否合格，不能以单点弯沉值作为判定依据；当出现少量单值大于设计值时，应作为特异点处理。

（2）测量组

主要负责检测中线、高程、横坡（为一组），宽度、平整度、边坡（为一组），第三方检测单位牵头，各组至少派一人负责，路基施工测量人员配合完成检测。

①首先完成中线放线测量，测定中线偏位情况。每200m测4个断面，弯道加测ZH、HY、QZ、YH、HZ等点位。

②纵断面高程测量：利用经过复核并已确认的中桩，按照规范规定，每200m测4个断面，曲线段增加为每20m测1个断面。检测结果与计算的设计值相比较，偏差不超过+10mm、-15mm。

③横坡测量：每200m测4个断面，与纵断面高程测量同时进行，用同一断面的最近点、最远点的实测高程和平距计算横坡，允许偏差±0.3%。

④宽度测量：利用经过复核并已确认的中桩，用长钢尺从中桩处向路床左右方向（应与路中线或路中线的切线垂直）进行测量，分别检查路床左右半幅宽度是否达到要求，每200m测4处，要求实测值符合设计值，并必须满足压实宽度要求。

⑤平整度测量：使用3m直尺，在路基左右幅每200m测量2处×10尺（沿路线纵向连续量测），允许值为15mm。

⑥边坡测量：使用边坡尺，每200m测4处，必须符合设计要求。以上各项检查项目可根据具体情况加密检测。

（3）内业组

①现场所有的测量和试验数据，由各方共同记录，检测完毕应由路基、路面的施工单位和监理共同在现场签字确认原始数据。

②采集的数据由交验小组整理汇总、评定，在48h内出具报告。评定合格的路段在72h内完成路基、路面施工单位和监理的签字工作，即完成路床交接验收工作。

3.对路基交接验收若干具体问题的处理意见

（1）前述检测频率除具体说明外，均指双车道的检测频率，多车道公路必须按车道数与双车道之比，相应增加检查数量。紧急停车道（路肩带）、加减速车道均应视为一个车道进行频率计算。

（2）评定合格路段的局部特异点位或路段，应现场测定周边界限，2d内由路基单位处理到位；所有检测发现的特异点如需换填，宜用碎石材料或水稳材料进行换填，由高驻办进行质量控制。

（3）在整个路基交接验收工作中，质监站和项目公司随时有可能对交接验收工作进行监督、检查和指导。

（4）第三方检测单位应统筹安排全线各标段路基交验计划，确保路面工程有足够的施工工期，利于设备转场。

（5）施工单位应提供足够的试验检测人员积极配合；对配合不积极或准备不充分、不具备交工条件的，验收小组可拒绝验收或推迟下一次验收。

（6）其他未尽事宜由交验小组酌定。

附表：

1. 交工申请表(略)
2. 交工检验单(略)
3. 中间交工证书(略)
4. 路基交工流程图(略)

【任务实施】

任务一:土方路基的现场检测及交工验收		
能力目标	学生能够在施工现场完成1000m土方路基的现场检测及验收,填写现场检测记录,进行土方路基的分项工程质量评定,分析工程存在的问题与解决措施,总结施工经验	
情境设计	实施时间	交工验收
	实施地点	施工现场
	实施人员	测量员 试验员
	实施内容	1. 布置任务,完成1000m土方路基的交工验收; 2. 熟悉《公路路基路面现场测试规程》(JTG E60—2008)《公路工程质量检验评定标准》(JTG F80/1—2004);选择路段,熟悉路况; 3. 落实工作分工与人员责任,准备检测仪器、材料、试验表格; 4. 依据实测项目分组完成,解决检测过程中遇见的问题,同时进行路基工程的外观鉴定; 5. 检查压实度、弯沉、平整度、几何尺寸等实测指标; 6. 完成检测数据的记录和评定; 7. 汇总资料,进行路基分项工程的评定,分析工程存在的问题与解决措施,总结施工经验; 8. 完成任务总结

综合案例分析题

【背景资料1】

某公司中标承包某段公路的路基工程施工，原地基未发现地质不良地段。

【问题】

承包人应对路基工程质量自检，检验的主要内容。

【参考答案】

1. 路基的宽度和高程（包括边沟）；
2. 路基的平面位置；
3. 边坡坡度及边坡加固；
4. 排水设施的尺寸及底面纵坡；
5. 填土压实度、弯沉值；
6. 取土坑、弃土堆、护坡道、截水沟、排水沟的位置和形式是否正确；
7. 隐蔽工程检查记录。

【背景资料2】

某公司中标承包某段公路的路基工程施工，原地基未发现地质不良地段。

【问题】

1. 承包人应对路基现场质量检查控制的主要内容。
2. 常见质量控制关键点。

【参考答案】

1. 现场质量检查控制的主要内容

(1)开工前检查：目的是检查是否具备开工条件，开工后能否连续正常施工，能否保证工程质量。

(2)工序交接检查与工序检查：工序交接检查应建立制度化控制，坚持实施。对于关键工序或对工程质量有重大影响的工序，在自检、互检的基础上，还要组织专职人员进行工组交接检查，以确保工序合格，使下道工序能顺利展开。

(3)隐蔽工程检查：凡是隐蔽工程均应经检查认证后方可掩盖。

(4)停工后复工前的检查：因处理质量问题或某种原因停工后再复工时，均应经检查认可后方可复工。

(5)分项、分部工程完工后的检查:应按规定的程序和要求,经检查认可并签署验收记录后,才允许进行下一工程项目施工。

(6)成品、材料、机械设备等的检查:主要检查成品、材料等有无可靠的保护措施及其是否落实且有效,以控制不发生损坏、变质等问题;检查机械设备的技术状态,以确保其处于良好的可控制状态。

(7)巡视检查:对施工操作质量应进行巡视检查,必要时还应进行跟踪检查。

2. 土方路基工程施工中常见质量控制关键点

(1)施工放样与断面测量。

(2)路基原地面处理,按施工技术合同或规范规定要求处理,并认真压实。

(3)使用适宜材料,必须采用设计和规范规定的适用材料,保证原材料合格,正确确定土的最大干密度和最佳含水率。

(4)每层的松铺厚度,横坡。

(5)分层压实,控制填土的含水率,确保压实度达到设计要求。

【背景资料3】

某公司中标承包某段公路的路基工程施工,原地基未发现地质不良地段。

【问题】

1. 填土路堤施工方法。
2. 填石路堤的施工方法。
3. 土石混填路堤施工方法。

【参考答案】

1. 填土路堤施工方法

(1)水平分层填筑法:按设计断面分成水平层次逐层向上填筑,每填筑一层,需经压实符合规定后,再填上一层土。

(2)纵向分层填筑法:纵坡大于12%的路段应沿纵坡分层,逐层碾压密实。

(3)施工程序:取土→运输→推土机初平→平地机整平→压路机碾压。

(4)施工要领:控制每层填料,布料均匀,松铺厚度不超过30cm,最佳含水率条件下碾压。

①山坡路堤,地面横坡不陡于1:5且基底符合《公路路基施工技术规范》(JTG F10—2008)有关规定要求时,路堤可直接修筑在天然的土基上。地面横坡陡于1:5时,原地面应挖成台阶(台阶宽度不小于1m),并用小型夯实机加以夯实。填筑应由最低一层台阶填起,并分层夯实,然后逐台向上填筑,分层夯实,所有台阶填完之后,即可按一般填土进行。

②不同土质混合填筑路堤时,以透水性较小的土填筑于路堤下层时,应做成4%的双向横坡;如用于填筑上层时,除干旱地区外,不应覆盖在由透水性较好的土所填筑的路堤边坡上。

③不同性质的土应分别填筑,不得混填。每种填料层累计总厚不宜小于0.5m。

④凡不因潮湿或冻融影响而变更其体积的优良土应填在上层,强度较小的土应填在下层。

⑤河滩路堤填土,应连同护道在内,一并分层填筑。可能受水浸淹部分的填料,应选用水稳性好的土料。

2. 填石路堤的施工方法

(1)填石路堤应分层填筑,分层压实。

(2)施工要领:整平应采用大型推土机辅以人工进行,松铺厚度控制在60cm以内,接近路堤设计高程时,需改用土方填筑。

3. 土石混填路堤施工方法

填土石路堤应分层填筑,分层压实。当含石量超过70%时,整平应采用大型推土机辅以人工按填石路堤的方法进行;当含石量小于70%时,土石混合直接铺筑;松铺厚度控制在40cm以内,接近路堤设计高程时,需改用土方填筑。

【背景资料4】

某公司中标承包某段公路的路基工程施工,原地基有软基10~12m不等。按设计文件要求是用塑料排水板(袋装砂井)对软基进行处理。监理认为承包人的投标文件中塑料排水板(袋装砂井)对软基进行处理工艺不够详细,要求承包人提供更为详细的塑料排水板(袋装砂井)对软基处理软基进行处理工艺。

【问题】

1. 承包人采用塑料排水板施工所需的主要施工机械与施工工艺。

2. 承包人采用袋装砂井施工所需的主要施工机械与施工工艺。

【参考答案】

1. 施工机械:主要机具是插板机,也可与袋装砂井打桩机具共用,但应将圆形套管换成矩形套管。对振动打桩工艺、锤击振力大小,可根据每次打桩根数、导管断面大小、入土长度和地基均匀程度确定。

施工工艺流程为:整平原地面→摊铺下层砂垫层→机具就位→塑料排水板穿靴→插入套管→拔出套管→割断塑料排水板→机具移位→摊铺上层砂垫层。

2. 施工机械:主要机具为导管式振动打桩机,在行进方式上普遍采用的有轨道门架式、履带臂架式、吊机导架式等。

施工工艺流程为:整平原地面→摊铺下层砂垫层→机具定位→打入套管→沉入砂袋→拔出套管→机具移位→埋砂袋头→摊铺上层砂垫层。

【背景资料5】

工程所在地为滑坡多发地区。建设单位(业主)在招标的澄清环节中,考察投标单位对滑坡路基施工可采用哪些方法,以判断投标人是否有滑坡多发地区的施工经验。

【问题】

滑坡路基施工方法有哪些?

【参考答案】

(1)对于滑坡的处治,应分析滑坡的外表地形、滑动面、滑坡体的构造、滑动体的土质及饱水情况,以了解滑坡体的形式和形成的原因,根据公路路基通过滑坡体的位置、水文、地质等条件，充分考虑路基稳定的施工措施。

(2)路基滑坡直接影响公路路基稳定时，不论采用何种方法处理，都必须作好地表水及地下水的处理。

(3)对于滑坡顶面的地表水，应采取截水沟等措施处理，不让地表水流入滑动面内。必须在滑动面以外修筑1~2条环形截水沟；对于滑坡体下部的地下水源应截断或排出。

(4)在滑坡体未处治之前，禁止在滑坡体上增加荷载(如停放机械、堆放材料、弃土等)。

(5)对于挖方路基上边坡发生的滑坡，应修筑一条或数条环形截水沟，但最近一条必须离滑动裂缝面最少5m，以截断流向滑动面的水流。截水沟可采用砂浆封面或浆砌片(块)石修筑，滑坡上面出现裂缝须填土进行夯实，避免地表水继续渗入，或结合地形，修建树枝形及相互平行的渗水沟与支撑渗沟，将地表水及渗水迅速排走。

(6)当挖方路基上边坡发生的滑坡不大时，可采用刷方(台阶)减重、打桩或修建挡土墙进行处理，以达到路基边坡稳定。采用打桩时，桩身必须深入到滑动面以下设计要求的深度；采用修建挡土墙时，挡土墙基础必须置于滑动面以下的硬岩层上。同时，宜修筑排水沟、暗沟(或渗沟)排出地下水。滑坡较大时，可修建挡土墙、钢筋混凝土锚固桩或预拉应力锚索等方法处理，不论采用何种方法处理，其基础都必须置于滑动面以下的硬岩层上或达到设计要求的深度，同时宜修筑深渗沟、排水涵洞(管)或集水井。

(7)填方路堤发生的滑坡，可采用反压土方或修筑挡土墙等方法处理。

(8)沿河路基发生滑坡，可修建河流调治构造物(堤坝、丁坝、稳定河床等)及挡土墙方法处理。

(9)滑坡表面处治可采用整平夯实山坡，填筑积水坑，堵塞裂隙或进行山坡绿化固定表土。

【背景资料6】

某公司中标承包一段公路的施工任务，监理工程师根据工程所在地的实际情况，要求承包人提供“弹簧”路基防治措施的书面材料。

【问题】

承包人对“弹簧”路基的防治措施主要有哪些？

【参考答案】

“弹簧”路基的防治措施主要有：

(1)避免使用天然稠度小于1.1，液限大于40，塑性指数大于18，含水率大于最佳含水率两个百分点的土作为路基填料；

(2)清除碾压层下软弱层，换填良性土后重新碾压；

(3)对产生“弹簧”的部位，可将其湿土翻晒，拌和均匀后重新碾压；或挖除换填含水率适宜的良性土后重新碾压；

(4)对产生“弹簧”且急于赶工的路段，可掺生石灰粉翻拌，待其含水量适宜后重新碾压；

(5)严禁异类土混填，尤其是不能用透水性差的土包裹透水性好的土，以免形成水囊；

(6)填筑上层时应挖好排水沟，或采取其他措施降低地下水位至路基50cm以下；

(7)填筑上层时，应对下层填土的压实度和含水率进行检查，待检查合格后方能填筑上层。

【背景资料7】

某公路一路段土方路堤填筑，该路段路线从大片麦地中间通过，并经过三处墓穴，经过野外取土试验测得原地土强度符合要求，施工方外运砂性土回填了三处墓穴，清除20cm厚的原地土，平整后进行压实，最小压实度要求按路床压实度减两个百分点加以控制，随后填筑路基，填高1m，路槽38cm。将清除出的原地土用于边坡表层作为种植土使用。试验人员测得路槽底面以下80cm深度内平均相对含水率后判定路基为中湿路基。

【问题】

1. 请逐条分析施工单位对原地基处理的几条措施的合理性。

2. 下列完全不能用于路堤填料的土有(   )。

A. 含草皮土　　B. 含有腐朽物质的土

C. 强膨胀土　　D. 炭渣

E. 煤渣

3. 路基有哪几种干湿类型？根据什么指标进行划分？

【参考答案】

1. 施工单位对原地基处理的几条措施的合理性：

(1)经野外取土试验测得原地土强度符合要求，合理。

(2)外运砂性土回填了三处墓穴，合理。

(3)清除20cm厚的原地土，平整后进行压实，合理。

(4)最小压实度要求按路床压实度减两个百分点加以控制，不合理。因为当路堤填土高度小于路床厚度(80cm)时，基底的压实度不宜小于路床的压实度标准。

(5)将清除出的原地土直接用于边坡表层作为种植土使用，不合理；应予以捣碎后方可用于路堤边坡表层。

2. A、B、C。

3. 路基干湿类型划分为四类：干燥、中湿、潮湿和过湿；根据路基土的分界稠度确定。

【背景资料8】

某施工单位，承包了一合同段路，其中，K12+000～K12+300一段为填方路基，填料采用轻粉质黏土(细粒土)，路段地面纵坡7%左右，填方高度约4 m。填料采用挖掘机配合自卸汽车运输，推土机、平地机进行摊铺，分层填筑，振动压路机碾碎。按“四区段、八流程”作业法组织各项作业均衡进行，合理安排施工顺序、工序进度和关键工序的作业循环，做到挖、装、运、卸、压实等工序紧密衔接，连续作业，填至规定高度，在路基压实后，施工单位技术人员采用灌砂法测定现场密度，测试的6个测点的干密度见下表，在室内击实试验的最大干密度为19.7kN/m^3，要求压实度为94%。

里程	K12+050	K12+100	K12+150	K12+200	K12+250	K12+300
干密度(kN/m^3)	18.77	19.65	19.71	19.32	18.95	18.50

【问题】

根据场景,回答下列问题。

1. 对 6 个测点,不符合压实度要求的测点数为(　　)个点。

A. 0　　B. 1　　C. 2　　D. 3

2. 对 K12 +000 ~ K12 +300 段路基填筑方法宜采用(　　)。

A. 水平分层填筑法　　B. 纵向分层填筑法

C. 横向填筑法　　D. 联合填筑法

3. 对 K12 +000 ~ K12 +300 段路基的压实度检测,还可以采用(　　)。

A. 重型击实法　　B. 轻型击实法

C. 振动台法　　D. 环刀法

4. 对 K12 +000 ~ K12 +300 段路基还应实测(　　)。

A. 压实　　B. 厚度　　C. 纵坡　　D. 弯沉

【参考答案】

1. B;2. A;3. D;4. D

【背景资料 9】

某施工单位承接了一段 18km 的新建高速公路,其中,K0 +000 ~ K4 +500 段为临近城市内河河堤,地下水位高,属生活垃圾堆放点和居民旧生活区,且处于雨期积水地区;K4 +500 ~ K7 +000 为填方路段,原地面横坡平缓,路基高度为 3m,填料为细粉质砂土;K7 +000 ~ K10 +500 段为半挖半填路段,原地面横坡 1∶4. 5;K10 +500 ~ 17 +200 为低填方路段,路基高度为 1m,填料为细粉质砂土;K17 +200 ~ K17 +800 为填方路段,填料为土石混合料,土石混合料中石料含量超过 80%;K17 +800 ~ 终点为挖方路段,地表约为 0. 5m 厚黏土,下为 III 级岩石,基本不含水分,本路段有高压线反复跨越公路。

【问题】

1. 对 K0 +000 ~ K4 +500 段,宜采取什么方法处治?
2. 对 K4 +500 ~ K7 +000 段,宜采用何种施工方法?
3. 对 K7 +000 ~ K10 +500 段,原地基处理的措施是什么?
4. 对 K10 +500 ~ 17 +200 段,应提供取土试验确定细粉质砂土的什么指标?
5. 对 K17 +200 ~ K17 +800 段,宜采用的施工方法是什么?
6. 对 K17 +800 ~ 终点段的石质路基,可采用的施工方法有哪些?

【参考答案】

1. 可采取换填方式处理;挖至原土地层,利用二灰土等进行处治。
2. 水平分层填筑法。
3. 基底坡面挖台阶。
4. 最小强度、最大粒径。
5. 人工铺填。

6. 直接机械开挖、静态破碎法。

【背景资料 10】

地区公路路基雨期施工过程中突遇冷空气气温下降，昼夜平均温度 -3°以下，持续一个星期，然后气温回暖，未发生冻土现象。该路段有填有挖，土质为砂类土，施工方技术员提出为保证雨期和冬期施工质量的几条措施：

(1)在填方坡脚外挖好排水沟；

(2)分层填筑时，每一层表面做成 2% ~4% 的横坡；

(3)按横断面全宽平填，每层松铺厚度按正常施工减少 20% ~30%；

(4)填挖交界处、填土低于 1m 处停止填筑，待气温回暖后再进行。

【问题】

1. 请问上述 4 条措施，哪些是针对雨期施工；哪些是针对冬期施工？

2. 施工方提出的 4 条措施是否合理，为什么？

3. 针对雨期路堤填筑，除上述措施外还应采取哪些措施？

【参考答案】

1. 第(1)、(2)条针对雨期施工，第(3)、(4)条针对冬期施工。

2. 施工方提出的针对雨期的措施合理，针对冬期的不合理，因为不属于冬期施工。

3. 雨期路堤填筑，除上述措施外还应采取补充措施：

(1)雨期路堤施工地段除施工车辆外，应严格控制其他车辆在施工现场通行；

(2)保持场地不积水，如原地面松软，应采取换填措施；

(3)当天填筑的土层应在当天完成压实；

(4)雨期填筑路堤需借土时，取土坑距离坡脚不宜小于 3m，平原地区路基纵向取土时，取土坑深度不宜大于 1m。

【背景资料 11】

某施工单位，承包了一条 21.7km 的二级公路，路面面层为沥青混凝土，基层为水泥稳定碎石。其中，K22 +300 ~ K22 +700 路段，地面横坡陡于 1∶5，填方平均高度为 12m 左右。施工单位填筑前，对地基原状土进行了检测，土的强度符合要求，然后对地基进行了压实处理。

由于前后路段开挖后，可调运利用的填料主要是石方。为节约用地，降低建设成本，在请示建设单位后，施工单位将填土路基变更为填石路基，边坡为 1∶1.5。为了加快施工进度，采用了倾填的方式进行施工，在路床底面下 1.0m 范围内改为分层填筑并压实。

在整个施工过程中，施工单位对石方路基进行了质量检验。

路堤填筑完毕后不久，该路段出现了部分边坡坍塌。经处理后，该项目通过验收，评定为合格工程。

【问题】

施工单位对石方路基的质量检验，应该实测哪些项目指标？

【参考答案】

1. 压实度；
2. 纵断高程；
3. 中线偏位；
4. 宽度；
5. 平整度；
6. 横坡；
7. 边坡坡度和边坡平顺度。

【背景资料 12】

某二级公路路基施工由于进度要求必须在冬期进行，项目部要求在做好冬期施工前各项准备工作的基础上，可以进行以下作业：

(1)铲除原地面的草皮，挖掘填方地段的台阶；

(2)公路路堤填筑；

(3)整修路基边坡；

(4)河滩地段可利用冬期水位低，开挖基坑修建防护工程。

【问题】

项目部安排的上述作业能否进行？

【参考答案】

(1)项目部安排的上述作业中(1)、(2)、(3)都不宜在冬期实施；

(2)作业(4)可以进行，但应注意保暖和养护。

【背景资料 13】

某市外环路全长 54km，其中，北外环路总长 10.56km，规划路面宽度为 50m，路基平均填土高度 13m。该路段因沿黄河大堤，地下水位高(现有黄河河床高程比路面设计高程高出 2 ~ 3m)，而且处于雨期积水地区，土质大部分为黄河粉砂土，少量粉质黏土，全线均为软弱路基地段(地基承载力平均 10 ~ 80kPa。因此，设计单位与施工单位共同研究，依据当地材料状况、施工条件与工期要求，采用以下软土地基的处理方法：

(1)土工织物铺垫。K1 + 780 ~ K1 + 980，长 200m 路段地下水位高，土质差，苇根很多而深，采用带眼双面胶无纺布(150 ~ 200g/m^2，抗拉强度为 2 050kN/m)铺垫。

(2)K6 + 200 ~ K6 + 350，长 150m，位于黄河沉砂池上，粉砂土质、含水率大，地下水位高，采用塑料排水板处理。塑料排水板施工时工艺流程如下：摊铺下层砂垫层、塑料排水板穿靴、机具就位、整平原地面、插入套管、拔出套管、机具移位、割断塑料排水板、摊铺上层砂垫层。

【问题】

1. 土工织物一般应该铺垫在什么位置？有什么作用？
2. 请指出塑料排水板的施工工艺程序。

【参考答案】

1. 土工织物一般铺垫于软土地基表层；起扩散荷载、提高承载力的作用。

2. 塑料排水板的施工工艺程序：

整平原地面→摊铺下层砂垫层→机具就位→塑料排水板穿靴→插入套管→拔出套管→割断塑料排水板→机具移位→摊铺上层砂垫层。

【背景资料14】

某山岭重丘区高速公路 K29 +000 ~ K29 +800 路段进行路基施工。

其中，K29 +000 ~ K29 +400 为路堑开挖，原地面自然坡度 65° ~75°，地表 1 ~3m 为黏土，下为Ⅴ级岩石，不含水分，施工方拟采用药壶炮爆破法爆破，挖方共计 13 800m^3，土方2 000m^3，石方 11 800m^3；K29 +400 ~ K29 +800 为山坡路堤填筑，需要填方 6 000m^3。

原地面横坡为 1∶4.5，由于上段爆破石料较多，经强度检测，大于 20MPa，施工方拟利用石方用水平分层填筑法填筑成土石路堤，土石比例按 1∶2 直接铺筑，松铺厚度 50cm，接近设计高程时，改用土方填筑。

【问题】

1. 土石路堤填筑的方法有哪些？该工程采用的方法是否合理？

2. 简要叙述路堤填筑的施工程序。

3. 该工程在土石路堤填筑施工时按含石量确定的松铺厚度是否合适？应如何调整？

【参考答案】

1. 土石路堤填筑方法只能采用分层填筑、分层压实；本工程采用水平分层填筑法合理。

2. 路堤填筑的施工程序：取土—运输—推土机初平—平地机整平—压路机碾压。

3. 不合适；松铺厚度应控制在 40cm 以内。

【背景资料15】

某路基填筑施工至软土区段，项目部制订的该区段基底开挖方案中注意事项如下：

1. 基底开挖用推土机、挖掘机或人工直接清除至路基范围以外堆放；深度超过 3m 时，要由端部向中央，分层挖除，并修筑临时运输便道，由汽车运载出坑。

2. 软土在路基坡脚范围以内全部清除；路基穿过沼泽地只需清除路基坡角范围以内的软土；护坡道以外，对于小滑塌的软土，可挖成 1∶1 ~1∶2 的坡度。

【问题】

1. 改正项目部制订的该区段基底开挖方案注意事项中的错误。

2. 进一步补充完善上述注意事项。

【参考答案】

1. 基底开挖深度超过 2m 时，要由端部向中央，分层挖除，并修筑临时运输便道，由汽车运载出坑，而不是 3m；路基穿过沼泽地需要清除路基坡角范围以内的软土包含护坡道。

2. 软土在路基坡脚范围以内全部清除，边部挖成台阶状再回填。

【背景资料 16】

某段土方填筑路基施工完成之后进行了压实度和弯沉值检测，压实度采用环刀法；弯沉采用贝克曼梁法。

【问题】

1. 弯沉测试除贝克曼梁法外还有哪些方法?
2. 压实度的检测方法还有哪些？其中规范规定的试验方法是什么?

【参考答案】

1. 弯沉测试除贝克曼梁法外还有自动弯沉仪法和落锤弯沉仪法。
2. 压实度的检验方法还有灌砂法、核子密度湿度仪法；规范规定的试验方法是灌砂法。

【背景资料 17】

某高速公路 N 合同段段路基工程施工，工期 18 个月。其中，K23 + 200 ~ K32 + 200 路段以填方为主，合同段附近地表土主要是高液限黏土（液限值在 38 ~ 49 之间），在较远地带分布有膨胀土、沼泽土、盐渍土、有机土、粉土、砂性土等。

出于控制造价的考虑，业主要求就地取材。为此，施工单位针对高液限土填筑路堤做了试验路段，以确定其最大干密度和松铺厚度等指标。

场地清理完毕后，对路基横断面进行测量放样，动力触探，并绘制出横断面图，提交监理工程师复测，确认后开始填筑路基。

施工单位严格按照试验路段提供的数据指导施工，经过 2 个月的填筑，发现按试验路段数据控制施工，施工周期 K（每层的填筑周期超过 5d，在雨期，填筑周期达到 15d 以上）无法满足工期要求。业主在了解情况后，书面要求监理工程师指示施工单位在半个月后变更路堤填料。经过现场考查并征得监理工程师同意和设计单位确认后，选择了粉土与砂性土两种路堤填料，施工单位随即组织施工，在路堤施工中，采用一层粉土，一层砂性土，交错分层水平填筑，每层压实厚度 22cm 左右；碾压时，采用纵向分层进行，直线段由中间向两边，曲线段由外侧向内侧进行碾压。

由于变更后取用的路堤填料需增加较长运距，而在合同中没有该变更的价格，整个工程完工后，施工单位向业主提出了变更工程价款的报告。

【问题】

1. 根据背景中所列土的类型，哪些不得用于填筑路堤？哪些须经处理后才能用于填筑路堤?
2. 指出施工单位在路堤施工中的错误，并给出正确做法。

【参考答案】

1. 沼泽土、有机土不得用于填筑路堤；高液限黏土、膨胀土、盐渍土须经处理后才能用于填筑路堤。

2.“采用一层粉土，一层砂性土，交错分层水平填筑，每层压实厚度 22cm 左右”错误，不同性质的土应分别填筑，不得混填。每种填料层累计总厚不宜小于 0.5m。

“碾压时，采用纵向分层进行，直线段由中间向两边，曲线段由外侧向内侧的方式进行碾压”错误，应改为：“直线段由两边向中间，曲线段由内侧向外侧的方式进行碾压”。

【背景资料 18】

某承包人承接了一段高速公路路基工程，路基填料为土方。为确保项目的工期、质量、安全和成本，项目部制订了施工方案和一系列规章制度。在路基施工中特别强调了土方路基施工的如下质量控制关键点：

(1)施工放样与断面测量；

(2)保证填土材料合格。

【问题】

1. 补充路基施工的质量控制关键点。

2. 如何保证填土材料合格？

【参考答案】

1. 路基施工的质量控制关键点：

(1)路基原地面处理，按施工技术合同或规范规定要求处理，并认真整平压实；

(2)每层的松铺厚度，横坡；

(3)分层压实，控制填土的含水率，确保压实度达到设计要求。

2. 使用适宜材料，必须采用设计和规范规定的适用材料，保证原材料合格，正确确定土的最大干密度和最佳含水率。

附录 A　单位、分部及分项工程的划分

一般建设项目的工程划分　　附表 A-1

单位工程	分部工程	分项工程
路基工程（每 10km 或每标段）	路基土石方工程*①（1～3km 路段）②	土方路基*，石方路基*，软土地基*，土工合成材料处治层*等
	排水工程（1～3km 路段）	管节预制，管道基础及管节安装*，检查（雨水）井砌筑*、土沟、浆砌排水沟*、盲沟、跌水、急流槽*、水簸箕、捧水泵站等
	小桥及符合小桥标准的通道*、人行天桥、渡槽（每座）	基础及下部构造*，上部构造预制、安装或浇筑*，桥面*，栏杆，人行道等
	涵洞、通道（1～3km 路段）	基础及下部构造*，主要构件预制、安装或浇筑*，填土，总体等
	砌筑防护工程（1～3km 路段）	挡土墙*，墙背填土，抗滑桩*，锚喷防护*，锥、护坡，导流工程，石笼防护等
	大型挡土墙*、组合式挡土墙*（每处）	基础*，墙身*，墙背填土，构件预制*，构件安装*，筋带，锚杆、拉杆，总体*等
路面工程（每 10km 或每标段）	路面工程（1～3km 路段）*	底基层，基层*，面层*，垫层，连接层，路缘石，人行道，路肩，路面边缘捧水系统等
桥梁工程③（特大、大中桥）	基础及下部构造*（每桥或每墩、台）	扩大基础、桩基*、地下连续墙*、承台、沉井*、桩的制作*，钢筋加工及安装，墩台身（砌体）浇筑*，墩台身安装，墩台帽*，组合桥台*，台背填土，支座垫石和挡块等
	上部构造预制和安装*	主要构件预制*，其他构件预制，钢筋加工及安装，预应力筋的加工和张拉*，梁板安装，悬臂拼装*，顶推施工梁*，拱圈节段预制，拱的安装，转体施工拱*，劲性骨架拱肋安装*，钢管拱肋制作*，钢管拱肋安装*，吊杆制作和安装*，钢梁制作*，钢梁安装，钢梁防护*等
	上部构造现场浇筑*	钢筋加工及安装，预应力筋的加工和张拉*，主要构件浇筑*，其他构件浇筑，悬臂浇筑*，劲性骨架混凝土*，钢管混凝土拱*等
	总体、桥面系和附属工程	桥梁总体*，桥面防水层施工，桥面铺装*，钢桥面铺装*，支座安装，搭板，伸缩缝安装，大型伸缩缝安装*，栏杆安装，混凝土护栏，人行道铺设，灯柱安装等
	防护工程	护坡，护岸*，导流工程*，石笼防护，砌石工程等
	引道工程	路基*，路面*，挡土墙*，小桥*，涵洞*，护栏等

续上表

单位工程	分部工程	分项工程
互通立交工程	桥梁工程*(每座)	桥梁总体,基础及下部构造*,上部构造预制、安装或浇筑*,支座安装,支座垫石,桥面铺装*,护栏,人行道等
	主线路基路面工程*(1~3km路段)	见路基、路面等分项工程
	匝道工程(每条)	路基*,路面*,通道*,护坡,挡土墙*,护栏等
隧道工程	总体	隧道总体*等
	明洞	明洞浇筑,明洞防水层,明洞回填*等
	洞口工程	洞口开挖,洞口边仰坡防护,洞门和翼墙的浇(砌)筑,截水沟、洞口捧水沟等
	洞身开挖	洞身开挖*,(分段)等
	洞身衬砌	(钢纤维)喷射混凝土支护,锚杆支护,钢筋网支护,仰拱,混凝土衬砌*,钢支撑,衬砌钢筋等
	防排水	防水层,止水带、捧水沟等
	隧道路面	基层*,面层*等
	装饰	装饰工程
	辅助施工措施	超前锚杆、超前钢管等
环保工程	声屏障(每处)	声屏障
	绿化工程(1~3km路段或每处)	中央分隔带绿化、路侧绿化、互通立交绿化、服务区绿化、取弃土场绿化等
交通安全设施(每20km或每路段)(标段)	标志*(5~10km路段)	标志*
	标线、突起路标(5~10km路段)	标线*、突起路标等
	护栏*、轮廓标(5~10km)	波形梁护栏*、缆索护栏*、混凝土护栏*、轮廓标等
	防眩设施(5~10km路段)	防眩板、网等
	隔离栅、防落网(5~10km路段)	隔离栅、防落网等
机电工程	监控设施	车辆检测器,气象检测器,闭路电视监视系统,可变标志,光电缆线路,监控(分)中心设备安装及软件调测,大屏幕投影系统,地图板,计算机监控软件与网络等
	通信设施	通信管道与光电缆线路,光纤数字传输系统,数字程控交换系统,紧急电话系统,无线移动通信系统,通信电源等
	收费设施	入口车道设备,出口车道设备,收费站设备及软件,收费中心设备及软件,IC卡及发卡编码系统,闭路电视监视系统,内部有线对讲及紧急报警系统,收费站内光,电缆及塑料管道,收费系统计算机网络等
	低压配电设施	中心(站)内低压配电设备,外场设备电力电缆线路等
	照明设施	照明设施
	隧道机电设施	车辆检测器,气象检测器,闭路电视监视系统,紧急电话系统,环境检测设备,报警与诱导设施,可变标志,通风设施,照明设施,消防设施,本地控制器,隧道监控中心计算机控制系统,隧道监控中心计算机网络,低压供配电等

续上表

单位工程	分 部 工 程	分 项 工 程
房屋建筑工程	（按其专业工程质量检验评定标准评定）	

注：①表内标注 * 号者为主要工程，评分时给以 2 的权值；不带 * 号者为一般工程，权值为 1。
②按路段长度划分的分部工程，高速公路、一级公路宜取低值，二级及二级以下公路可取高值。
③护岸参照挡土墙。

附录 B 按数理统计方法评定的实测项目

一、路基、路面压实度评定

1. 路基和路面基层、底基层的压实度以重型击实标准为准。沥青层压实度以《沥青路面施工技术规范》(JTG F40—2004)的规定为准。

对于特殊干旱、潮湿地区或过湿土,以路基设计施工规范规定的压实度标准进行评定。

2. 标准密度应作平行试验,求其平均值作为现场检验的标准值。对于均匀性差的路基土质和路面结构层材料,应根据实际情况增补标准密度试验,求得相应的标准值,以控制和检验施工质量。

3. 路基、路面压实度以 1 ~ 3km 长的路段为检验评定单元,按本标准各有关章节要求的检测频率进行现场压实度抽样检查,求算每一测点的压实度 K。细粒土现场压实度检查可以采用灌砂法或环刀法;粗粒土及路面结构层压实度检查可以采用灌砂法、水袋法或钻孔取样蜡封法。应用核子密度仪时,须经对比试验检验,确认其可靠性。

检验评定段的压实度代表值 K(算术平均值的下置信界限)为:

$$K = \overline{K} - S \cdot \frac{t_a}{\sqrt{n}} \geqslant K_0$$

式中:K——检验评定段内务测点压实度的平均值;

t_a——分布表中随测点数和保证率(或置信度 a)而变的系数;t_a 见附表 B-1;

S——检测值的标准差;

n——检测点数;

K_0——压实度标准值。

采用的保证率:

高速公路、一级公路:基层、底基层为 99%,路基、路面面层为 95%;

其他公路:基层、底基层为 95%,路基、路面面层为 90%;

路基、基层和底基层:$K \geqslant K_0$,且单点压实度 K_i 全部大于等于规定值减 2 个百分点时,评定路段的压实度合格率为 100%;当 $K \geqslant K_0$,且单点压实度全部大于等于规定极值时,按测定值不低于规定值减 2 个百分点的测点数计算合格率。

$K < K_0$ 或某一单点压实度 K_i 小于规定极值时,该评定路段压实度为不合格,相应分项工程评为不合格。

路堤施工段落短时,分层压实度应点点符合要求,且样本数不少于 6 个。

沥青面层:当 $K \geqslant K_0$ 且全部测点大于等于规定值减 3 个百分点时,评定路段的压实度合格率为 100%;当 $K \geqslant K_0$ 时,按测定值不低于规定值减 1 个百分点的测点数计算合格率。

$K < K_0$ 时,评定路段的压实度为不合格,相应分项工程评为不合格。

$t_a/\sqrt{n}$ 值 附表 B-1

保证率 n	99%	95%	90%	保证率 n	99%	95%	90%
1	22.501	4.465	2.176	21	0.552	0.376	0.289
2	4.021	1.686	1.089	22	0.537	0.367	0.282
3	2.270	1.177	0.819	23	0.523	0.358	0.275
4	1.676	0.953	0.686	24	0.510	0.350	0.269
5	1.374	0.823	0.603	25	0.498	0.342	0.264
6	1.188	0.734	0.544	26	0.487	0.335	0.258
7	1.060	0.670	0.500	27	0.477	0.328	0.253
8	0.966	0.620	0.466	28	0.467	0.322	0.248
9	0.892	0.580	0.437	29	0.458	0.316	0.244
10	0.833	0.546	0.414	30	0.449	0.310	0.239
11	0.785	0.518	0.393	40	0.383	0.266	0.206
12	0.744	0.494	0.376	50	0.340	0.237	0.184
13	0.708	0.473	0.361	60	0.308	0.216	0.167
14	0.678	0.455	0.347	70	0.285	0.199	0.155
15	0.651	0.438	0.335	80	0.266	0.186	0.145
16	0.626	0.423	0.324	90	0.249	0.175	0.136
17	0.605	0.410	0.314	100	0.236	0.166	0.129
18	0.586	0.398	0.305	>100	2.326 5	1.644 9	1.281 5
19	0.568	0.387	0.297				

二、水泥混凝土抗压强度评定

1. 评定水泥混凝土的抗压强度,应以标准养生 28d 龄期的试件为准。试件为边长 150mm 的立方体。试件 3 件为 1 组,制取组数应符合下列规定:

(1)不同强度等级及不同配合比的混凝土应在浇筑地点或拌和地点分别随机制取试件。

(2)浇筑一般体积的结构物(如基础、墩台等)时,每一单元结构物应制取 2 组。

(3)连续浇筑大体积结构时,每 80~200m^3 或每一工作班应制取 2 组。

(4)上部结构,主要构件长 16m 以下应制取 1 组,16~30m 制取 2 组,31~50m 制取 3 组,50m 以上者不少于 5 组。小型构件每批或每工作班至少应制取 2 组。

(5)每根钻孔桩至少应制取 2 组;桩长 20m 以上者不少于 3 组;桩径大、浇筑时间很长时,不少于 4 组。如换工作班时,每工作班应制取 2 组。

(6)构筑物(小桥涵、挡土墙)每座、每处或每工作班制取不少于 2 组。当原材料和配合比相同,并由同一拌和站拌制时,可几座或几处合并制取 2 组。

(7)应根据施工需要,另制取几组与结构物同条件养生的试件,作为拆模、吊装、张拉预应力、承受荷载等施工阶段的强度依据。

2. 水泥混凝土抗压强度的合格标准。

(1)试件≥10 组时,应以数理统计方法按下述条件评定:

$$R_n - K_1 S_n \geq 0.9R$$

$$R_{min} \geq K_2 R$$

式中:n——同批混凝土试件组数;

R_n——同批 n 组试件强度的平均值(MPa);

S_n——同批 n 组试件强度的标准差(MPa);

R——混凝土设计强度等级(MPa);

R_{min}——n 组试件中强度最低一组的值(MPa):

K_1、K_2——合格判定系数,见附表 B-2。

K_1、K_2 的 值

附表 B-2

n	10~14	15~24	≥25
K_1	1.70	1.65	1.60
K_2	0.9	0.85	

(2)试件<10 组时,可用非统计方法按下述条件进行评定:

$$R_n \geq 1.15R$$

$$R_{min} \geq 0.95R$$

(3)实测项目中,水泥混凝土抗压强度评为不合格时相应分项工程为不合格。

三、水泥砂浆强度评定

1. 评定水泥砂浆的强度,应以标准养生 28d 的试件为准。试件为边长 70.7mm 的立方体。试件 6 件为 1 组,制取组数应符合下列规定:

(1)不同强度等级及不同配合比的水泥砂浆应分别制取试件,试件应随机制取,不得挑选。

(2)重要及主体砌筑物,每工作班制取 2 组。

(3)一般及次要砌筑物,每工作班可制取 1 组。

(4)拱圈砂浆应同时制取与砌体同条件养生试件,以检查各施工阶段强度。

2. 水泥砂浆强度的合格标准

(1)同强度等级试件的平均强度不低于设计强度等级。

(2)任意一组试件的强度最低值不低于设计强度等级的 75%。

(3)实测项目中,水泥砂浆强度评为不合格时相应分项工程为不合格。

四、路基、柔性基层、沥青路面弯沉值评定

1. 弯沉值用贝克曼梁或自动弯沉仪测量。每一双车道评定路段(不超过 1km)检查 80~100 个点,多车道公路必须按车道数与双车道之比,相应增加测点。

2. 弯沉代表值为弯沉测量值的上波动界限,用下式计算:

$$l_r = l + Z_a S$$

式中:l_r——弯沉代表值(0.01mm);

l——实测弯沉的平均值:

S——标准差：

Z_a——与要求保证率有关的系数，见附表 B-3。

Z_a 值 附表 B-3

层 位	Z_a	
	高速公路、一级公路	二、三级公路
沥青面层	1.645	1.5
路基	2.0	1.645

3. 当路基和柔性基层、底基层的弯沉代表值不符合要求时，可将超出 $l \pm (2\sim3)S$ 的弯沉特异值舍弃，重新计算平均值和标准差。对舍弃的弯沉值大于 $l + (2\sim3)S$ 的点，应找出其周围界限，进行局部处理。

用两台弯沉仪同时进行左右轮弯沉值测定时，应按两个独立测点计，不能采用左右两点的平均值。

4. 弯沉代表值大于设计要求的弯沉值时相应分项工程为不合格。

5. 测定时的路表温度对沥青面层的弯沉值有明显影响，应进行温度修正。当沥青层厚度小于或等于 50mm 时，或路表温度在 20℃ ±2℃ 范围内，可不进行温度修正。

若在非不利季节测定时，应考虑季节影响系数。

附录 C　路基土石方工程分项评分标准

一、路基土石方工程

1. 一般规定

(1)土方路基和石方路基的实测项目技术指标的规定值或允许偏差按高速公路、一级公路和其他公路(指二级及以下公路)两档设定,其中土方路基压实度按高速公路和一级公路、二级公路、三四级公路三档设定。

(2)本章规定的实测项目的检查频率,如果检查路段以延米计时,则为双车道公路每一检查段内的最低检查频率:多车道公路必须按车道数与双车道之比,相应增加检查数量。

(3)路基压实度须分层检测,并符合附录 B 规定。路基其他检查项目均在路基顶面进行检查测定。

(4)路肩工程可作为路面工程的一个分项工程进行检查评定。

(5)服务区停车场、收费广场的土方工程压实标准可按土方路基要求进行监控。

2. 土方路基

(1)基本要求

①在路基用地和取土坑范围内,应清除地表植被、杂物、积水、淤泥和表土,处理坑塘,并按规范和设计要求对基底进行压实。

②路基填料应符合规范和设计的规定,经认真调查、试验后合理选用。

③填方路基须分层填筑压实,每层表面平整,路拱合适,排水良好。

④施工临时排水系统应与设计排水系统结合,避免冲刷边坡,勿使路基附近积水。

⑤在设定取土区内合理取土,不得滥开滥挖。完工后应按要求对取土坑和弃土场进行修整,保持合理的几何外形。

(2)实测项目

实测项目见附表 C-1。

(3)外观鉴定

①路基表面平整,边线直顺,曲线圆滑。不符合要求时,单向累计长度每 50m 减 1 ~2 分。

②路基边坡坡面平顺,稳定,不得亏坡,曲线圆滑。不符合要求时,单向累计长度每 50m 减 1 ~2 分。

③取土坑、弃土堆、护坡道飞碎落台的位置适当,外形整齐、美观,防止水土流失。不符合要求时,每处减 1 ~2 分。

3. 石方路基

(1)基本要求

①石方路堑的开挖宜采用光面爆破法。爆破后应及时清理险石、松石,确保边坡安全、

稳定。

②修筑填石路堤时应进行地表清理，逐层水平填筑石块，摆放平稳，码砌边部。填筑层厚度及石块尺寸应符合设计和施工规范规定，填石空隙用石渣、石屑嵌压稳定。上、下路床填料和石料最大尺寸应符合规范规定。采用振动压路机分层碾压，压至填筑层顶面石块稳定，18t以上压路机振压两遍无明显高程差异。

土方路基实测项目 附表 C-1

项次	检查项目			规定值或允许偏差			检查方法和频率	权值
				高速公路一级公路	其他公路			
					二级公路	三、四级公路		
1	压实度（%）	零填及挖方（m）	0～0.30	—	—	94	按《公路工程质量检验评定标准》（JTG F80/1—2004）附录B检查；密度法：每200m每压实层测4处	3
			0～0.80	≥96	≥95	—		
		填方（m）	0～0.80	≥96	≥95	≥94		
			0.80～1.50	≥94	≥94	≥93		
			>1.50	≥93	≥92	≥90		
2	弯沉（0.01mm）			不大于设计要求值			按《公路工程质量检验评定标准》（JTG F80/1—2004）附录I检查	3
3	纵断高程（mm）			+10，-15	+10，-20		水准仪：每200m测4个断面	2
4	中线偏位（mm）			50	100		经纬仪：每200m测4点，弯道加HY、YH两点	2
5	宽度（mm）			不小于设计			米尺：每200m测4处	2
6	平整度（mm）			15	20		3m直尺：每200m测2处×10尺	2
7	横坡（%）			±0.3	±0.5		水准仪：每200m测4个断面	1
8	边坡			不陡于设计值			尺量：每200m测4处	1

注：①表列压实度以重型击实试验法为准，评定路段内的压实度平均值下置信界限不得小于规定标准，单个测定值不得小于极值（表列规定值减5%）。小于表列规定值2%的测点，按其数量占总检查点的百分率计算减分值。

②采用核子仪检验压实度时应进行标定试验，确认其可靠性。

③特殊干旱、特殊潮湿地区或过湿土路基，可按交通运输部颁发的路基设计、施工规范所规定的压实度标准进行评定。

④三级公路修筑沥青混凝土或水泥混凝土路面时，其路基压实度应采用二级公路标准。

③路基表面应整修平整。

（2）实测项目

实测项目见附表C-2。

（3）外观鉴定

①上边坡不得有松石。不符合要求时，每处减1～2分。

②路基边线直顺，曲线圆滑。不符合要求时，单向累计长度每50m减1～2分。

石方路基实测项目 附表 C-2

项次	检 查 项 目		规定值或允许偏差		检 查 方 法 和 频 率	权值
			高速公路 一级公路	其他公路		
1	压实度(%)		层厚和碾压遍数符合要求		查施工记录	3
2	纵断高程(mm)		+10,-20	+10,-30	水准仪:每200m测4个断面	2
3	中线偏位(mm)		50	100	经纬仪:每200m测4点,弯道加HY、YH两点	2
4	宽度(mm)		不小于设计		米尺:每200m测4处	2
5	平整度(mm)		20	30	3m直尺:每200m测2处×10尺	2
6	横坡(%)		±0.3	±0.5	水准仪:每200m测4断面	1
7	边坡	坡度	不陡于设计值		每200m抽查4处	1
		平顺度	符合设计要求			

注:土石混填路基压实度或固体体积率可根据实际可能进行检验,其他检测项目与石方路基相同。

4.软土地基处治

(1)基本要求

①换填地基的填筑压实要求同土方路基。

②砂垫层:砂的规格和质量必须符合设计要求和规范规定;适当洒水,分层压实;砂垫层宽度应宽出路基边脚0.5~1.0m,两侧端以片石护砌;砂垫层厚度及其上铺设的反滤层应符合设计要求。

③反压护道:填筑材料、护道高度、宽度应符合设计要求,压实度不低于90%。

④袋装砂井、塑料排水板:砂的规格、质量、砂袋织物质量和塑料排水板质量必;砂袋和塑料排水板下沉时不得出现扭结、断裂等现象;井(板)底标必须符合设计要求,其顶端必须按规范要求伸入砂垫层。

⑤碎石桩:碎石材料应符合设计要求;应严格按试桩结果控制电流和振冲器的留振时间;分批加入碎石,注意振密挤实效果,防止发生"断桩"或"颈缩桩"。

⑥砂桩:砂料应符合规定要求;砂的含水量应根据成桩方法合理确定;应确保桩体连续、密实。

⑦粉喷桩:水泥应符合设计要求;根据成桩试验确定的技术参数进行施工;严格控制喷粉时间、停粉时间和水泥喷入量,不得中断喷粉,确保粉喷桩长度;桩身上部范围内必须进行二次搅拌,确保桩身质量;发现喷粉量不足时,应整桩复打;喷粉中断时,复打重叠孔段应大于1m。

⑧软土地基上的路堤,应在施工过程中进行沉降观测和稳定性观测,并根据观测结果对路堤填筑速率和预压期等做出必要调整。

(2)实测项目

实测项目见附表C-3~附表C-6。

砂垫层实测项目 附表 C-3

项次	检 查 项 目	规定值或允许偏差	检查方法和频率	权 值
1	砂垫层厚度	不小于设计	每200m检查4处	3
2	砂垫层宽度	不小于设计	每200m检查4处	1
3	反滤层设置	符合设计要求	每200m检查4处	1
4	压实度(%)	90	每200m检查4处	2

袋装砂井、塑料排水板实测项目 附表 C-4

项次	检 查 项 目	规定值或允许偏差	检查方法和频率	权 值
1	井(板)间距(mm)	±150	抽查2%	2
2	井(板)长度	不小于设计	查施工记录	3
3	竖直度(%)	1.5	查施工记录	2
4	砂井直径(mm)	+10,0	挖验2%	1
5	灌砂量(%)	-5	查施工记录	2

碎石桩(砂桩)实测项目 附表 C-5

项次	检 查 项 目	规定值或允许偏差	检查方法和频率	权 值
1	桩距(mm)	±150	抽查2%	1
2	桩径(mm)	不小于设计	抽查2%	2
3	桩长(m)	不小于设计	查施工记录	3
4	竖直度(%)	1.5	查施工记录	2
5	灌石(砂)量	不小于设计	查施工记录	2

粉喷桩实测项目 附表 C-6

项次	检 查 项 目	规定值或允许偏差	检查方法和频率	权 值
1	桩距(mm)	±100	抽查2%	1
2	桩径(mm)	不小于设计	抽查2%	2
3	桩长(m)	不小于设计	查施工记录	3
4	竖直度(%)	1.5	查记工记录	1
5	单桩喷粉量	符合设计要求	查施工记录	3
6	强度(kPa)	不小于设计	抽查5%	3

(3)外观鉴定

砂垫层表面坑洼不平时,每处减1~2分。

5. 土工合成材料处治层

(1)基本要求

①土工合成材料质量应符合设计要求,无老化,外观无破损,无污染。

②土工合成材料应紧贴下承层,按设计和施工要求铺设、张拉、固定。

③土工合成材料的接缝搭接、粘接强度和长度应符合设计要求,上、下层土工合成材料搭接缝应交替错开。

(2)实测项目

实测项目见附表 C-7~附表 C-10。

加筋工程土工合成材料实测项目 附表 C-7

项次	检 查 项 目	规定值或允许偏差	检查方法和频率	权 值
1	下承层平整度、拱度	符合设计施工要求	每200m检查4处	1
2	搭接宽度(mm)	+50,0	抽查2%	2
3	搭接缝错开距离(mm)	符合设计施工要求	抽查2%	2
4	锚固长度(mm)	符合设计施工要求	抽查2%	3

隔离工程土工合成材料实测项目 附表 C-8

项次	检 查 项 目	规定值或允许偏差	检查方法和频率	权值
1	下承层平整度、拱度	符合设计施工要求	每200m检查4处	1
2	搭接宽度(mm)	+50,0	抽查2%	2
3	搭接缝错开距离(mm)	符合设计施工要求	抽查2%	2
4	搭接处透水点	不多于1个点	每缝	3

过滤排水工程土工合成材料实测项目 附表 C-9

项次	检 查 项 目	规定值或允许偏差	检查方法和频率	权值
1	下承层平整度、拱度	符合设计施工要求	每200m检查4处	1
2	搭接宽度(mm)	+50,0	抽查2%	3
3	搭接缝错开距离(mm)	符合设计施工要求	抽查2%	3

防裂工程土工合成材料实测项目 附表 C-10

项次	检 查 项 目	规定值或允许偏差	检查方法和频率	权值
1	下承层平整度、拱度	符合设计施工要求	每200m检查4处	1
2	搭接宽度(mm)	≥50(横向) ≥150(纵向)	抽查2%	3
3	黏结力(N)	≥20	抽查2%	3

(3)外观鉴定

①土工合成材料重叠、皱折不平顺,每处减1~2分。

②土工合成材料固定处松动,每处减1~2分。

二、排水工程

1.一般规定

(1)排水工程应按设计要求及施工规范的要求施工,依照实际地形,选择合适的位置,将地面水和地下水排出路基以外。

(2)土沟5和浆砌排水沟包括边沟、截水沟、排水沟等。

(3)跌水、急流槽、水簸箕等其他排水工程可按照浆砌排水沟的标准进行评定。

(4)路面拦水带纳入路缘石分项工程,排水基层可按照路面工程的标准进行评定。

(5)沟槽回填土应符合设计要求及施工规范的规定。

(6)排水泵站明开挖基础可按照桥梁工程的标准进行评定。

(7)钢筋混凝土构件包含钢筋加工及安装分项工程,预应力混凝土构件包括预应力钢筋的加工和张拉分项工程。

2.土沟

(1)基本要求

①土沟边坡必须平整、坚实、稳定,严禁贴坡。

②沟底应平顺整齐,不得有松散土和其他杂物,排水畅通。

(2)实测项目

实测项目见附表C-11。

土沟实测项目 附表 C-11

项次	检 查 项 目	规定值或允许偏差	检查方法和频率	权 值
1	沟底高程(mm)	0,-30	水准仪:每 200m 测 4 处	2
2	断面尺寸(mm)	不小于设计	尺量:每 200m 测 2 处	2
3	边坡坡度	不陡于设计	尺量:每 200m 测 2 处	1
4	边棱直顺度(mm)		尺量:20m 拉线,每 200m 测 2 处	1

(3)外观鉴定

沟底无明显凹凸不平和阻水现象。不符合要求时,每处减 1 ~2 分。

3. 浆砌排水沟

(1)基本要求

①砌体砂浆配合比准确,砌缝内砂浆均匀饱满,勾缝密实。

②浆砌片(块)石、混凝土预制块的质量和规格应符合设计要求。

③基础中缩缝应与墙身缩缝对齐。

④砌体抹面应平整、压光、直顺,不得有裂缝、空鼓现象。

(2)实测项目

实测项目见附表 C-12。

浆砌排水沟实测项目 附表 C-12

项次	检 查 项 目	规定值或允许偏差	检查方法和频率	权 值
1	砂浆强度(MPa)	在合格标准内	按《公路工程质量检验评定标准》(JTG F80/1—2004)附录 F 检查	3
2	轴线偏位(mm)	50	经纬仪或尺量:每 200m 测 5 处	1
3	沟底高程(mm)	+15	水准仪:每 200m5 点	2
4	墙面直顺度(mm)或坡度	30 或不陡于设计	20m 拉线、坡度尺:每 200m 测 2 处	1
5	断面尺寸(mm)	±30	尺量:每 200m 测 2 处	2
6	铺砌厚度(mm)	不小于设计	尺量:每 200m 测 2 处	1
7	基础垫层宽、厚(mm)	不小于设计	尺量:每 200m 测 2 处	1

(3)外观鉴定

①砌体内侧及沟底应平顺。不符合要求时,减 1 ~2 分。

②沟底不得有杂物。不符合要求时,减 1 ~2 分。

4. 盲沟

(1)基本要求

①盲沟的设置及材料规格、质量等应符合设计要求和施工规范规定。

②反滤层应用筛选过的中砂、粗砂、砾石等渗水性材料分层填筑。

③排水层应采用石质坚硬的较大粒料填筑,以保证排水孔隙度。

(2)实测项目

实测项目见附表 C-13。

盲沟实测项目 附表 C-13

项次	检查项目	规定值或允许偏差	检查方法和频率	权值
1	沟底高程(mm)	±15	水准仪:每10~20m测1处	1
2	断面尺寸(mm)	不小于设计	尺量:每20m测1处	1

(3)外观鉴定

①反滤层应层次分明。不符合要求时,减1~2分。

②进出水口应排水通畅。不符合要求时,减1~2分。

三、挡土墙、防护及其他砌筑工程

1. 一般规定

(1)对砌体挡土墙,当平均墙高小于6m或墙身面积小于1 200m² 时,每处可作为分项工程进行评定;当平均墙高达到或超过6m且墙身面积不小于1 200m² 时,为大型挡土墙,每处应作为分部工程进行评定。

(2)悬臂式和扶臂式挡土墙,桩板式、锚杆、锚碇板和加筋土挡土墙应作为分部工程进行评定。

(3)丁坝、护岸可参照挡土墙的标准进行评定。

2. 砌体挡土墙

(1)基本要求

①石料或混凝土预制块的强度、规格和质量应符合有关规范和设计要求。

②砂浆所用的水泥、砂、水的质量应符合有关规范的要求,按规定的配合比施工。

③地基承载力必须满足设计要求,基础埋置深度应满足施工规范要求。

④砌筑应分层错缝。浆砌时坐浆挤紧,嵌填饱满密实,不得有空洞;干砌时不得松动、叠砌和浮塞。

⑤沉降缝、泄水孔、反滤层的设置位置、质量和数量应符合设计要求。

(2)实测项目

实测项目见附表C-14及附表C-15。

砌体挡土墙实测项目 附表 C-14

项次	检查项目	规定值或允许偏差		检查方法和频率	权值
1	砂浆强度(MPa)	在合格标准内		按《公路工程质量检验评定标准》(JTG F80/1—2004)附录F检查	3
2	平面位置(mm)	50		经纬仪:每20m检查墙顶外边线3点	1
3	顶面高程(mm)	±20		水准仪:每20m检查1点	1
4	竖直度或坡度(%)	0.5		吊垂线:每20m检查2点	1
5	断面尺寸(mm)	不小于设计		尺量:每20m量2个断面	3
6	底面高程(mm)	±50		水准仪:每20m检查1点	1
7	表面平整度(mm)	块石	20	2m直尺:每20m检查3处,每处检查竖直和墙长两个方向	1
		片石	30		
		混凝土块、料石	10		

干砌挡土墙实测项目 附表 C-15

项次	检查项目	规定值或允许偏差	检查方法和频率	权值
1	平面位置(mm)	50	经纬仪:每 20m 检查 3 点	2
2	顶面高程(mm)	±30	水准仪;每 20m 测 3 点	2
3	竖直度或坡度(%)	0.5	尺量:每 20m 吊垂线检查 3 点	1
4	断面尺寸(mm)	不小于设计	尺量:每 20m 检查 2 处	2
5	底面高程(mm)	±50	水准仪:每 20m 测 1 点	2
6	表面平整度(mm)	50	2m 直尺:每 20m 检查 3 处,每处检查竖直和墙长两个方向	1

(3)外观鉴定

①砌体表面平整,砌缝完好、无开裂现象,勾缝平顺、无脱落现象。不符合要求时减 1 ~ 3 分。

②泄水孔坡度向外,无堵塞现象。不符合要求时必须进行处理,并减 1 ~ 3 分。

③沉降缝整齐垂直,上下贯通。不符合要求时必须进行处理,并减 1 ~ 3 分。

3. 墙背填土

(1)基本要求

①墙背填土应采用透水性材料或设计规定的填料,严禁采用膨胀土、高液限黏土、腐殖土、盐渍土、淤泥、白垩土、硅藻土和冻土块。填料中不应含有机物、冰块、草皮、树根等杂物或生活垃圾。

②墙背填土必须和挖方路基、填方路基有效搭接,纵向接缝必须设台阶。

③必须分层填筑压实,每层表面平整,路拱合适。

④墙身强度达到设计强度 75% 以上时方可开始填土。

(2)实测项目

除距面板 1m 范围以内压实度实测项目见附表 C-16 外,其他部分填土和其他类型挡土墙填土的压实度要求均与路基相同。

锚杆、锚碇板和加筋土挡土墙墙背填土实测项目 附表 C-16

项次	检查项目	规定值或允许偏差	检查方法和频率	权值
1	距面板 1m 范围以内压实度(%)	90	按《公路工程质量检验评定标准》(JTG F80/1—2004)附录 B 检查,每 100m 每压实层测 1 处,并不得少于 1 处	1

(3)外观鉴定

①填土表面应平整,边线直顺。不符合要求时减 1 ~ 3 分。

②边坡坡面平固稳定,不得亏坡,曲线圆滑。不符合要求时减 1 ~ 3 分。

4. 砌石工程

(1)基本要求

①石料质量、规格及砂浆所用材料的质量应符合设计要求。

②砌块应错缝砌筑、相互咬紧；浆砌时砌块应坐浆挤紧，嵌缝后砂浆饱满，无空洞现象；干砌时不松动、无叠砌和浮塞。

(2)实测项目

实测项目见附表 C-17 及附表 C-18。

浆砌砌体实测项目 附表 C-17

<table>
<tr><th>项次</th><th colspan="2">检 查 项 目</th><th>规定值或允许偏差</th><th>检查方法和频率</th><th>权 值</th></tr>
<tr><td>1</td><td colspan="2">砂浆强度(MPa)</td><td>在合格标准内</td><td>按《公路工程质量检验评定标准》(JTG F80/1—2004)附录 F 检查</td><td>3</td></tr>
<tr><td rowspan="2">2</td><td rowspan="2">顶面高程(mm)</td><td>料、块石</td><td>±15</td><td rowspan="2">水准仪：每 20m 检查 3 点</td><td rowspan="2">1</td></tr>
<tr><td>片石</td><td>±20</td></tr>
<tr><td rowspan="2">3</td><td rowspan="2">竖直度或坡度</td><td>料、块石</td><td>0.3%</td><td rowspan="2">吊垂线：每 20m 检查 3 点</td><td rowspan="2">2</td></tr>
<tr><td>片石</td><td>0.5%</td></tr>
<tr><td rowspan="3">4</td><td rowspan="3">断面尺寸(mm)</td><td>料石</td><td>±20</td><td rowspan="3">尺量：每 20m 检查 2 处</td><td rowspan="3">2</td></tr>
<tr><td>块石</td><td>±30</td></tr>
<tr><td>片石</td><td>±50</td></tr>
<tr><td rowspan="3">5</td><td rowspan="3">表面平整度(mm)</td><td>料石</td><td>10</td><td rowspan="3">2m 直尺：每 20m 检查 5 处</td><td rowspan="3">2</td></tr>
<tr><td>块石</td><td>20</td></tr>
<tr><td>片石</td><td>30</td></tr>
</table>

干砌片石实测项目 附表 C-18

项次	检 查 项 目	规定值或允许偏差	检查方法和频率	权 值
1	顶面高程(mm)	±30	水准仪：每 20m 测 3 点	1
2	外形尺寸(mm)	±100	尺量：每 20m 或自然段，长宽各 3 处	3
3	厚度(mm)	±50	尺量：每 20m 检查 3 处	3
4	表面平整度(mm)	50	2m 直尺：每 20m 检查 5 处	2

(3)外观鉴定

①砌体边缘直顺，外露表面平整。不符合要求时减 1 ~ 3 分。

②勾缝平顺，缝宽均匀，无脱落现象。不符合要求时减 1 ~ 3 分。

5. 导流工程

(1)基本要求

①所用材料的规格和质量应符合有关规定。

②导流堤(坝)的基础埋置深度及地基承载力应符合设计要求。

(2)实测项目

实测项目见附表 C-19。

(3)外观鉴定

表面规整，线条直顺，曲线圆滑。不符合要求时减 1 ~ 3 分。

导流工程实测项目

附表 C-19

项次	检 查 项 目		规定值或允许偏差	检查方法和频率	权值
1	砂浆强度(MPa)		在合格标准内	按《公路工程质量检验评定标准》(JTG F80/1—2004)附录F检查	3
2	平面位置(mm)		30	经纬仪;按设计图控制坐标检查	2
3	长度(mm)		不小于设计长度 -100	尺量:每个检查	1
4	断面尺寸(mm)		不小于设计	尺量:检查5处	2
5	高程(mm)	基底	不大于设计	水准仪:检查5点	2
		顶面	±30		

6. *石笼防护*

(1)基本要求

①所用材料的规格和质量应符合有关规定。

②铁丝笼的网眼尺寸应符合设计要求。

③石笼的坐码或平铺应符合设计要求。

(2)实测项目

实测项目见附表 C-20。

石笼防护实测项目

附表 C-20

项次	检 查 项 目	规定值或允许偏差	检查方法和频率	权值
1	平面位置(mm)	符合设计要求	经纬仪:按设计图控制坐标检查	1
2	长度(mm)	不小于设计长度 -300	尺量:每个(段)检查	1
3	宽度(mm)	不小于设计宽度 -200	尺量:每个(段)量5处	1
4	高度(mm)	不小于设计	水准仪或尺量:每个(段)检查5处	1
5	底面高程(mm)	不高于设计	水准仪:每个(段)检查5点	1

(3)外观鉴定

表面整齐,线条直顺,曲线圆滑。不符合要求时减1~2分。

附录 D　工程质量检验评定用表

分项工程质量检验评定表　　附表 D-1

分项工程名称：　　所属分部工程名称：

所属建设项目：　　工程部位：(桩号、墩台号、孔号)

施工单位：　　监理单位：

基本要求																	
实测项目	项次	检查项目	规定值或允许偏差	实测值或实测偏差值										质量评定			
				1	2	3	4	5	6	7	8	9	10	平均、代表值	合格率（%）	权值	得分
	合计																
外观鉴定											减分		监理意见				
质量保证资料											减分						
工程质量等级评定						评分：					质量等级：						

检验负责人：　　检测：　　记录：　　复核：　　年　月　日

注：机电工程的功能试验检查项目，规定值或允许偏差是指功能或试验要求；实测值或实测差是指检查结果，即“通过”或“不通过”。

分部工程质量检验评定表 附表 D-2

分部工程名称： 所属单位工程：

所属建设项目： 工程部位：(桩号、墩台号、孔号)

施工单位： 监理单位：

<table>
<tr><td rowspan="10">施工单位</td><td colspan="5">分 项 工 程</td><td rowspan="3">备 注</td></tr>
<tr><td rowspan="2">工程名称</td><td colspan="4">质 量 评 定</td></tr>
<tr><td>实得分</td><td>权值</td><td>加权得分</td><td>等级</td></tr>
<tr><td></td><td></td><td></td><td></td><td></td><td></td></tr>
<tr><td></td><td></td><td></td><td></td><td></td><td></td></tr>
<tr><td></td><td></td><td></td><td></td><td></td><td></td></tr>
<tr><td></td><td></td><td></td><td></td><td></td><td></td></tr>
<tr><td></td><td></td><td></td><td></td><td></td><td></td></tr>
<tr><td></td><td></td><td></td><td></td><td></td><td></td></tr>
<tr><td colspan="3">合计</td><td colspan="2"></td><td></td></tr>
<tr><td>质量等级</td><td colspan="3"></td><td colspan="2">加权平均分</td><td></td></tr>
<tr><td>评定意见</td><td colspan="6"></td></tr>
</table>

检验负责人： 计算： 复核： 年 月 日

单位工程质量检验评定表 附表 D-3

单位工程名称： 所属建设项目：

路线名称： 工程地点、桩号：

施工单位： 监理单位：

<table>
<tr><td rowspan="10">施工单位</td><td colspan="5">分 项 工 程</td><td rowspan="3">备 注</td></tr>
<tr><td rowspan="2">工程名称</td><td colspan="4">质 量 评 定</td></tr>
<tr><td>实得分</td><td>权值</td><td>加权得分</td><td>等级</td></tr>
<tr><td></td><td></td><td></td><td></td><td></td><td></td></tr>
<tr><td></td><td></td><td></td><td></td><td></td><td></td></tr>
<tr><td></td><td></td><td></td><td></td><td></td><td></td></tr>
<tr><td></td><td></td><td></td><td></td><td></td><td></td></tr>
<tr><td></td><td></td><td></td><td></td><td></td><td></td></tr>
<tr><td></td><td></td><td></td><td></td><td></td><td></td></tr>
<tr><td colspan="3">合计</td><td colspan="2"></td><td></td></tr>
<tr><td>质量等级</td><td colspan="3"></td><td colspan="2">加权平均分</td><td></td></tr>
<tr><td>评定意见</td><td colspan="6"></td></tr>
</table>

检验负责人： 计算： 复核： 年 月 日

建设项目（合同段）质量检验评定表　　附表 D-4

项目名称：　　路线名称：

起讫桩号：　　完工日期：

施工单位	单位工程			
	工程名称	实得分	投资额	
质量等级			加权平均分	
评定意见				

检验负责人：　　计算：　　复核：　　年　月　日

______工程汇总表　　附表 D-5

工程	实得分	权值	加权得分	等级	备注
加权平均分				质量等级	

检验负责人：　　计算：　　复核：　　年　月　日

参考文献

[1] 中华人民共和国行业标准. JTG B01—2003 公路工程技术标准[S]. 北京:人民交通出版社,2004.

[2] 中华人民共和国行业标准. JTG F80/1—2004 公路工程质量检验评定标准[S]. 北京:人民交通出版社,2004.

[3] 中华人民共和国行业标准. TJG D30—2004 公路路基设计规范[S]. 北京:人民交通出版社,2004.

[4] 中华人民共和国行业标准. JTG F10—2006 公路路基施工技术规范[S]. 北京:人民交通出版社,2006.

[5] 中华人民共和国行业标准. JTJ 041—2000 公路桥涵施工技术规范[S]. 北京:人民交通出版社,2000.

[6] 中华人民共和国行业标准. JTG E40—2007 公路土工试验规程[S]. 北京:人民交通出版社,2007.

[7] 中华人民共和国行业标准. JTG E60—2008 公路路基路面现场测试规程[S]. 北京:人民交通出版社,2008.

[8] 于国锋. 路基工程施工[M]. 北京:人民交通出版社,2009.

[9] 刘志. 路基工程施工技术[M]. 北京:人民交通出版社,2010.

[10] 陆鼎忠,程家驹. 路基路面工程[M]. 上海:同济大学出版社,1992.

[11] 李朝晖. 公路施工技术[M]. 北京:人民交通出版社,2007.

[12] 邓学钧. 路基路面工程[M]. 北京:人民交通出版社,2006.

[13] 马敬坤,宁金成. 公路施工组织设计[M]. 北京:人民交通出版社,2008.

[14] 罗竟,邓廷权. 路基工程现场施工技术[M]. 北京:人民交通出版社,2006.

[15] 刘吉士. 公路路基施工技术[M]. 北京:人民交通出版社,2003.

[16] 殷永高,屠筱北. 公路地基处理[M]. 北京:人民交通出版社,2002.

[17] 李上红. 公路工程施工常见地质病害处治技术[M]. 北京:人民交通出版社,2004.

[18] 韩山农. 公路工程施工测量[M]. 北京:人民交通出版社,2003.

[19] 李红专. 高速公路路基路面施工工艺[M]. 北京:人民交通出版社,2004.

[20] 王书斌. 公路路基施工要点与质量控制[M]. 北京:人民交通出版社,2005.

[21] 郑忠敏. 公路施工机械化与管理[M]. 北京:人民交通出版社,2002.

[22] 陈忠达,王海林. 公路挡土墙施工[M]. 北京:人民交通出版社,2004

[23] 王书斌,杜群乐. 公路路基施工要点与质量控制[M]. 北京:人民交通出版社,2003.

[24]《高速公路丛书》编写委员会. 高速公路路基设计与施工[M]. 北京:人民交通出版社,2000.

[25] 张林洪,吴华全. 公路排水设施施工手册[M]. 北京:人民交通出版社,2005.

[26] 赵明阶,何光春,王多根. 边坡工程处治技术[M]. 北京:人民交通出版社,2003.

[27] 鲍明伟. 路基工程[M]. 北京:人民交通出版社,2005.

[28] 黄生文. 公路工程地基处理手册[M]. 北京:人民交通出版社,2005.